COLLECTED WRITINGS OF ASIA-PACIFIC STUDIES

Volume 14

亚太研究论丛

第十四辑

北京大学亚洲-太平洋研究院 编

李 谋 吴杰伟 执行主编

北京大学出版社
PEKING UNIVERSITY PRESS

图书在版编目(CIP)数据

亚太研究论丛. 第十四辑/北京大学亚洲-太平洋研究院编. —北京：北京大学出版社，2017.12
ISBN 978-7-301-29099-6

Ⅰ. ①亚… Ⅱ. ①北… Ⅲ. ①亚太地区—研究—文集 Ⅳ. ①D730.0-53

中国版本图书馆 CIP 数据核字(2017)第 328878 号

书　　　名	亚太研究论丛·第十四辑 YATAI YANJIU LUNCONG
著作责任者	北京大学亚洲-太平洋研究院　编　李谋　吴杰伟　执行主编
责任编辑	胡利国
标准书号	ISBN 978-7-301-29099-6
出版发行	北京大学出版社
地　　　址	北京市海淀区成府路 205 号　100871
网　　　址	http://www.pup.cn
电子信箱	ss@pup.pku.edu.cn
新浪微博	@北京大学出版社　@未名社科-北大图书
电　　　话	邮购部 62752015　发行部 62750672　编辑部 62753121
印　刷　者	北京鑫海金澳胶印有限公司
经　销　者	新华书店
	730 毫米×980 毫米　16 开本　14.75 印张　234 千字 2017 年 12 月第 1 版　2017 年 12 月第 1 次印刷
定　　　价	38.00 元

未经许可，不得以任何方式复制或抄袭本书之部分或全部内容。
版权所有，侵权必究
举报电话：010-62752024　电子信箱：fd@pup.pku.edu.cn
图书如有印装质量问题，请与出版部联系，电话：010-62756370

目　录

东北亚研究

大国与朝鲜半岛的互动:两次朝核危机与六方会谈的再审视
　………………………………………………………… 宋成有（3）
明清王朝交替期汉族移居朝鲜半岛地区问题研究 ………… 刘春兰（24）
不对等与不均衡:影响中韩关系发展的结构性问题 ………… 朴光海（47）

东南亚研究

当前中国与东南亚人文交流的态势与发展建议 …………… 宋清润（63）
《红运》与越南的文学传统 ……………………………………… 夏　露（73）
《渔村少女》与普拉姆迪亚小说创作分期新探 ……………… 罗　杰（83）
从《判决》到《时间》:查·高吉迪的小说之路 ……………… 熊　燃（96）
尼克·华谨小说《洞穴与阴影》的结构现实主义研究 ……… 吴杰伟（107）
菲律宾作家尼克·华谨作品中的认同主题
　——以《麦基洗德修道会》和《洞穴与阴影》为例 ………… 郑友洋（118）

南亚研究

印度文明与当代世界 ………………………………………… 尚会鹏（133）

中亚研究

"丝绸之路经济带"在哈萨克斯坦的进展及挑战 …… 甘　露　韩　隽（149）

拉丁美洲研究

回顾萨尔瓦多和平协议,展望哥伦比亚和平之路 ………… 陈敬忠（169）

比较视野下的拉丁美洲发展观 …………………………… 魏　然（197）

书评

考察日本政府机构及其外交运作的路线图
　　——评王蕾的《日本政府与外交体制》………………… 宋成有（215）

北京大学亚太研究院2016年活动简报 ……………………………（219）
编后语 ………………………………………………………………（226）
稿约 …………………………………………………………………（230）

Contents

Northeast Asian Studies

Interaction Between the Great Powers and the Korean Peninsula:
  Reexamination on the two North Korean Nuclear Crises and
  the Six-Party Talks ················· Song Chengyou (3)
A Study on the Issue of the Han Nationality's Migration to the
  Korean Peninsula in the Ming and Qing Dynasties
  ················· Liu Chunlan (24)
Inequality and Imbalance: Structural Problems Affecting the
  Development of China-ROK Relation ·········· Piao Guanghai (47)

Southeast Asian Studies

The Current People-to-People and Cultural Exchanges Between China
  and Southeast Asia and Suggestions for Future
  Development ················· Song Qingrun (63)
S *ốdỏ* and the Tradition of Vietnam's Literature ·········· Xia Lu (73)
Gadis Pantai and A New Exploration of Creation Stages
  of Pramoedya's Novel ················· Luo Jie (83)
From *The Judgment to Time*: Chart Korbjitti's Road
  of Novel Creation ················· Xiong Ran (96)
The Study on *Cave and Shadows*: from the View
  of Structural Realism ················· Wu Jiewei (107)
The Identity Theme in Nick Joaquin's Works: Based on *The Order
  of Melkizedek* and *Cave & Shadows* ········ Zheng Youyang (118)

South Asian Study

Indian Civilization and the Contemporary World
.... Shang Huipeng (133)

Middle Asian Studies

Constructing the Silk Road Economic Belt in Kazakhstan:
　　Progress and Challenges ············ Gan Lu and Han Jun (149)

Latin American Studies

Reviewing the Peace Treaty of El Salvador and Forecasting
　　the Process of Peace of Columbia ············ Chen Jingzhong (169)
The Concept of Development of Latin America in
　　Comparative Perspective ································ Wei Ran (197)

Book Review

A Discussion of the Road Map of Japanese Government Institutions
　　and Their Diplomatic Operations: A Review of Wang Lei's
　　the Japanese Government and the Diplomatic System ········ (215)
Annual Report of Asia-Pacific Research Institute of Peking University
　　2016 ·· (219)
Postscript ··· (226)
Notice for Authors ··· (230)

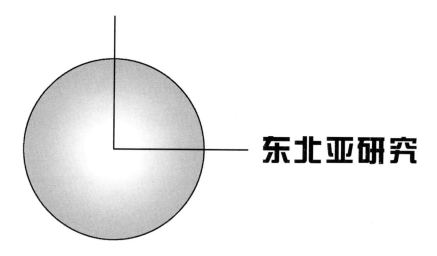

东北亚研究

大国与朝鲜半岛的互动:两次朝核危机与六方会谈的再审视

宋成有

【内容提要】 在两次朝核危机和六方会谈期间,出现朝鲜追求拥核——美国施压与中国促和——朝美会谈或多方会谈并达成协议——美朝均未完全执行协议——朝鲜继续追求拥核的怪圈。在这个过程中,朝鲜要求缔结朝美和平条约以换取弃核的立场令人印象深刻。美国翻覆云雨,夺予在握,显示了管控全局的姿态和能力。大国各自扮演不同的角色并展开互动,形成美朝等直接当事国斗而不破,中韩等利益攸关方提供化解危机的正能量等特点,构成朝鲜半岛地缘政治的独特风貌。由此可知,通过对话化解朝核危机、维护半岛和平稳定并非不可能。朝美博弈构成化解朝核危机的关键要素,但其他非当事国的相向而行也是不可或缺的条件。时至今日,重复使用施压制裁或一味劝和等老手段已无法实现朝鲜半岛无核化的目标,国际社会需要新的合作框架。

【关键词】 朝核危机;六方会谈;朝鲜半岛无核化;美韩军演

冷战结束后,因朝鲜试射导弹、实施地下核试验引发紧张对峙,东北亚地区出现两次朝核危机。其间,充满始料未及的变数,局势动荡不安。围绕朝核危机的化解,东北亚的大国之间展开互动,化解危机并举行了旷日持久的六方会谈。六方共同制定了解决朝核危机的规则和路线图,但具体落实却一波三折,阻碍重重,多次反复并最终停摆。朝鲜未受最高领导人的世代替换的影响,继续我行我素,核试、发射导弹的频率在加快,美朝展开大规模针对朝鲜的联合军演对地区的安全形势造成严重威胁。

2017年1月,新任美国总统特朗普抛弃前任总统奥巴马的"战略忍耐"不作为方针,将解决朝核问题视为外交的最大得分点,发誓有所作为。3月,美韩开始史上最大规模的"关键决断"和"秃鹫"的复式联合军演。伴随着美国预测朝鲜将实施第六次核试的警告,斩首计划和外科手术打击计划纳入美韩军演的演练科目,其力度和针对性进一步加强。攻击核潜艇;B-1B超音速轰炸机进驻韩国;曾经在第二次朝核危机现身的"卡尔·文森号"航母战斗群,奉命从南太平洋北上日本海,摆出随时打击朝鲜的强硬姿态。与此同时,特朗普也为美朝对话留下一道门缝。朝鲜随时准备接招,对抗与对话兼而用之。平壤接连试射中短程弹道导弹,动用300门火炮,演练将首尔变成火海的远程集中射击。朝鲜半岛再次陷入大战在即的险境,第三次朝核危机不期而至。

在此形势下,重新审视两次朝核危机与六方会谈的过程,对理解和把握目前朝鲜半岛局势及大国互动的走势、展望争取和平解决新一轮朝核危机的前景不无裨益。

一、第一次朝核危机的缘起与大国互动

20世纪50年代初的朝鲜战争期间,美国曾发出动用核武器的威胁。1958年,美国为巩固在东北亚的战略地位,开始在韩国部署核武器、增强核威慑力量。朝鲜痛感国家安全的压力,着手核技术的开发。换言之,美国在朝鲜半岛推行的核讹诈政策,直接导致朝鲜把目光转向核开发,不啻引发朝鲜半岛核问题的始作俑者。20世纪60年代初,朝鲜在平壤以北约90公里处的宁边设立了原子能研究所。1965年,苏联向朝鲜提供了IRT-2M型号的核反应堆,供应浓度为10%的铀燃料。1974年,朝鲜自行对IRT-2M核反应堆进行了技术改造,功率达到8兆瓦,所用燃料的铀浓度高达80%。[①]

苏联之所以启动朝鲜的核开发,与中苏两党关系恶化、急欲拉拢朝鲜、孤立中国的图谋不无关系。1964年中国核试验成功后,金日成向中国索求原子弹研制技术,被毛泽东婉拒。1965年,勃列日涅夫向朝鲜提供核研究设施,借以分化中朝关系。与此同时,热衷于苏美主宰世界的苏联也无意因此而得罪美国,要求朝鲜须接受国际原子能机构(IAEA)的安检,平壤欣然同意。1977年,朝鲜与IAEA达成协议,接受其对苏联援建的核反应堆

---

① 《朝鲜到底拥有哪些核能力?》,中国网,2002-10-22:http://www.china.com.cn/zhuanti2005/txt/2002-10/22/content_5221120.htm

进行检查。朝鲜开发核技术,表面上是为解决电能问题,真实目的在于开发核武技术、打破美国的核讹诈、强化国防并提升战略威慑力量。结果,苏美两个超级大国出于一己之私,以不同的方式播下朝鲜半岛核危机的种子。

1985年,美国宣称朝鲜正在宁边附近秘密建造核反应堆,国际舆论反响强烈。对此,朝鲜绵里藏针,应对局面。同年12月,朝鲜加入了《不扩散核武器条约》,但拒绝与国际原子能机构签订安全保障协定,也拒绝接受核检。1990年7月,美国国防部和情报机构以卫星照片资料分析为据,认定宁边的设施正被用来从核燃料中分离可供制造核弹的钚。美国和西方舆论加紧炒作。朝鲜立即予以澄清,再次作出低姿态,表示既无意也无力研制核武器。

1991年7月,东欧剧变、苏联解体在即,朝鲜痛感国防安全和粮食、物资供应的压力,提出一揽子和平倡议。《劳动新闻》借纪念朝鲜战争停战38周年之机,发表社论《朝鲜问题应由签字国双方解决》,主张由《朝鲜停战协定》的当事双方——朝鲜和美国缔结和平协定,将同样是签字方的中国排除在外;南北签订互不侵犯宣言;建立朝鲜半岛无核区等。① 朝鲜将签订朝美和平协定与朝鲜半岛无核化挂钩,明确了缔约与弃核互换的对美外交新方针。

同年9月,美国政府发表声明,拒绝朝鲜关于签订美朝和平协定的建议,激烈指责朝鲜研制核武器的图谋,强调必须对朝鲜核设施进行特别检查。针对美国的指责,朝鲜再次声明并无制造核武器的打算和能力,表示允许国际原子能机构对宁边进行核检查;同时也要求对韩国实施核安检,撤走美国部署在韩国的核武器。此时,南北出现和解势头,朝鲜乘机敦促美韩在部署核武器方面作出让步。权衡利弊之后,美国作出回应,宣布将撤走部署在韩国的核武器。11月,韩国总统卢泰愚发表声明,宣布韩国将不拥有核武器。朝鲜的要求得到满足,南北和解进程的前景明朗。

1991年12月13日,朝韩签订《关于北南和解、互不侵犯和合作交流协议》;31日,签署《朝鲜半岛无核化共同宣言》,郑重承诺"将不试验、制造、生产、接受、拥有、储存、部署或使用核武器",和平利用核能。② 朝鲜半岛南北

---

① 《朝鲜〈劳动新闻〉发表社论:朝鲜问题应由签字双方解决》,载《人民日报》1991年7月28日。

② 《裁军谈判会议第CD/1147号文件》,http://www.un.org/chinese/focus/dprk/1992.htm

和解与无核化的前景受到各国的欢迎,中国的反应尤其热烈。1992年2月19日,双方交换经由金日成和卢泰愚签字的《朝鲜半岛无核化共同宣言》的文本,即日生效。同年3月,美韩宣布暂停年度"协作精神"联合军事演习;4月,朝鲜与IAEA达成《核保障协议》;5月开始接受IAEA先后六次不定期的核检。在此基础上,朝韩达成同时检查对方核设施的协议,成立南北核控制委员会,朝鲜半岛的无核化似乎已成定局。

不久,从美国和法国卫星拍摄的照片显示,令人怀疑宁边正进行着核开发。此事一经曝光,轰动国际舆论。IAEA要求对宁边地区等两处核设施进行检查,遭到朝鲜断然拒绝。同年10月,美国宣布恢复美韩"协作精神"联合军事演习,施压朝鲜。平壤随即取消原定于12月举行的南北总理会谈,朝鲜半岛和解进程严重受挫,美朝紧张对峙。

1993年3月,美国与韩国恢复针对朝鲜的"协作精神"联合军事演习,继续施压。朝鲜反应极其强烈:宣布进入"准战争状态",平壤实行灯火管制、响起防空警报。3月12日,朝鲜发表声明,宣布退出《不扩散核武器条约》,第一次朝核危机骤发。

同年4月,美国将朝核问题提交联合国安理会讨论,试图对朝鲜多国施压。中国强调"对话比施加压力更有效",认为"将此问题提交安理会只能使问题更加复杂,无助于问题的解决"。① 5月5日,在中国斡旋下,朝美在北京举行核问题的高级官员会谈。5月11日,联合国安理会通过825号决议,要求朝鲜重新考虑退出《不扩散核武器条约》问题,敦促其履行核不扩散义务,遵守《核保障协议》。表决时,中国重申了半岛政策的一贯立场,投了弃权票。翌日,朝鲜发表声明,强调是否退约是"国家主权",825号决议严重侵犯了朝鲜的主权,宣布全国进入"准战争状态"。② 与此同时,朝鲜驻联合国大使奉命表示愿同美国讨论退约问题,美国表示同意。

同年5月27日,钱其琛外长访韩,表明中国"真诚希望朝鲜半岛局势缓和、稳定,一向反对核扩散,不希望看到朝鲜半岛有核武器,无论是哪一方"。金泳三总统赞赏中国为缓和紧张局势作出的努力,双方取得通过对话、化解危机的共识。③ 6月,朝美建立"纽约通道"。朝方首席代表、第一副

---

① 《中国外交部发言人就朝鲜核核查问题答记者问》,新华社1993年4月8日北京电讯。
② 《朝鲜反对安理会决议》,载《人民日报》1993年5月13日。
③ 《钱其琛副总理兼外长会见韩国总统金泳三时的谈话》,新华社1993年5月27日首尔电讯。

外长姜锡柱与美方代表助理国务卿加卢奇举行朝美首次高级会谈。姜锡柱表示朝鲜暂不退出《不扩散核武器条约》。同月 11 日,美朝发表《联合声明》,双方达成三项原则,即反对武力威胁、保证无核化的朝鲜半岛的和平与安全、相互尊重主权与互不干涉内政等。① 姜锡柱称声明的发表意味着朝美关系走过具有历史意义的"转折点"。7 月,美国总统克林顿访韩,故作姿态地扬言:如果平壤研制并使用核武器,"那将导致他们国家完蛋"。朝鲜立即做出反应,宣布将以无情的报复回击挑衅。然而,在口水战的背后,朝美加紧第二阶段的日内瓦双边谈判。同月 19 日,双方发表《美朝关于核武器的声明》,重申前述 6 月 11 日联合声明的三原则;作为交换,美国向朝鲜提供轻水反应堆,朝鲜尽快与 IAEA 恢复接触,磋商核设施核查问题。

　　1994 年 2 月,朝鲜同意国际原子能机构对其核设施进行核查,朝美进一步达成有利于缓和局势的协议,朝韩双方的良性接触也重新开始。3 月,朝鲜与 IAEA 因核查问题发生争执。美国乘机施压,宣布将在韩国部署"爱国者"导弹。克林顿秘密计划出动海空突击力量,对宁边实施先发制人的联合打击;并下令驻韩使馆部分人员和美军家属撤离,打电话要求金泳三率韩军予以配合。金泳三在紧急备战的同时,告诉克林顿:"只要我还是总统,就决不出动韩国 60 万大军中的一兵一卒。"因为他不想成为导致第二次南北战争的"民族罪人"。② 朝鲜则毫不示弱,宣布以对话回答对话,以战争回答战争。战争一触即发,金泳三接连访日、访华,寻求解决危机的办法。中国主张在四方三边的对话框架内化解危机,双方在朝鲜半岛无核化、维持和平稳定、反对强硬制裁朝鲜等问题上达成一致。4 月,联合国安理会发表由中国代表起草的有关以对话解决纠纷的声明,朝鲜表示愿意重开谈判,美国也降低了调门,局势趋缓。5 月,朝鲜召回军事停战委员会的人民军代表团,另设人民军板门店代表处,进而要求中国志愿军代表团离境,驱离中立国监督委员会的波兰、捷克代表,试图取消停战机制,为签订朝美和约创造条件。

　　同年 6 月,美国前总统卡特应金日成主席的邀请,访问平壤。在卡特的斡旋下,朝美恢复接触和对话。10 月,朝美在日内瓦正式签署《关于朝鲜核问题的框架协议》。《协议》规定:(1) 建立由美国领导的国际组织,为朝鲜建设两座轻水反应堆;(2) 建设期间,为缓解朝方的能源压力,美国同意

---

① 《朝美发表〈联合声明〉》,载《人民日报》1993 年 6 月 13 日。
② 《金泳三曾对美国说"不"》,载《中国青年报》1999 年 7 月 21 日。

每年向朝鲜提供50万吨重油;(3)朝鲜同意冻结并最终拆除其石墨反应堆以及其他相关的核设施;(4)美朝同意在各自的首都设立联络办公室,并最终把双边关系升级为大使级外交关系;(5)美国向朝鲜做出正式保证,不对朝鲜使用核武器;(6)朝鲜承诺将采取措施,实现朝鲜半岛的无核化;(7)朝鲜不退出《核不扩散条约》。① "日内瓦框架协议"为第一次朝核危机画上了句号,世界为之松了一口气。

二、第二次朝核危机与大国互动

1994年7月8日,朝鲜第一代最高领导人金日成主席留下"发展农业""振兴轻工业""改善人民生活"的遗言,谢世而去。1995年1月,国防委员长金正日在为父服丧守孝三年期间提出"先军政治"路线,强调军事、军队首位,强化国防,朝鲜进入金正日时代。核武开发是金日成留下来的遗产,也是金正日必须面对国际压力、设法继续推进的目标。围绕着前景捉摸不定的朝核问题,大国展开新一轮的互动。

对金日成的逝世,中国表示了深切的哀悼,强调"中朝友谊是用鲜血凝成的,符合两国人民的利益。不管国际风云如何变幻,各自国内发生什么变化,这一友谊将是永存的"。② 同时,考虑到朝鲜方面的要求,基于朝鲜方面已召回朝鲜军事停战委员会中的朝方代表团以及军停会事实上已停止运转的现状,中国政府决定调回中国人民志愿军代表团,"中方希望各方为缓和朝鲜半岛局势继续做出建设性努力。"③同年12月15日,根据中央军委的命令,中国人民志愿军代表团奉调回国。如朝鲜所愿,用朝美和平条约取代《朝鲜停战协定》,就成了朝美两家的事情了,中国被排除在外。尽管如此,中国依然延续金日成时代珍视中朝友谊、用对话化解对抗,维护朝鲜半岛的和平稳定的朝鲜半岛传统政策。

朝美签署了《日内瓦框架协议》后,局势一度向好。1994年10月24日,克林顿向金正日发出关于建设轻水反应堆的保证函。11月,美日韩三

---

① 《关于解决朝鲜核问题的框架协议》,中国外交部网页,2005年7月22日。
② 《李鹏总理会见朝鲜国家副主席李钟玉时的谈话》,参见刘金质等主编:《中国对朝鲜和韩国政策文件汇编》,中国社会科学出版社1994年版,第2660页。
③ 《中国决定调回军停会志愿军代表团》,载刘金质等主编:《中国对朝鲜和韩国政策文件汇编》,第2650、2656页。

国协商设立朝鲜半岛能源开发机构(KEDO)。1995年1月,美国宣布缓和对朝经济制裁;3月,KEDO正式成立,朝美在柏林就轻水反应堆会谈。韩国与日本主要承担其核能项目资金,欧盟提供额外援助。作为交换,朝鲜冻结其核计划。但由于美国强硬派从中作梗,轻水反应堆的建设进展迟缓。此外,朝鲜与伊朗、利比亚等国被美国列为"支持恐怖活动国家",朝鲜表示强烈不满,形势再度紧张。

1996年3月,韩国外长孔鲁明访华,双方就维护朝鲜半岛的和平达成共识。4月,克林顿和金泳三在济州岛举行峰会,在美韩《联合声明》中提议举行"四方会谈",订立由南北方主导的"永久和平条约"代替《停战协定》。① 美方无意于举行美朝双边和平谈判。朝鲜深感失望,中国外长钱其琛强调应由朝鲜、美国、韩国等"直接的当事方"开展对话,否则作为"外人"的中国"很难帮忙"。② 中国在展开南北两方穿梭外交的同时,不断加大对朝粮食援助。8月,四方会谈的预备会议在纽约哥伦比亚大学举行。12月,四方在日内瓦国际会议中心举行建立朝鲜半岛和平机制的首轮四方会谈,就会议程序达成一致意见。1998年3月,四国举行第二轮四方会谈,由于朝美韩在外国军队是否撤离朝鲜半岛等问题上分歧严重,会谈未取得进展。10月,四国举行第三轮四方会谈,在设立两个小组委员会来分别讨论朝鲜半岛建立和平机制或缓和紧张局势的问题上取得共识。1999年1月、4月,四国举行第四、第五轮四方会谈,但未能在建立和平机制的具体措施上达成一致。8月,四国举行第六轮四方会谈,虽探讨了朝鲜半岛和平机制的轮廓,但会谈无果而终。尽管如此,四方会谈为后来的六方会谈拉开了序幕。

1998年8月,朝鲜导弹试射引起不安,朝美的摩擦和口角始终不断。11月17日,美国和朝鲜举行首次核问题高层会谈,美方怀疑朝鲜正在秘密建造地下核设施,要求进行检查。1999年5月和2000年5月,美国视察团两次检查了位于金昌里被其视为"可疑"的核设施,一无所获。2000年4月,日朝邦交正常化谈判在时隔7年半后在平壤重新开始;6月,南北首脑金大中与金正日举行首次峰会,在百花园国宾馆签署了强调自主和平统一、加强经济和文化合作交流的《南北共同宣言》。7月,由于美国在兑现援建朝鲜轻水反应堆的承诺上动作迟缓,某些鹰派政要经常发表不负责任的激烈言论,被激怒的朝鲜宣布将重新启动核武计划。10月,朝鲜人民军次

---

① 《关于四方会谈的美朝联合声明》,载《韩国日报》1996年4月17日。
② 《钱其琛接受捷克记者采访》,载《人民日报》1996年4月24日。

帅、金正日特使赵明录访美；美国国务卿奥尔布赖特首次访问平壤，建议美朝在纽约恢复就核问题、导弹和恐怖主义的谈判，敦促朝方遵守已达成的协议。11月，在韩国首都首尔举行的第三届亚欧会议发表《朝鲜半岛和平汉城宣言》，高度评价韩朝双方为缓和紧张局势所作出的努力，以及南北首脑会晤后取得的一系列成果；在会议期间，英国、德国、荷兰等多个欧洲国家表示有意与朝鲜建交，朝鲜的外交空间大为拓展。朝鲜的对外姿态软硬兼施，对朝鲜第二代最高领导人金正日的国际评价毁誉参半，令人捉摸不定。

2001年1月小布什出任美国总统，采取强硬外交方针。2002年1月，其国情咨文给伊拉克、朝鲜和伊朗等国扣上"邪恶轴心"成员国的帽子。小布什点明指责朝鲜"正在配备导弹和大规模杀伤性武器，而其人民正在忍饥挨饿"，宣称美国"不会容忍世界上最危险的国家凭借其最具破坏性的武器威胁世界"。① 朝鲜随即作出强烈反应。《劳动新闻》发文痛斥布什"非常疯狂"。常驻联合国的朝鲜代表直斥布什的演说如同"宣战"，朝美对话戛然而止。国际舆论对新出台的"布什主义"议论纷纷，白宫内部也出现意见分歧。

同年3月，日本跑出来为美国争面子，执意坚持打捞被其击沉的朝鲜"可疑船"，在朝核危机的处理过程中显示其存在。9月，日本来了个华丽转身：首相小泉纯一郎访朝，双方发表《联合声明》并确认一个月后举行恢复邦交正常化谈判、日本对历史上的殖民统治表示深刻反省和真诚道歉、日本向朝鲜提供经济援助、朝鲜避免再次发生威胁到日本国民生命和安全的事件、朝鲜将冻结导弹试验的期限延长到2003年以后等。② 朝日关系取得突破性进展，日本增强了在朝鲜半岛事务中的影响力。与此同时，朝鲜也相应展开对欧盟、东南亚国家的外交，宣布增设开城、金刚山作为新的经济开发区，恢复南北部长级会谈，积极回应金大中政府的"阳光政策"；还对中、俄两国开展首脑外交，密切相互关系。

2002年7月，朝鲜通过俄罗斯向美国转达朝美"无前提条件对话"的口信。10月，小布什政府兼用围堵与对话的两手策略，派总统特使、助理国务

---

① 《布什点名指责伊朗伊拉克和朝鲜是"邪恶轴心"》，中国新闻网，2002年1月30日。http://news.sohu.com/05/65/news147796505.shtml
② 《〈朝日平壤宣言〉主要内容披露 主要涉及八大问题》，中国新闻网，2002年9月17日。http://news.sina.com.cn/w/2002-09-17/1956729815.html

卿詹姆斯·凯利访朝。在会谈中,朝鲜外务省第一副相姜锡柱有意承认拥有浓缩铀的核开发计划,令凯利大吃一惊。欧美情报部门专家揣测朝鲜已拥有数枚核弹,新一代导弹能够打到日本列岛或阿拉斯加。美国指责朝鲜的秘密核开发违反了日内瓦《框架协议》。11月,KEDO 执行理事会在纽约举行会议,决定中止向朝鲜提供重油。朝鲜指责停止输送燃料重油即违背日内瓦《框架协议》的承诺,表示愿在朝美签订互不侵犯条约的前提下放弃核计划。但美国却以朝鲜先放弃核计划为条件,拒绝和朝鲜进行任何会谈。12月,朝鲜宣布已开始启封被冻结的核设施并拆除监测核冻结的摄像机,撕掉核设施封条,重新启用用于电力生产的核设施;并随后勒令核检人员限期离境,公开向美国叫板。朝鲜半岛第二次核危机骤发。

进入 2003 年,局势进一步恶化。1 月,小布什发表谈话,要求朝鲜停止核武器开发计划。朝鲜政府发表声明,宣布:因为"布什政府上台后,美国政府不向朝鲜提供不使用核武器的保证,反将朝鲜确定为'邪恶轴心',将朝鲜列为'先发制人'核打击对象。美国以'核威胁'为借口,又停止履行朝美核框架协议中规定的向朝鲜提供重油的条款,拒绝签订我们提出的朝美互不侵犯条约"。因此,"在我国的最高利益严重受损的情况下,为了维护国家、民族的生存权和尊严",朝鲜政府决定:"在美国单方面抛弃 1993 年 6 月 11 日发表的朝美共同声明的条件下,共和国政府宣布暂时保留退出《不扩散核武器条约》的有关承诺立即生效。"①《劳动新闻》警告说:除非华盛顿接受朝美直接举行谈判、订立朝美互不侵犯条约的要求,否则危机只能愈演愈烈。

朝鲜再次使用退约的激烈手段反击,预期效果看好。美国国务卿鲍威尔暗示,美国有可能向朝鲜作出不会入侵该国的"正式安全保证",以解决双方围绕朝鲜核问题的争执。②朝鲜明白:第一,朝鲜半岛的国际态势根本不同于伊拉克所在的波斯湾。在半岛周边,中、日、俄、美四大国战略利益交错,为其提供了回旋的余地;韩国的态度也比第一次核危机更积极,朝鲜并不孤立;美军大批西调波斯湾,很难集中同时保护日本、韩国的兵力,迫使美国让步。第二,退出条约对美国和周边大国的压力会急剧加大,迫使

---

① 《朝鲜政府关于退出〈不扩散核武器条约〉声明》(2003 年 1 月 10 日),新华网,2008 年 12 月 10 日 11:10。http://world.huanqiu.com/roll/2008-12/308443.html

② 《鲍威尔暗示美有可能向朝作出"正式安全保证"》,新华网,2003 年 1 月 10 日。http://news.xinhuanet.com/newscenter/2003-01/10/content_685228.htm

大国紧急行动起来，商讨缓和紧张局势的办法，达成有利于自己的妥协方案。第三，退出《不扩散核武器条约》，就取得了自主开发核武器的理由，成为拥核国家，这无疑将增强朝美对话时的分量。可谓一石三鸟。

小布什此时正忙于向伊拉克周边调兵遣将，但遭到的反战声浪越来越大。为减缓朝核危机的牵制，鲍威尔访问日韩中三国，争取外交协助；与此同时，再次拒绝与朝鲜举行一对一的单独会谈，包括隐形轰炸机在内的36架轰炸机、"卡文·尔森号"核动力航空母舰却汹汹而来，驶向西太平洋。为在伊拉克战争后应付朝鲜半岛的非常事态，美国加紧筹建"东北亚军事司令部"。面对美国骤然增强的军事压力，朝鲜毫不示弱。外务省高官发表谈话，称朝鲜拥有的弹道导弹能够摧毁全球各地的美国目标，并接连向日本海试射地对舰导弹，其强硬的迎战姿态远远超过第一次朝核危机。3月初，朝鲜出动4架米格战斗机驱赶来自日本的RC-135型美国间谍飞机。美朝对峙持续升温，形势日益具有爆炸性。

三、一波三折的六方会谈

在朝鲜的地缘政治框架中，大国力量彼此牵制，美国难以为所欲为。从务实的角度出发，美国不得不采取对话的方针。这样，对话成为朝核危机相关国家的共识，为和平解决朝核危机的两组三方会议先后举行。在中国的斡旋下，2003年4月23日至25日，中朝美三国在北京举行了三方会谈，朝美实现了对话。5月，美国副国务卿博尔顿访问俄罗斯，盛邀并赞成俄罗斯参加有关朝鲜核问题的多边会谈。6月，美日韩三国在夏威夷举行会谈并发表《联合声明》，强调美日韩三国将加强合作，谋求和平解决朝鲜核问题。美方强调，日本与韩国应共同参加未来有关朝鲜核问题的多方会谈。这样，第一次朝核危机的旁观者日本，变成了参与者。在搭建六方会谈框架的过程中，美国扮演了由三方会谈到六方会谈的主要角色。

2003年8月27—29日，第一轮六方会谈在北京举行。朝方团长金永日提出解决核问题的一揽子方案：要求美国与朝鲜缔结互不侵犯条约，与朝鲜建立外交关系，保证朝日、朝韩实现经济合作，赔偿因轻水反应堆迟延提供造成的损失并建成轻水反应堆。与此相对应，朝鲜将不制造核武器并允许核查,最终废除核设施,暂停试射并中止出口导弹。① 美方团长凯利未作积极回应。会议并未形成任何文件,中方团长王毅总结出6点共识,其中最重要的为前两点,即:(1) 各方都致力于通过对话和平解决朝鲜半岛核问题,维护半岛和平与稳定;(2) 各方都主张半岛应无核化,也应考虑解决朝方在安全等方面提出的关切。各方同意继续六方会谈的进程。②

2004年2月25—28日,第二轮六方会谈在北京举行。三天会谈未能使美朝之间的分歧有明显减少,未取得突破性的进展。各方确定了6月底前举行第三轮会谈,决定成立磋商相应问题的多个工作组,初步形成推进六方会谈的工作机制。

6月23—25日,第三轮六方会谈在北京举行。朝方团长金桂冠希望此轮会谈能打破朝美之间在核问题上的僵局,提出"冻结换补偿"的方案,重申朝鲜的目标是朝鲜半岛的无核化。其核武器计划是美国对朝政策的产物,是朝鲜为抵制美国核打击威胁的自我保护措施。③ 由于小布什已授权美方团长凯利在会谈中拿出"更高价值"的交换条件,"一旦金正日承诺拆除钚和铀武器项目,援助将立即跟进,美国将"暂时"承诺保证不进攻朝鲜,立即停止对朝鲜的制裁。④ 因此,凯利强调朝鲜首先弃核,若在三个月内开始拆除核设施,朝鲜就可换取经济援助和解除外交封锁,以及美国某种形式的安全保证。韩方团长李秀赫建议在朝鲜完全弃核代替核冻结的前提下,可以得到韩国提供重油等能源援助、美国提供朝鲜安全保障的书面保证、美朝将朝鲜从支持恐怖主义国家名单中除名及缓和对朝制裁进行协商等"三点补偿"。⑤

日方团长薮中三十二表示,在朝鲜冻结对象包括所有核计划、公开所有核计划、接受可证实的核查,日本愿对朝鲜进行的国际能源援助。俄方团长阿列克谢耶夫说,俄准备参与对朝提供安全保障及经济援助,主张无核化进程及最终解决朝核问题的唯一道路是"分阶段向最终目标行动"。

---

① 《朝鲜代表团长金永日的基调报告》,朝中社2003年8月29日北京电讯。
② 《王毅介绍北京六方会谈:与会各方达成6项共识》,中国日报网站,2003年8月29日。http://news.sina.com.cn/c/2003-08-29/1634655494s.shtml
③ 《朝鲜:"冻结换补偿"计划是打破僵局最现实方案》,中国新闻网,2004年6月23日。http://news.sina.com.cn/w/2004-06-23/15342887856s.shtml
④ 《纽约时报:布什授权美代表向朝鲜提供新交换条件》,东方网,2004年6月23日。http://news.eastday.com/eastday/news/news/node4941/node23028/userobject1ai316523.html
⑤ 《韩国在六方会谈中提出解决朝核问题具体方案》,新华网,2004年6月23日。http://news.xinhuanet.com/newscenter/2004-06/23/content_1543437.htm

中方团长王毅高度评价第三轮会谈取得的进展。① 六方会谈出现趋于良性互动的前景,但由于美方拒绝了朝鲜举行朝美直接会谈的要求,朝方乘机发难,原定在当年9月进行的第四轮六方会谈无法如期举行。

2005年2月10日,朝鲜外务省发表声明,宣称"无限期地中止参加谈判",说朝鲜"已经制造了用于自卫的核武器"以应对美国"一贯公然孤立和打压"朝鲜的政策。② 朝鲜的一番舆论战并非毫无效果,小布什政府对待朝核问题的态度出现微妙变化,一再要求朝鲜参加六方会谈。5月10日,国务院发言人凯西表示,美朝直接沟通的"纽约渠道"仍然畅通无阻,但这条渠道并非为美朝进行谈判所用,它不能取代六方会谈。③

中韩俄力促朝鲜返回六方会谈,但日本打横炮,建议举行排除朝鲜的五方会议,未得到响应。同年5月22日,朝鲜外务省发言人表示正在慎重判读美国通过纽约接触表达的"对朝立场",继续关注美方的态度;重申坚持朝鲜半岛无核化和通过协商和平解决问题的"一贯立场";要求美国实实在在地为会谈的召开创造条件与气氛。翌日,白宫新闻发言人回应,美国的朝核方针不变,强调"六方会谈是唯一解决这一争端的途径",希望朝鲜"立刻回到谈判桌上来"。④

同年7月26日至8月7日和9月13日至19日,六方在北京举行分为前后两阶段的第四轮会谈。中国外交部副部长武大伟、朝鲜外务省副相金桂冠、日本外务省亚洲大洋洲局局长佐佐江贤一郎、韩国外交通商部次官补宋旻淳、俄罗斯外交部副部长阿列克谢耶夫、美国负责东亚和太平洋事务的助理国务卿希尔分别率团与会。

在第一阶段,各方纷纷提出各自主张,展开对话。在7月27日的首次全体会议上,中方呼吁增进相互了解,化解危机。朝方重申如朝美实现关系正常化并消除对朝鲜的核威胁,朝鲜就会放弃核武器和核计划。美方重申朝鲜首先弃核以得到经济援助和安全保证的立场,承认在谁先采取行动方面美朝存在分歧,但正在与其他各方一道致力于意见统一;六方会谈的共同原则,是最终达成解决朝核问题的全面协议。各方在全体会议之外,

---

① 《韩国向朝提出三方面"补偿"措施 俄将提新方案》,中国新闻网,2004年6月24日。http://news.sina.com.cn/w/2004-06-24/13182897245s.shtml

② 《朝鲜发表声明称"已经制造用于自卫的核武器"》,中国新闻网,2005年2月10日。http://www.chinanews.com/news/2005/2005-02-10/26/539155.shtml

③ 《美朝沟通"渠道"畅通》,载《今晚报》2005年5月11日。

④ 《朝鲜应返回谈判桌》,美联社2005年5月24日华盛顿电讯。

展开活跃的双边磋商,逐步缩小分歧。

在第二阶段,中方在9月15日晚营造各方团长"中秋赏月"和谐气氛的同时,在共同声明草案中尽可能纳入各方的要求,包括朝方提出的"在适当时候讨论向朝鲜提供轻水反应堆问题"。韩方加紧与美方疏通,促成其做出适当让步。终于,朝美会晤取得突破性的进展。9月19日,形成六方会谈《共同声明》。其要点包括:(1)以和平方式可核查地实现朝鲜半岛无核化为目标;朝方承诺放弃一切核武器及现有核计划,早日重返《不扩散核武器条约》,接受国际原子能机构的监督;美方确认,无意以核武器或常规武器攻击或入侵朝鲜;韩方重申不运入、不部署核武器的承诺,1992年的《朝鲜半岛无核化共同宣言》应予遵守和落实;朝方声明拥有和平利用核能的权利,其他各方对此表示尊重,同意在适当时候讨论向朝鲜提供轻水反应堆问题。(2)按照《联合国宪章》处理相互关系,朝美、朝日双方承诺,采取步骤实现关系正常化。(3)促进能源、贸易及投资领域的经济合作,向朝鲜提供能源援助,韩国向朝鲜提供200万千瓦电力援助。(4)共同致力于东北亚地区持久和平与稳定,直接有关方将另行谈判建立朝鲜半岛永久和平机制。(5)根据"承诺对承诺、行动对行动"原则,分阶段落实上述共识等。①

9月19日《共同声明》是各方通过妥协,达成共识的结果。声明再次申了朝鲜半岛无核化的目标,强调"和平方式"和"可核查"。朝鲜以弃核、重返《不扩散核武器条约》与接受国际原子能机构核查为交换条件,得到美国不入侵、美朝关系正常化,以及中韩等五国提供能源援助、日朝关系正常化等多项保证。朝美对话僵局被打破,实现朝鲜半岛无核化、建立集体安全合作机制的前景明朗。

2006年7月5日,朝鲜为抗议美国冻结朝鲜在澳门汇业银行账户的金融制裁,示威性地试射了包括"大浦洞-2型"在内的多枚远程、短程导弹。美国视之为"挑衅行为",国务卿赖斯与中日韩俄的外长展开磋商。朝鲜半岛的局势骤然紧张,各国纷纷对试射导弹的新事态表明立场。7月5日、6日,中国外交部发言人接连表示"严重关切",希望有关各方"不要再采取使局势进一步紧张和复杂化的行动"。② 朝鲜对中国如此表态不满,金正日拒

---

① 《第四轮六方会谈共同声明》,新华网,2005年9月19日。http://news.xinhuanet.com/world/2005-09/19/content_3511768.htm

② 《外交部发言人就朝鲜试射导弹事发表谈话》,载《人民日报》2006年7月6日。

见来访的中国友好代表团长、政治局委员回良玉。10月3日,朝鲜宣布将在科学领域,在绝对保证安全的情况下进行核试验,强调绝对不首先使用核武器和威胁使用核武器,也不扩散核武器。① 联合国安理会经过紧急磋商,6日发表主席声明,要求朝鲜不要进行核试验,避免任何可能导致局势紧张的行动,通过政治和外交方式寻求和平和全面解决问题。声明强调,如果朝鲜坚持进行核试验,安理会将根据《联合国宪章》的精神采取行动。②

同年10月9日上午10点36分,朝鲜在咸镜北道花台郡舞水端里一座360米高的山体内,进行了当量为500吨TNT的地下核试验,这一举动受到多方谴责,制裁之声鹊起,日本尤其积极。普京给小布什打电话,表示愿同美国协调行动。中国外交部发表声明,强调朝鲜"无视国际社会的普遍反对,悍然实施核试验,中国政府对此表示坚决反对";强调"实现半岛无核化,反对核扩散,是中国政府坚定不移的一贯立场。中方强烈要求朝方信守无核化承诺,停止一切可能导致局势进一步恶化的行动";同时"呼吁有关各方冷静应对,坚持通过协商和对话和平解决问题"。③ 外交部部长李肇星应约与赖斯通电话,交换看法。14日,联合国安理会一致通过了《关于朝鲜核试验问题的第1718号决议》,谴责朝鲜核试验以及对朝鲜实行部分制裁。朝鲜对此表示拒绝,强调进行核试验是为了对付美国的核威胁,拥有核武器是为了捍卫本国主权和利益;表示朝鲜的最终目标是在朝鲜半岛完全消除核武器;重申只有当美国改变敌视态度,两国建立充分互信时,朝鲜才会最终放弃核武器。④

核试验之后,金正日曾经给小布什捎去口信,重申金日成主席关于实现朝鲜半岛无核化、朝美关系正常化和南北和平统一的"遗训",还表示"在朝美关系正常化之后,朝鲜可以把美国当作比韩国更加亲密的战略伙伴"。⑤ 朝鲜采用软硬兼施的策略,并非毫无效果。此后朝美关系出现最新动向,美国改变了不与朝鲜代表单独会谈的僵硬做法,开始了积极接触。在解决朝鲜在澳门汇业银行存款的冻结问题上,也出现了松动。

---

① 《朝鲜宣布将进行核试验》,新华网,2006年10月3日,http://news.xinhuanet.com/world/2006-10/03/content_5167821.htm
② 《联合国安理会要求朝鲜取消可能进行的核试验》,新华社2006年10月6日联合国电讯。
③ 《中国外交部就朝鲜实施核试验发表声明》,中新社2007年10月9日北京电讯。
④ 《联合国安理会通过关于朝鲜核试验问题的决议》,新华网,2006年10月15日,http://news.xinhuanet.com/world/2006-10/15/content_5203818.htm
⑤ 《产经新闻》2007年8月10日。

同年 12 月 18 日，第五轮六方会谈第二阶段会议开幕。在正式全体会议前，六方团长将先进行小范围会议，讨论当日议程。各方代表团在京进行了密集的双边磋商，为六方会谈的召开做最后的准备。朝美双方在第二阶段的直接会晤，是六方会谈中引人注目的新动向。

2007 年 1 月，朝美双方在柏林举行了单独会晤。2 月 8 日下午，第五轮六方会谈第三阶段会议开幕，主要目的是探讨落实"9·19"《共同声明》的行动和措施。在这次六方会谈的最后一天即 2 月 13 日，六方发表了名为《落实共同声明起步行动》的共同文件（"2·13"《共同文件》）。六方重申"9·19"《共同声明》关于朝鲜弃核的目标，规定朝方提供其全部核计划清单，放弃核计划；强调美朝举行双边谈判，实现关系正常化；美将启动不再将朝列为支恐国家的程序，并将推动终止各方同意在起步阶段向朝方提供紧急能源援助。首批紧急能源援助相当于 5 万吨重油，有关援助将于 60 天内开始。设立负责朝鲜半岛无核化、朝美关系正常化、朝日关系正常化、经济与能源合作、东北亚和平与安全机制事务的 5 个工作组，负责提出具体方案。①

同年 3 月 1 日至 8 日，金桂冠应希尔的邀请访美，讨论相关问题。3 日，金桂冠在美国外交政策全国委员会（NCAFP）和朝鲜社交协会（Korea Society）主办的欢迎午宴和 5 日双边会谈等场合称中国对朝鲜"没有太大的影响力"，说"美国不要为了解决核问题而过分对中国寄予期待"。他说："过去六年里，美国一直依赖中国解决核问题，但得到了什么结果？我们发射了导弹，也进行了核试验，我们想要做的事情都做了，但中国一件事也没能解决。"②金桂冠向希尔等美方高层官员转达了金正日的口信，希望收到小布什的亲笔信，建立朝美互信和实现两国关系正常化。

同年 3 月 19 日至 22 日，第六轮六方会谈如期在北京开幕。由于美朝关系顺利进展，各方在听取工作组报告工作进展、讨论落实起步行动的具体步骤和下一阶段行动的初步探讨等三个议题上，达成一致意见，重申将认真履行在前述两个文件中所做出的共同承诺。根据"2·13 共同文件"的日程表，朝鲜将于 4 月 13 日关闭宁边核设施。但朝鲜以澳门汇业银行的账户问题未解决为由，拒绝关闭核设施。6 月 19 日，希尔在东京宣布资金已转账至朝鲜在俄罗斯银行的账户中，金融争端已经解决。美朝关系的发展

---

① 《通过落实共同声明起步行动文件》，载《浙江日报》2007 年 2 月 14 日。
② 《朝鲜日报》2007 年 3 月 9 日。

势头,刺激了日本。外相麻生太郎当天与美国国务卿赖斯通了电话,要求希尔转告朝方,日方有意进行日朝邦交正常化谈判。

同年6月21日,希尔乘坐小型飞机从驻韩美军乌山空军基地出发,飞抵平壤访问。他在机场表示:"六方会谈的进程应该继续下去,并且弥补已经失去的时间。"① 为此,希尔采取了两个引人注目的举动。一个是接受朝方的强烈要求,明确宣布美国无意破坏朝鲜现存体制;承诺推进美朝关系正常化;签订和平条约。另一个是在会见记者时,希尔提议由美中朝韩四方举行建立朝鲜半岛永久和平体制的四方会谈。众所周知,朝鲜历来主张排除日本加入六方会谈,美国对俄国加入六方会谈也不甚感兴趣,韩国则不希望被置于会场之外。希尔的言论令朝鲜喜出望外,却令日本深感不安。7月14日,在韩国第一批6200吨重油运抵朝鲜后,朝鲜关闭了宁边核设施的核心反应堆。同月,国际原子能机构的核查小组在被逐出朝鲜5年之后,重新回到平壤。

同年7月18日至20日,第六轮六方会谈团长会在北京举行。朝美双方在会议的前一天抵达北京,旋即在使馆和饭店举行三轮磋商。翌日展开的会谈进展顺利,各方达成四点框架共识:即重申将认真履行在前述两个文件中做出的承诺;朝方兑现有关全面申报核计划和现有核设施去功能化的承诺;其他各方将向朝鲜提供相当于95万吨重油的经济、能源及人道主义援助;各方承诺将根据"行动对行动"原则履行各自承担的义务。为此,各方决定采取三个步骤,即8月底以前,依据"2·13共同文件"设立的五个工作组将全部召开会议;9月上旬在北京召开第六轮六方会谈第二阶段会议,听取各工作组汇报,制定落实框架共识的路线图;第六轮会谈第二阶段会议后将尽快在北京召开六方外长会议。②

在朝美关系取得进展的同时,朝韩关系稳定发展。两国的政治、经济、军事关系全面趋缓并逐渐密切化,已成为南北关系的主流。双方在实现自主和平统一,部长级、将领级的频繁对话,建立开城、金刚山开发区,扩大贸易额和加强人道主义物资援助,实现南北铁路和公路对接,离散家庭的会面等方面,积累了越来越多的成果。经同年10月2日,卢武铉步行跨越韩朝军事分界线,访问朝鲜。3日,卢武铉在平壤与金正日举行两次会谈。

---

① 《希尔首次访问朝鲜》,载《青岛日报》2007年6月22日。
② 《第六轮六方会谈团长会新闻公报》,外交部网站,2007年7月20日,http://news.xinhuanet.com/world/2007-07/20/content_6405671.htm

4日,双方签署了《南北关系发展与和平繁荣宣言》,南北关系持续改善。

2007年9月27日至30日,六方会谈启动第六轮第二阶段的谈判。10月3日,六方共同发表《落实共同声明第二阶段行动》,一致确认遵照"2·13共同文件"规定的起步行动,落实"9·19共同声明"的第二阶段行动,以和平方式可验证地实现朝鲜半岛无核化。朝方承诺"对一切现有核设施进行以废弃为目标的去功能化";在2007年12月31日前对全部核计划进行"完整、准确的申报";重申"不转移核材料、核技术或核相关知识"。美朝承诺改善双边关系,向实现全面外交关系迈进,将加强双边交流,增进相互信任。美国承诺启动不再将朝列为支恐国家程序,推动终止对朝适用《敌国贸易法》进程。日本承诺迅速实现邦交正常化。朝鲜之外的五方承诺"根据'2·13共同文件'规定,相当于100万吨重油的经济、能源与人道主义援助(包括已向朝提供的10万吨重油)将向朝方提供。具体援助方式将由经济与能源合作工作组商定"。①

2008年6月26日,朝鲜驻华大使崔镇洙向六方会谈中方团长武大伟提交核申报清单。根据"10·3共同文件"精神,美方应在同日将朝鲜从"支持恐怖主义国家"名单中除名,终止对朝适用《敌国贸易法》。6月27日,朝鲜宁边核反应堆的冷却塔被炸毁,六方会谈落实共同声明第二阶段行动取得了积极进展。10月,美国把朝鲜从"支持恐怖主义国家"名单中除名,令世人对六方会谈的前景的期待大为增强。

同年11月4日,民主党候选人奥巴马当选第56届美国总统。2009年1月21日,奥巴马在华盛顿国会大厦西侧举行的总统就职典礼上发表就职演说,强调美国面临的危机和挑战,发誓消除核威胁和恐怖袭击。朝鲜对入主白宫的奥巴马寄予期待,并采取了相应行动:4月,发射"光明星二号"实验通信卫星,并在安理会主席发表谴责声明后,宣布退出六方会谈;5月,朝鲜进行了第二次地下核试验;6月,联合国安理会通过第1874号决议,表示"最严厉的谴责",要求朝鲜今后不再进行核试验或使用弹道导弹技术进行任何发射,并增加了对朝制裁新措施,而朝鲜索性宣称"永远退出"六方会谈;7月,朝鲜接连发射短程或远程导弹示威,并在多种场合宣布六方会谈"永远结束",关闭了对话解决朝核问题之门。

---

① 《落实共同声明第二阶段行动》,新华社2007年10月3日北京电讯。

四、两次朝核危机及六方会谈的几点启示

(一) 通过对话化解朝核危机,维护半岛和平稳定并非不可能

由前述可知,1991—1992 年朝鲜半岛出现积极态势,美国撤出自 1958 年以来部署在韩国的核武器,朝鲜半岛出现短暂的无核武器状态。在东欧剧变、苏联混乱不堪,外援主渠道断绝的不利形势下,平壤调整政策,朝鲜半岛的南北双方通过对话,签署《关于北南和解、互不侵犯和合作交流协议》和《朝鲜半岛无核化共同宣言》,成立南北核控制委员会。美韩暂停 1992 年度"协作精神"联合军事演习,朝鲜与 IAEA 达成《核保障协议》,接受其不定期的核检。朝鲜半岛的无核化之所以一度前景明朗,原因在于南北双方关系缓和与高层对话的展开。

同样,第一次朝核危机期间,朝美 1993 年建立对话的"纽约通道",发表《联合声明》。同样通过高级会谈,1994 年朝美在日内瓦签署《关于朝鲜核问题的框架协议》,美国承诺为朝鲜建设两座轻水反应堆及每年提供 50 万吨重油、设立联络办公室并最终把双边关系升级为大使级外交关系、保证不对朝鲜使用核武器;朝鲜承诺将采取措施,实现朝鲜半岛的无核化。继而出现 1998 年美朝举行首次核问题高层会谈,1999 年美国视察团检察位于金昌里的核设施,2000 年朝鲜人民军次帅、金正日特使赵明录与美国国务卿奥尔布赖特首次实现互访问以及南北首脑会晤,英国、德国、荷兰等多个欧洲国家表示有意与朝鲜建交等前所未有的新动向。美朝会谈并达成协议,与朝韩改善关系同步展开,不仅化解了第一次朝核危机,而且使朝鲜半岛的局势出现良性发展的积极态势。

(二) 两次朝核危机的挑战者与应战者分别为朝美两国,朝美博弈固然举足轻重,但其他非当事国的相向而行同样不可或缺

其中,中美的战略默契、中韩合作,是局势转危为安的重要前提。否则,势必出现有机可乘的空隙,对实现朝鲜半岛的无核化有害无利。例如,六方会谈期间达成的"9·19"《共同声明》、"2·13"《共同声明》等文件是中韩俄日等国家与美朝共同努力的结果,特别是中国为促成美朝克服障碍,发挥了不可取代的积极作用,仅靠朝美两家对话无法做得到。

退出六方会谈后,朝美在奥巴马的总统第一任期内,重启会谈。正式的高层会谈至少有4次:2009年12月,朝美的平壤对话,美方要求朝方重返会谈;2011年7月,朝美的纽约会谈,围绕无核化和改善关系泛泛而论;同年10月,美朝在日内瓦会谈,讨论无核化和粮食援助;2012年2月,朝美达成协议,朝鲜中断铀浓缩计划(UEP)、美国向朝提供粮食援助。此外,还有多次秘密接触。鉴于金正日在两次朝核危机和六方会谈期间对美反施压的"超强硬"手段的屡试不爽,继位的金正恩愈加憋足力气,向美国施加更大的反压力。2012年12月,朝鲜发射"银河3号"运载火箭,基本掌握洲际弹道导弹技术,向美国施加更多要求的反压力。结果,美朝间达成的所有协议瞬间泡汤。可见,美朝会谈并非解决朝核问题的灵丹妙药。

奥巴马政府在第二任期内,加快推行针对中国的"亚太再平衡"战略,在中国南海、东海制造麻烦,执意在韩国部署萨德系统,加剧中美对峙和中韩矛盾,吸引了国际媒体的高度关注。对不断升级核武水平的朝鲜,第二任期的奥巴马政府居心叵测地推行"战略忍耐"方针,完全不作为。金正恩抓紧时机,在2013年2月、2016年1月和9月接连继续第三、第四、第五次核试验,提升导弹运载能力,在拥核的道路上越走越快。与此同时,朝鲜有意无意地演变成美国向中国施压、分化中韩关系的一枚棋子。

(三)重复使用施压制裁或一味劝和等老手段来实现朝鲜半岛无核化的目标,无疑缘木求鱼,国际社会需要新的合作框架

由前述可知,美国联合日本、韩国对朝施加军事压力、经济制裁,联合国多次通过对朝惩戒性的相应决议,包括加大美韩军演力度、在第二次朝核危机期间派遣"卡文·尔森号"核动力航空母舰攻击群,这些虽然对朝鲜造成困难,却因为得不到中俄两国的合作而漏洞百出,对朝施压或制裁的实际效果大打折扣。换言之,在朝鲜半岛无核化的大目标上,中美韩日俄具有一致性,因而能够举行六方会谈并取得重要进展。另一方面,由于中美日韩俄五国各有其考虑,国家利益、政治生态和外交策略以及与朝美的关系不尽相同,所以无法形成封闭朝鲜的拥核之路,反而为朝鲜利用大国之间的矛盾提供了空间。这样,在两次朝核危机和六方会谈期间,就出现朝鲜追求拥核——美国施压与中国促和——朝美会谈或多方会谈并达成协议——美朝均未完全执行协议——朝鲜继续追求拥核的怪圈。在某种意义上可以说,由于朝鲜制造核武或导弹的原材料、技术手段的通道未关闭,旷日持久的对话会谈甚至成了朝鲜开发核武器的掩体。

时至今日,中国和美国确实感受朝鲜拥核对国家安全造成的严重威胁。2017 年 4 月中美两国首脑就朝鲜半岛无核化问题举行会谈并进行多次热线通话,出现前所未有的新事态。中美联手应对朝核问题,或许能为最终化解朝核危机提供新的可能。与此同时,美国执意在韩国部署针对中国的萨德系统、两国对朝核问题解决手段的不同选择,或许为事态的发展提供了另一种可能,不宜盲目乐观。

中美合作,是继中韩接近并建交之后,朝鲜与中国交恶的又一个重要原因。实际上,早在 1991 年 7 月平壤向美国提出缔结朝美和平条约以换取朝鲜半岛无核化的要求时,就已经将中国排除在朝鲜战争《停战协定》的签字方之外,将中朝美三方改为朝美两方。1994 年 5 月,朝鲜另设人民军板门店代表处,进而要求中国人民志愿军代表团离境,为朝美缔约造成既定事实。尽管如此,中方从维护中朝关系大局出发,一如既往地支持朝鲜,为美朝对话和六方会谈的展开竭尽全力。但在国际关系中,善意未必得到善报。最近朝鲜拒绝接受中国特使访问平壤、朝中社对中国的点名批判,说出了平壤的不满和怨恨,预示着两国关系进入不明朗的新时期。

(四)回顾两次朝核危机和六方会谈,有必要纠正几种以讹传讹的错误说法

近几年,国外舆论的两种论调直指中国:其一,认为六方会谈已成为历史的记忆,是中国外交的失败;其二,指责中国政府应对朝鲜核开发负责。2003 年 5 月,美国副国务卿博尔顿访问俄罗斯,盛邀并赞成俄罗斯参加有关朝鲜核问题的多边会谈。6 月,美日韩三国在夏威夷举行会谈并发表《联合声明》,美方强调,日本与韩国应共同参加未来有关朝鲜核问题的多方会谈。可见,美国一手搭建了六方会谈的框架,中国提供了展开交涉的平台并尽了力。因此,六方会谈的停滞,是美国远东外交的失败,而非中国外交的失败。若追究朝鲜追求拥核目标的原因,内因不外维护国家安全、凝聚国内团结力量和"先军政治"等;外因则与美国长时期敌视朝鲜,驻军韩国并部署核武器有着直接的关系。因此,追究责任,美国难辞其咎。将责任转移至中国政府,不过是美国逃避责任的借口。

(本文作者系北京大学历史学系教授)

Interaction between the Great Powers and the Korean Peninsula: Reexamination on the Two North Korean Nuclear Crises and the Six-Party Talks

Song Chengyou

Abstract: During the two North Korean nuclear crises and the six-party talks, there showed a vicious circle in which North Korea pursues nuclear, then the United States pushes China to promote peace, and multi-party talks are held to reach an agreement, while the U. S. and North Korea both does not fully implement the agreement. Therefore, North Korea continues to go nuclear. In this process, it is impressive that North Korea called for the conclusion of a peace treaty with the U. S. in exchange for its denuclearization. The U. S. continues blowing hot and cold, showing its attitude and ability in complete control. Great powers are all playing different roles and maintaining interaction. Relevant disputes like the U. S. and North Korea are keeping fighting without breaking, while stakeholders like China and South Korea are providing positive energy in solving the crisis, which forms the unique features of the geopolitics of the Korean Peninsula. Hence, it is possible to resolve the North Korean nuclear crisis and maintain peace and stability on the peninsula through dialogue. The U. S.-North Korea game constitutes the key element to resolve the North Korean nuclear crisis. However, it is also critical that other non-parties can meet each other half way. Today, the repeated use of pressure and sanctions or blindly urging peace has not been able to achieve the goal of denuclearization in Korean Peninsula. The international community needs a new framework of cooperation.

Key words: North Korean Nuclear Crisis; the Six-Party Talks; Denuclearization of the Korean Peninsula; The U. S-South Korean Military Exercises

明清王朝交替期汉族移居朝鲜半岛地区问题研究

刘春兰

【内容提要】 汉族向朝鲜半岛的移民是相当普遍而持久的现象。明末的汉族移民是由于明清交替这一历史性的变化所引起的。明朝与朝鲜从开国之初即维持着一种极为友好的关系。明朝将朝鲜视为"海东藩屏",朝鲜则出于自身安全的考虑和对中华文明的向往与羡慕,采取尊明事大的外交方针,对明末移民的大量流入,持优容保护态度。汉族移民在与朝鲜社会的融合过程中,也面临着许多必须克服的问题,形成了独特的移民社会,对朝鲜社会亦产生了一定的影响。

【关键词】 明清交替;朝鲜半岛;汉族移民

人类历史上,地区间不同民族的人口移动是非常普遍的现象。这种人口移动论其原因多种多样,对移居地的政治、经济、文化等方面的影响也有不同。中国本土与朝鲜半岛之间汉族、朝鲜族异地移居现象也是历来有之。汉族移居朝鲜半岛的最早记录是箕子和他率领的5000殷商遗民。《尚书大传》载:"武王胜殷,继公子禄父,释箕子之囚。箕子不忍为周之释,走之朝鲜。武王闻之,因以朝鲜封之。"《汉书·地理志》(卷二八,志八)云:"殷道衰,箕子去之朝鲜。教其民以礼义、田蚕织作。"此后,中国历代皆有汉族移居朝鲜半岛之事。本文将以从16世纪末朝鲜壬辰倭乱开始到17世纪中期清朝取代明朝获得中国大陆统治权这一动荡时代为背景,研究这一时期汉族移居朝鲜半岛地区问题。

一、明末清初朝鲜半岛汉族移民增加的背景

(一) 明末清初的社会变动

1. 明朝的没落与女真族的兴起

明初,经过几代具有雄才大略的皇帝的努力,中国不仅重建了汉族对中国大陆的统治,而且在亚洲海路上建立起了权威的地位,还与其他亚洲国家形成了一种以中国为中心的世界秩序,这种世界秩序依靠周边国家对明朝的朝贡体制,维持着中国的权威地位。然而,在14世纪进入15世纪之际,明朝在对外关系上日益呈现出保守的倾向与防御的态势,其主要原因不仅是由于明初残存于北方的元朝势力有再度崛起之势,而且元末群雄如张士诚、方国珍的残党亦在南方岛屿不断雄起,加之倭寇在沿海一带的频繁出没。明朝第三代皇帝明成祖朱棣(1403—1424年在位)虽然对外采取积极的政策,但由于内政不稳,特别是王位之争带来的政治影响,减弱了其对外经略的志向。成祖对北方的鞑靼(Tatar)、瓦剌(Oirat)和蒙古勤于征伐,并在东北设置了建州卫和奴儿干都司,以统治辽东;在南方,平定了安南,并派宦官郑和率船队七下西洋,一方面在东南亚、印度和波斯湾沿岸、东非沿岸宣扬了明朝的"国威",另一方面促进了这些国家和地区与中国大陆贸易的发展。

然而,如此辉煌的业绩并未在后代发展成为有效的防御政策,也就是说,边境问题在明代并未成为国家民族发展的积极动力,反而向其相反的方向发展,从宣宗朝(1526—1535在位)开始,明朝逐渐转向消极的防御政策。为防御外敌,政府致力于在北方修筑长城,到1470年前后,万里长城基本建设完成;而在沿海,明太祖时代开始实施的海禁政策及"以夷制夷"与朝贡政策相结合的统治策略,到这时已转变为全面的海禁与贸易禁止,明宣宗"命行在都察院严私通藩国之禁"[①],严重遏制了中国沿海居民和商人及工匠等的海外开拓活动。英宗(1436—1449年在位)初年,曾几次尝试对外征伐,但其在正统十四年(1449)八月的"土木之变"中成为瓦剌(Oirat)

---

① 《明宣宗实录》卷一〇三,宣德八年七月乙未条。

酋长也先(Essen)的俘虏,明朝开始由盛而衰。进入 16 世纪以后,边患日益严峻,东北有蒙古的达延汗和阿勒坦汗兴起,持续侵扰北部边境,谓之北虏;沿海则有从事掠夺贸易的倭寇频繁活动,甚至侵扰到了扬子江沿岸,谓之南倭。明朝的内政也是宦官当道,内阁大学士集权,经济上伴随着货币经济的推出,田租赋役及附加税日益加重,农村的自然经济体制走向崩溃。

16 世纪中叶,明朝国政已呈现出紊乱与衰败的气象,宫廷奢侈,宦官专横,农村社会的瓦解使得国家财政面临崩溃,大量的流民与白莲教等秘密宗教势力结合而产生的叛乱,成为动摇明朝统治的强大势力。这时,明神宗(1573—1620 在位)果断启用张居正为宰相,开展了以土地丈量和一条鞭法为主要内容的农村改革,才使得明朝的财政得以重建,呈现出中兴气象。然而,随着张居正病情加重,政局再度陷入紊乱。

尽管如此,由于此时以银为本位的货币经济已经渗透到社会生活的各个角落,因此,与农村的衰败截然不同,都市却呈现出一派奢华之风盛行的景象。在明神宗万历后期,因皇室醉心于大规模的宫殿营建,为满足皇室及宫廷需求,全国各地的专供艺术品生产工场生产了大量精巧的艺术品,比如景德镇就为宫廷生产了大量的鎏金华丽陶瓷器。当时,仅皇太子的结婚费用就使用了 2400 万两白银,甚至超出了明朝一年的财政收入。这种奢靡的宫廷生活,不可避免地导致了国家的财政危机。而此时,明朝对外却正面临着"万历三大征",即平定蒙古人哱拜叛乱的宁夏之征、抗击丰臣秀吉入侵朝鲜的朝鲜之征以及平定苗疆土司杨应龙叛乱的播州之征。其中尤以为救朝鲜而劳师远征的抗击丰臣秀吉入侵朝鲜的壬辰倭乱和丁酉再乱耗资最巨。李肯翊曾在《燃藜室记述》中记载过明朝在 1592—1600 年八年间,抗日援朝所使用的将士及军费情况:

> 征发浙陕湖川贵云缅南北兵通二十二万一千五百余人,往来诸将及任事人三百七十余员,粮银约五百八十三万二千余两,交易米豆银三百万两,实用本色米粮数十万斛,诸将赏银三千两,山东粮二十万斛。①

《两朝平壤录》和《武备志》也曾记载,经略邢玠自万历二十五年(1597)出兵,到万历二十八年(1600)归国,共使用军费 800 余万两,较之平定哱拜叛乱所使用的 180 万两,平定播州杨应龙叛乱所使用的 200 余万两,可谓巨

---

① 李肯翊:《燃藜室记述》卷一七,宣祖朝故事本末,乱中时事总录。

资。如此庞大的战争费用,使得明朝的财政陷入了困境。为开辟新的财源,明朝廷自1596年开始,向全国各地派遣矿监和税吏,增征矿山开发税和商税。这种横征暴敛引起民众的反抗,各地反税斗争和民变不断涌现,这无异于是对正处于援朝战争中的明朝命运的重大打击。当然,由于这场东征对朝鲜来说是"再造藩邦之恩",因此,明朝与朝鲜的关系更加密切,朝鲜国内尊明思想日益高涨。但此时,辽东的女真族正趁机崛起,因此,表面上看亚洲地区虽然仍维持着以中国为中心的世界秩序,但实际上却暗流涌动,孕育着重大的历史变化。

女真族的民族意识是在16世纪中叶抵抗蒙古族时期开始觉醒的,从16世纪末到17世纪初的20年间,他们以沈阳以东的兴京为根据地,以建州女真的酋长努尔哈赤为中心,结束了长期分裂的状态,作为一个统一的国家登上历史舞台。

努尔哈赤(1559—1626),姓爱新觉罗,出生于建州左卫费阿拉城一个没落奴隶主家庭。其祖父觉昌安任建州左卫都指挥,父亲塔克世任建州左卫指挥。他从其25岁的1583年(万历十一年,宣祖十六年)开始,以为祖父报仇为理由,统一了建州各部族,并在海西女真南北关的纷争中崭露头角。在统一满洲时代,努尔哈赤成功地采用了分化瓦解、远交近攻、恩威并施、各个击破等军事战略,为女真族社会的分割与混战画上了休止符。其中最为突出的是通婚政策与武力讨伐并举的双重策略,他一方面与满洲的强大势力,如海西女真的北关叶赫、南关哈达·乌拉等部族通婚,迎娶他们的女儿为妻妾,另一方面将同族女子送予他部谋求和亲,与蒙古科尔沁扎鲁特等部落建立起血缘关系。

创业初期,努尔哈赤在处理对明关系上非常慎重,曾8次派遣庞大的朝贡使节团前往朝贡,最多时使节团人数达500余名之多,他也因此获得了明朝廷的信任,明朝为安抚他,每年赠予其白银800两,锦缎15匹,还开放了抚顺、清河、宽甸、瑷阳等四处市场,允许其交易。1589年(万历十七年),努尔哈赤获得了明朝廷下赐的都督官职①,1595年(万历二十三年),升任龙虎将军。但他将明朝当作宗主国侍奉并非真心,对明朝的朝贡到1608年即告终止。

努尔哈赤在统一女真的过程中,对内政的建设也倾尽了全力。首先,

——————
① 参见《明神宗实录》卷二一五,万历十七年九月乙卯条。"始命建州夷酋都指挥努尔哈赤为都督佥事。"

为将女真族建设为统一的武装势力,他让各酋长和族党移住到自己的居住地,掌握了他们就等于掌握了各女真族部落的绝对支配权。其次,他推行禁止田猎,设置屯田,奖励定居等政策,改变了女真族流动性的生活方式,强化了自己对女真族的支配权。1601年(万历二十九年),他在女真族原来的社会组织牛录的基础上,创立了黄、白、红、蓝四旗;1615年(万历四十三年),又增设了镶黄、镶白、镶红、镶蓝四旗,完成了军事与行政一体化的"八旗制度",并使之与"议政王大臣制度"一道为女真族的统一大业作出了贡献。此外,努尔哈赤在统一女真过程中还着手进行了武器与农具的改革,开设金、银矿和制铁业,同时进行了都城的筑造。

至此,新的国家建立所必须的条件均已准备齐备,国家体制也已初具规模,1616年(万历四十四年)1月,努尔哈赤在其都邑赫图阿拉(今辽宁新宾西老城)建国登基,自称大汗,国号后金(即后来的"清"),年号天命,成为后金太祖。作为明清王朝交替这一历史大变化的重要信号,清太祖的即位,表明努尔哈赤已经在政治、军事上完全独立,并开始威胁到明朝的存在。

2. 明清之交替

天命三年(1618),努尔哈赤发布讨明檄文,宣誓了对明朝的"七大恨":

> 我之祖父,未尝损明边一草寸土地,明无端起衅边陲,害我祖父,恨一也;明虽起衅,我尚欲修好,设碑勒誓,凡满汉人等,勿越疆圉,敢有越者,见即诛之,见而故纵,殃及纵者,讵明复踰誓言,逞兵越界,卫助叶赫,恨二也;明人于清河以南,江岸以北,每岁窃踰疆场,肆其攘夺,我遵誓行诛,明负前盟,责我擅杀,拘我广宁使臣纲古里·方吉纳,挟取十人,杀之边境,恨三也;明越境以兵助叶赫,俾我已聘之女,改适蒙古,恨四也;柴河、三岔、抚安三路,我累世分守疆土之众,耕田艺谷,明不容刈获,遣兵驱逐,恨五也;边外叶赫,获罪于天,明乃偏信其言,特遣使臣遗书诟骂,肆行凌辱,恨六也;昔哈达助叶赫,二侵次来侵,我自报之,天即授我哈达之人矣,明又党之,挟我以还其国,已而哈达之人,数被叶赫侵掠,夫列国之相征伐也,顺天心者胜而存,逆天意者败而亡,何能使死于兵者更生,得其人者更还乎?天建大国之君,即为天下共主,何独构怨于我国也! 初扈伦诸国,合兵侵我,故天厌扈伦启衅,惟我是眷,今明助天谴之叶赫,抗天意,倒置是非,妄为剖断,恨七

也。欺凌实甚,情所难堪,因此七大恨之故,是以证之。①

明朝虽然很早就得到了努尔哈赤势力伸张的情报,却并未拿出有效对策,仅仅是匆忙募兵并让辽东官兵加以防备而已。先是任命曾参与平定壬辰倭乱的杨镐为辽东经略,布阵辽阳,接着又在沈阳集结了88000人,开始讨伐后金。同时,明朝向朝鲜发出了出兵邀请,光海君任命姜弘立为都元帅,率兵13000赴辽东参战,而后金的世仇叶赫军也加入了战斗。这场决定明清势力交替的战斗于1619年春,在抚顺以东80余里的浑河与苏子河交界处的萨尔浒展开,仅仅4天,明朝的4路大军均遭惨败,300余名将领和其率领的士兵全军覆没,而努尔哈赤率领的八旗军队几乎没有多少损失即大获全胜。太祖遂乘胜进军,年内即占领了开原、铁岭,并相继灭了蒙古的喀尔喀部和辽东仅存的敌对势力北关叶赫,进而进出辽西。明朝由于在萨尔浒战斗中的大败而开始走向衰亡。

在清太祖开始进出辽西之际,明朝的统治阶层却由于内部的纷争而陷入无休无止的混乱中。萨尔浒之战惨败次年,即1620年,明神宗万历皇帝驾崩,1年后光宗继位,2年后嘉宗继位。这种东林党和宦官因扶植自身势力而进行的争斗因梃击案、红丸案和移宫案等三大案而日趋激烈②,而辽东情势告急所需的军事费用又加重了百姓的负担,朝廷别无他策的同时,党争带来的肃杀之风又使有能之士的才能无以发挥。比如,萨尔浒战役之后,朝廷任命的辽东经略熊廷弼(1598—1625年)③虽然以强悍并具有杰出的军事战略才能而著称,并且他也确实准备了万全的防备策略,但就在他尚未与清太祖交手之际,就因内部纷争被朝廷召回,而清太祖则顺利地攻入了沈阳。沈阳在1621年(清天命六年,明天启元年)春完全陷落后,清太祖占领了辽东广袤富饶的土地,并将女真族移民至此,耕田种地,丰富了满人的经济生活。在对明征伐取得初次大胜之后,清太祖于天命七年先是将首都迁往辽阳东侧太子河右岸的东京城,接着又将首都迁往兴京。

这时,明朝又重新任命熊廷弼为辽东经略,王化真为巡抚。但由于二人对广宁的守备问题意见相左,战争准备迟迟无法完成。而清太祖则挟攻占辽阳的余威于当年攻占广宁。作为辽西守备的第一道防线,广宁的陷落

---

① 参照孟森:《清太祖告天"七大恨"之真本研究》,《明清史论著集刊》,北京:中华书局1984年版,第203—217页。
② 参阅陈捷先:《明清史》,三民书局1990年版。
③ 熊廷弼的事迹可参阅《明史》卷四一或《清代名人传》卷二七一。

给当时的明朝朝野以巨大的冲击,熊、王二人也因此被处以极刑。接着明朝又任命王在晋为经略,袁崇焕为提督,他们二人将辽远城作为辽西守备的第二道防线,展开了防御的准备。然而,明廷的对策缺乏一贯性,以至于连袁崇焕的建议都无法接受,到 1625 年(天命十年,天启五年),山海关以外的土地几乎完全丧失,只剩下了袁崇焕守卫的辽远城处于后金的包围之中。

清太祖再度从辽阳北上,迁都沈阳(奉天)。1626 年(天命十一年)正月宣誓西征,在以山海关为目标的进击途中,意图轻取袁崇焕孤守的辽远城,然而却遭到了意外顽强的抵抗,因而惨败。同年 8 月 11 日,太祖的伤势恶化不治身亡,终年 68 岁。

其后继位的大汗太宗皇太极认为继续辽西争夺战是有勇无谋的行为,因此一面散播将对明朝的主要攻击路线转向山东的假消息,将明军的注意力引向山东,一面持续要求同对其背后构成威胁的朝鲜维持友好关系。当时朝鲜正值因仁祖反正而掌握政权的西人当政,他们有着强烈的向明排金倾向,所以对后金的要求反应冷淡。不仅如此,他们反而殷勤援助明将毛文龙,让其留驻朝鲜。特别是在李适叛乱之后,受其残党韩润、韩泽、邓梅等的策动,清太宗一改太祖生前追求的与朝鲜保持的和平外交路线,决心在对明朝本土进攻以前,先征伐朝鲜,以绝后患,并获取经济利益。①

1627 年(天聪元年,仁祖五年)正月,太宗发布进攻朝鲜诏勅②,派遣贝勒阿敏等率 30000 大军跨过鸭绿江,侵入朝鲜。这在朝鲜被称为"丁卯胡乱"。当时朝鲜主和派和主战派斗争激烈,结果以崔鸣吉为代表的主和派占了上风,3 月 3 日,在临时首都江华岛与后金签署了"丁卯和约",史称"江都会盟"。和约的主要内容为:(1)缔结条约后,后金撤兵;(2)两国结为兄弟国;(3)朝鲜与后金缔结和平条约并不与明为敌。

侵朝之后,太宗转而征伐内蒙古。天聪元年,蒙古诸部归顺,二年与喀喇沁部结盟,九年成功收服东蒙古豪强林丹汗一族。

太宗在与朝鲜江都会盟并收服内蒙古、占领辽西大部之后,气势如虹,于 1636 年(天聪十年)改元崇德,改国号为清,正式称帝。其实,江都会盟后没多久,太宗就曾派使臣要求朝鲜将与后金的关系由"兄弟之盟"改为"君臣之义",并大幅提升了要朝鲜进贡的岁币额。这些要求,引来朝鲜朝野愤慨,主战论抬头,以至拒绝接见后金派来的使臣,因此激怒了太宗。清

---

① 参见《仁祖实录》卷一,仁祖四年十月癸亥条。
② 参见《清太宗实录》卷二,天聪元年正月丙子条。

太宗称帝即位式上,朝鲜派遣的使臣又拒绝行臣下之礼,给了太宗口实,太宗以朝鲜"屡败盟誓,助明害我"为由,于 1636 年(仁祖十四年)十二月,亲率 10 万大军入侵朝鲜,是为"丙子胡乱"。

清军逼近首尔,王族和一部分官吏再次逃往江华岛,但仁祖由于逃路被阻,不得已躲进南汉山城。随着粮食逐渐耗尽,援兵迟迟不至,江华岛陷落,王子、妃嫔被俘的消息不断传来,城内主战和主和派斗争的结果是主和派又占上风。1637 年 1 月 30 日,仁祖在三田渡(今松坡)向清军投降、称臣、奉清为正朔、定期向清纳贡、与明断交、助清攻明,昭显世子和凤林大君随清军前往沈阳去做人质,而强硬的斥和派三学士洪翼汉、尹集、吴达济也被处以死刑,金尚宪则被关进了监狱,还有无数百姓沦为战俘被带到辽东。①

1637 年 4 月,清军乘征服朝鲜之余威,在回撤过程中,趁机往攻皮岛。守卫该岛的只有毛文龙的残党沈世魁率领的一万余名士兵,但在清军的强劲攻势下,也很快溃不成军,岛被攻占。

(二) 清朝统治大陆与明遗民的反抗

1. 清朝统治大陆

清朝通过"丙子胡乱"征服朝鲜后,开始致力于攻明战略准备,而明朝则因为在两大"胡乱"中未能援助朝鲜而失去了与朝鲜的同盟关系,对外面临与清的争夺,对内也面临民乱的困扰。为防御并抗击清朝的进攻,明朝倾其国力建设起东起山海关、西至大同的连接北方要塞的万里长城。但随着与清战争的长期化,明朝国力极度衰败,北方防御面临瓦解。

"丙子胡乱"后的 1638 年,清朝对明朝采取了强大的攻势。大军巧妙迂回过万里长城,直扑山东境内,抢劫大量家畜和物资,抓了大量的俘虏后撤回。明朝廷命洪承畴防守山海关以北从锦州到宁远一线,阻止清军进出万里长城以南。清朝为突破明军的防御线,于 1641 年开始攻击锦州,半年后,即 1642 年 2 月,明军主将洪承畴降清,锦州陷落,明朝的山海关以北防线瓦解。

与此同时,1643 年,农民起义军领袖李自成在西安建立根据地,次年正月称帝,国号大顺,年号永昌,在确立国家体制之后,率兵进击明朝首都北

---

① 和约内容参见《丙子胡乱史》,国防战史编纂委员会,1986 年,第 235—237 页。

京。当时正值明政府军大部分在东北地区与清军对峙,而后方的政府军也在讨伐四川境内的张献忠起义军,李自成军未遭政府军抵抗,乘虚而入,攻入北京。万念俱灰的崇祯皇帝自缢,明王朝历17代276年灭亡。

当李自成军攻陷北京之际,在明清的主战场万里长城以东,山海关总兵吴三桂正率明军主力防御清军。而对峙中的清军主帅太宗皇太极则在即位16年后驾崩,四子福临(世祖顺治)继位。因为顺治继位时仅有6岁,所以其皇叔多尔衮作为摄政王掌握了军政大权,他继承父兄遗志,继续对明展开攻势。

吴三桂在接到京师告急的消息之后立即陷入进退两难的境地。此时他做出了向清军投降以换取清军支援收复北京打垮李自成军的决断。清军判断这是征服关内的绝好时机,因此立即抓住这一机会,接受了吴三桂的要求,实现了自己的夙愿,进入山海关与吴三桂军一起进军北京。

以吴三桂为向导,睿亲王率领的清军在击败李自成军后进入朝阳门时,受到了明朝文武百官的夹道欢迎,睿亲王更是径直登上英武殿,坐上中国皇帝的宝座接受百官朝贺,并于次日下令天下百姓为崇祯皇帝服丧三日,以收服民心,同时颁布辫发令,昭示清朝威仪。同年(1644年)9月,睿亲王将年幼的顺治皇帝从盛京接到北京,10月1日,顺治在天坛祭天,并于紫禁城举行登基大典,宣布定都北京。至此,清朝的第三代皇帝顺治帝继承了中国王朝的正统,并发表了新王朝的政纲,宣布重新任用明朝官僚,再开科举,采用儒教的治国理念统治中国大陆。

2. 明遗臣的复明运动与明遗民的抵抗

明朝在北京灭亡以后,明朝的遗臣和遗民纷纷拥立各地诸王,开展复明运动。复明运动一直持续到1662年南明的永明王被杀。

1644年崇祯吊死煤山、清军占领北京后,史可法、高洪图等明臣便在南京召集义兵,图谋恢复明朝。他们与阉党马士英、阮大铖达成妥协,拥立福王朱由崧为帝。朱由崧于1644年5月即位,建立了南明弘光政权。然而,这个政权内部由于阉党和东林党的斗争而走向分裂,使得史可法等东林党制定的抗清复明计划无法实现。

1645年4月,清豫亲王多铎率领清军,以"为尔复君父之仇"为名,与明降将吴三桂、尚可喜、孔有德、耿仲明等率领的军队一起在陕西潼关一举歼灭了李自成农民军,接着开始挥师南下。为抗击清军,史可法率军民固守扬州。4月23日,多铎亲领清军包围扬州并发起了猛烈的攻击。史可法困守孤城,不敌,城破,自杀未成,被清军俘虏。多铎多次劝降,但史可法誓死不降,英勇就义。副将刘肇基也抗战至死。随后,清军在10天中杀戮了80余万扬州居民,史称"扬州十日屠"。①

5月扬州陷落后,南京接着沦陷,福王被俘,次年被凌迟处死。清军占领江南以后,明遗臣和遗民的抵抗运动仍未停息。特别是在1645年6月清朝颁布"剃发令"以后,以反剃发运动为中心的抗争运动进入高潮,其中,尤以江阴和嘉定的反抗最为激烈。清军在江阴遭遇了军民的顽强抵抗,80余天,有3个王爷、12员大将、75000士兵被杀。江阴陷落之后,清军3日杀人17万多,只有53名老人和孩子逃离了魔爪,史称"江阴三日屠"。

而在嘉定,黄淳耀等士绅率领的义兵"嘉定恢剿义师"从6月17日一直抵抗到7月4日,全部殉国,城内2万余名百姓惨遭杀戮。其后,义士朱瑛再次举起义旗,集结遗民抗清,这招来了7月26日清兵对嘉定百姓的再次残酷杀戮。8月16日,明朝把总吴之藩从江东攻击嘉定,并未成功,却又招致了清兵对嘉定百姓的第三次屠杀,史称"嘉定三屠"。②

以明遗民为主的长江下游地区的抗清运动沉重打击了清军的南下气势,也给了南方其他地区的明朝抵抗力量以喘息之机。此时,唐王朱聿键在郑鸿奎的保护下,逃到了福建,于1645年7月在礼部尚书黄道周等人的拥戴之下在福州登上皇位,号称隆武帝;而浙东的义兵领袖们则拥戴鲁王朱以海为监国。③虽然这两个朝廷曾谋求合作,但由于内部纷争,未能成功。隆武皇帝曾两度北伐,试图恢复明朝疆土,但在清军攻势下,均遭失败,于1646年10月被清军杀害。其后两广总督丁槐楚、广西巡抚翟式耜、旧臣吕大器等拥戴朱由榔在两广和湖广南部建立永历政权,但这一政权在1652年遭遇清军的致命攻击,其临时首都肇京陷落,永历皇帝流亡海外。1662年,永历帝和其子被清朝政权强令从缅甸召回杀害。至此,复明运动,仅历3代18年即告结束。

在明遗民的抗清斗争中,最为活跃的是士绅和知识分子。还有无数明遗民背井离乡移民到朝鲜、日本和东南亚一带。

---

① 参见牟复礼、崔德瑞等编:《剑桥明代中国史》,北京:中国社会科学出版社1992年版。
② 参见南炳文:《明史》,上海人民出版社1991年版。
③ 参见杨云萍:《南明鲁监国事迹研究》,《中国历史学会史学集刊》八,1976年5月,第34—36页。

二、明末汉族的朝鲜流入

明末汉族移民大规模地流入朝鲜半岛主要是在 1592 年壬辰倭乱以后,特别是后金在辽东登上历史舞台以后。我们可以把这一时期的移民分为三大类:一类是壬辰倭乱后留在朝鲜的明援军的将校和士兵;一类是 17 世纪初明清辽东对峙阶段从辽东进入朝鲜的大量辽东汉民;还有一类则是明朝灭亡以后进入朝鲜的明遗民。下面我们将分别讨论这三类移民。

(一) 壬辰倭乱后明援军的留民

壬辰倭乱时,明朝曾倾全力援助朝鲜。这场战争从 1592 年到 1598 年进行了 7 年。7 年间,明朝派出了 20 万以上的援军和 300 多名将帅赴朝,用"丧师数十万,糜饷数百万"①的代价,挽救了朝鲜,给了朝鲜王朝以再造之恩。

壬辰、丁酉倭乱结束后,明援军从 1598 年开始撤守,但因为朝鲜朝廷担心倭寇再犯,所以要求明军留守,明朝答应先留 24000 人,到 1600 年 10 月再全部撤走。部分军人因伤病等原因,滞留当地未回。虽一般军人滞留朝鲜的记录难寻,但将帅留在朝鲜的记录却颇多。我们依据所得史料将壬辰倭乱时期明朝援军将帅成为留民的情况整理为下表。

壬辰倭乱时明援军将帅移民表

序	姓名	时间	官职	祖先	籍贯	居住地	备注
1	徐 鹤	1592	把总		浙江	星州	
2	施文用	1592	行营中军	父,兵部侍郎 施允济	浙江	星州	伤病
3	千万里 千 祥 千 禧	1592	调兵领粮使 兼总督将		颖阳	全北 南原	

---

① 引自《明史》卷三二〇,列传二八〇,外国一,朝鲜传。

明清王朝交替期汉族移居朝鲜半岛地区问题研究 35

（续表）

序	姓名	时间	官职	祖先	籍贯	居住地	备注
4	秋水镜 秋 芦秋 荻秋 菊秋 芝秋 蘭	1592	武康使		咸兴	全州	
5	扈俊	1592	副将			全州	
6	片碣颂 片丰世 片丰源 片山甫	1592 1601	提督中军 渔阳按察使 永安太守 云谷处士		浙江	庆州 罗州 曲江 万顷	侍墓
7	贾琛	1597	兵部从事官	祖父，蓟辽按察使贾维鑰；父，游击将军贾祥	苏州	釜山	祖父、父亲战死，侍墓
8	董大顺 董昌顺	1597		父，都真使董一元	广州	咸南 咸北	
9	杜师忠 杜 山 杜子建	1597	水陆地划主事	父，冀州使杜乔林	杜陵	大邱	
10	张海滨	1597	左部二司把总	父，太医院监张应华	浙江	庆北军威	
11	张 龙	1597	副将		浙江	汉阳	
12	刘亿寿	1598		父，总兵刘鋌	浙江	娥林	

通过上述考查，我们发现，成为朝鲜留民的明援军将帅大多出身于浙江等中国南部地区，官职也并非最高，多为中下级军官，他们留在朝鲜的原因主要有以下四种：

首先，是因为负伤或疾病而滞留朝鲜。如施文用、张海滨。壬辰倭乱是一场激烈的战争，明朝军队中因为负伤而无法归国的人不在少数。

其次，是因为和朝鲜女子结婚而留在朝鲜。壬辰倭乱给朝鲜带来了巨大的人命和财产损失，由于青壮年男子不足，很自然明军士兵与朝鲜女子结婚的情况就时有发生。据《燃藜室记述》引用《芝峰类说》云："时男丁死亡殆尽,有男长而不识父母者,或女子为明兵所污生子而不知父姓者。"①
《皇朝遗民录》载:"万历壬辰丁酉间,征倭诸将娶于东邦,或有子有女,不能率归,乃为东人者多矣。"

再次,是因为守孝而留在朝鲜。例如贾琛和片氏三兄弟均是这种情况。

最后,是因不得已的状况而留在朝鲜。例如,片碣颂就是因为丁应泰的诬告而无法归国,刘綎之子刘亿寿则是在平壤大同战役中立功心切,不听父亲的指挥而导致战败,因此受到父亲处罚,无法回国。

此外,还有因为认同朝鲜文化而归化的,或者因为偶然因素而没走的。以家庭为单位一起留在朝鲜的情况也很常见。尽管让明援军将帅移民的原因很多,但让这些人在朝鲜半岛住下来的情况却大致相同,由此表可见一斑。

(二) 明末辽东汉民的朝鲜流入实况

明朝自1371年(洪武四年)在辽东设置定辽都卫,开始开拓辽东沃土,土地面积不断增加。到万历初期,辽东都司的屯田数已达2915866亩,比永乐初期的1238600亩增加了一倍以上。②随着农业生产水平的提高,辽东地区的军屯开始民田化,产生了一批土豪。明朝对辽东的军屯最初是支持军粮的,但随着军屯的实施,由于"力穑者众,岁有盈余。数千里阡陌相连,屯堡相望。于是罢海运所在,建立学校,则训子弟。"③

虽然对当时在辽东地区生活的汉族人数没有准确的数据,但据《辽东志》载,辽东都司所辖25卫2州有275155户,骑兵52282名,步兵37495名,召集军13627名,屯田军18603名,煎盐军1174名,炒铁军1548名,寄籍民7109名。④《全辽志》则载有96441户,381496人。⑤由此我们可以推定,明末在辽东地区居住的汉族人口至少有十余万户,40余万人。《全辽志》还记载,辽东地区拥有38415顷良田,年产377789石谷物,还有女真社会经常短缺的盐3727177斤,铁420150斤。拥有如此丰富的劳动力、农耕地及谷物产量的辽东地区之所以成为努尔哈赤征服中原的第一个目标也

---

① 参见李肯翊:《燃藜室记述》卷十七,宣祖朝故事本末,乱中时事总录。
② 参见梁方仲编:《中国历代户口、田地、田赋统计》,上海人民出版社1980年版,第365页。
③ 参见《辽东志》卷八,杂志。
④ 参见《辽东志》卷三,兵食志,财赋条,武备条。
⑤ 参见《全辽志》卷二。

自在情理之中了。

努尔哈赤在17世纪中叶摆脱明朝的支配独立以后,一直遭受着粮食问题的严重威胁。1616年后金建立后,面对的两个突出问题就是需要获得足够的粮食和食盐以维持生活。据李民寏《建州见闻录》载:建州地区"盐酱极贵,闻五六年前,奴酋专令贸盐,盖将为背衅之计也。"①

随着人口的增长,粮食问题日渐紧迫。女真族原来解决这一问题的方法是狩猎和掠夺,但努尔哈赤在开始与明作战以后逐渐认识到了农耕的重要性。他认为在与明朝决战之前,必须先得到辽东以作腹地保障军需,因此他首先进行的是辽东攻略。1621年3月,后金拿下了沈阳和辽阳,完全占领了辽东地区,约30万人成了后金的俘虏,剩下的辽东汉人或逃往山海关避难,或逃到西海周边的小岛避难,也有不少人越过鸭绿江,逃到了朝鲜。

当时逃到朝鲜的汉民究竟有多少已难考证,但《清代全史》载:"天命元年七月以后,镇江等地的辽东汉民逃入朝鲜境内达十数万。"②《明熹宗实录》的记录为:"天启元年,后金陷辽阳、沈阳,辽民过镇江逃往朝鲜者逾2万人。"③《光海君日记》则记曰:"唐人男女老少万余户水口避难,逃来朝鲜。"④对照这些史料,我们认为十余万这一数字并非夸张。

辽东陷落之后,努尔哈赤在给朝鲜的国书中说:"尔等若一再助明亦覆如此,若不助明,需将避兵祸逃至你处之辽人悉数送还。……尔等若隐匿暗助辽民,视同助明,日后勿怪我狠。"⑤从其恼怒的态度可见当时逃到朝鲜的辽东汉民人数之多。

辽东汉民之所以在降服之后复又逃亡,与后金在吞并辽东之后对汉民实行杀戮政策和徙民政策引起的满汉冲突密切相关。

努尔哈赤通过征服战争获得辽东富饶的土地之后,为使农田得到耕种,建立了一种叫作托克莱(Tokso)的田庄,以便将劳动力束缚在田庄之上。一般一个托克莱有10—13个壮丁,而壮丁与其家庭受大小酋长管辖,负责土地的耕作和各种赋役的缴纳。努尔哈赤先按战功把田庄分给大小酋长,再由他们将辽东汉族的降民编入拖克莱中,成为事实上的农耕奴隶。

---

① 李民寏:《紫岩集》卷六,建州见闻录。
② 见《清代全史》第1卷,辽宁人民出版社1991年版,第205页。
③ 《明熹宗实录》卷十,天启元年,5月,辛丑条。
④ 《光海君日记》卷一七八,一四年六月庚辰条。
⑤ 《清太宗实录》卷七,天命六年,三月,癸亥条。

这种恶劣的身份与待遇无法不招致汉族降民的反抗,为彻底遏制汉族势力的崛起,努尔哈赤又开始强制实行徙民政策。其理由有二:一是将汉族从其原居住地放逐到其他地方以分散并弱化汉族势力,二是想让满族进入辽东与汉族合住。他认为让满人与汉人合住这第二条理由是保障满人在进入辽东初期能够定居并向汉人学习先进的农耕技术,确保其粮食供给,进而统治汉人的有效措施。①

因此,努尔哈赤在大肆杀戮海州等南四卫奋起反抗的汉族降民之后,开始实行徙民政策,不断将辽东降民强制迁徙到海州等地,同时又将原来住在海州等地的辽民迁往其他地区。这种大规模的迁徙,直接导致了在1621年4月的镇江战役中,海州、复州、金州、蓋州等南四卫汉族降民与明将毛文龙同仇敌忾反抗后金的斗争。1621—1623年间,这种因为后金的徙民奴役政策而引发的满汉冲突尤为深刻,一些汉人用故意在满人的饮食和饮水中投毒、烧毁满人的住房、杀死后金的哨兵等方式来进行反抗;更多的汉人则向南逃亡,或与盘踞在皮岛的毛文龙势力合流,或逃往朝鲜。

皮岛是位于平安北道铁山附近海中的一个岛屿,朝鲜称为椵岛。1621年,后金占领扼守鸭绿江口的镇江后,形成了从海上威胁明朝的态势。皮岛位于鸭绿江附近,处于连接辽东地区与朝鲜半岛的要冲,因此在明清交替时期,起了非常重要的作用。

我们知道,历史上朝鲜与中国北方的海上航路有两条:一条是从山东登州经朝鲜西海岸到达黄海道瓮津的黄海横断航路;另一条则是从山东登州经庙岛列岛、老铁山水道、旅顺口、长山列岛、石城岛,然后从鸭绿江入海口沿平安北道的西海岸南下,经皮岛、江华岛、德積岛,到京畿道南阳的辽东沿海航路。由于后金占领了辽东,明朝与朝鲜间的陆路连接已被阻断,两国只能通过海路进行往来。由于经过皮岛的这条辽东沿海航路相对于黄海横断航路来说海难较少,所以是优先采用的航路。特别是从1622年毛文龙在皮岛设置东江镇,到1637年皮岛被清军攻破这15年间,皮岛在明朝与朝鲜的海上交通中起了重要的作用。不仅有很多辽东汉人通过陆路到达皮岛,再经皮岛流入朝鲜,而且也有中国大陆的移民通过海路,经过皮岛,到达朝鲜。田好谦就是其中的代表之一。

田好谦为直隶省广平府人,其父田允谐是吏部侍郎,祖父田应旸是兵

---

① 参见金斗铉:《辽东支配期努尔哈赤的对汉人政策》,《东洋史研究》二十五,1987年,第86页。

部尚书。毛文龙占据皮岛,从背后牵制清军之时,明朝通过水路和陆路往来皮岛的人络绎不绝,田好谦也是其中之一。在他因事前往皮岛时,正赶上清军在侵犯朝鲜后返回路上袭击皮岛,那是1637年4月,当时皮岛人无一能逃走,但是清军将帅看到田好谦相貌奇特,竟放了他。于是,他带领家人,离开明朝,向东来到朝鲜,成为移民。①

与田好谦不同的是康世爵的经历。作为辽东明军的一员,康世爵是在与清军的战斗中败走后被朝鲜抓到的。和他有同样经历的人还有很多。朴趾源《热河日记》载:"及沈阳陷,(明熊廷弼部将康)世爵昼伏夜行,抵凤凰城,与广宁人刘光汉收辽阳卒共守之。未几,光汉战死,世爵亦被十余枪。自念中原路绝,不如东出朝鲜,犹得免雉发左衽。遂走,穿塞,隐金石山,燎羊裘菓木叶以咽之,数月,得不死,遂渡鸭绿江,历遍关西诸郡,转入会宁,遂娶东妇,生二子。世爵年八十余卒,子孙繁衍至百余人而犹同居云。"②

《肃宗实录》载:肃宗二十六年,侍读官尹趾仁奏曰:"唐人康世爵,荆州出身,系中朝名门之后。其曾祖康佑战死蒙古,祖父康霖壬辰间随杨镐东来,卒于平山。康世爵之父康国泰在刘䂓军中,战死于牛毛岭。康世爵逃之吾境,居会宁,极忠义,终其一生不衣北服,不助清产,警戒子孙严守至死。因此其子孙十余口至今不见北俗,与吾人无异。"③关于康世爵的事迹,在《尊周汇编》(卷十五)《皇朝人事迹》④《小华外史续编》⑤等典籍中也有比较详细的记载。

关于辽东汉民流入朝鲜的情况,《明史·朝鲜传》中使臣李倧在其天启六年十月的奏折中曾写道:"辽东尽陷,毛文龙阵营吸引散军入岛,临时驻屯诸岛,辽东百姓数十万云集,因向我朝要求补给。因之我朝不祥事件频出,土地荒芜,百姓穷僻。内要军需物资,外要供给毛阵营兵士,而谷物产量有限,支出实难。辽东百姓因饥饿而骚扰村落,强者抢劫,弱者盗窃,致使我朝百姓无法忍受,不得已离乡背井,迁往内地。辽东百姓也随之内迁,从昌城、义州以南到安州、肃川以北,他国人已达十分之六七、本国人不过

---

① 参见《尊周汇编》,卷15。《皇明遗民传》,卷七。《大明遗民史》上,广平田氏述先录,第362页。
② 朴趾源:《热河日记》,渡江录,二十六日(癸酉)。
③ 《肃宗实录》,卷三四,二十六年,九月,丁巳条。
④ 《大明遗民史》下,皇朝人事迹,第35—41页。
⑤ 吴庆元:《皇朝遗民录》,1764年,小华外史续编,卷二。

十分之三四。"① 这里所指的"他国人"当然说的是明朝的辽东汉民。在昌城、义州以南,到安州、肃州以北一带居住的辽东汉民已达十分之六七,不可谓不多。

(三)明朝灭亡前后明遗民的东渡

明末朝鲜半岛的中国移民,除上述两类外,还包括明朝灭亡前后来到朝鲜的明遗民。虽然他们的人数比之辽东汉民可谓少数,但由于他们具有很强的政治信念,而且其原来的社会地位和知识水准也普遍较高,特别是他们的祖先大多为明朝官吏,或者与朝鲜有着直接间接的各种关系,所以他们移民朝鲜以后受到了朝鲜政府的优待和尊敬。朝鲜政府把他们叫作"皇朝人",给了他们很多的照顾和优待,因此,他们不同于很快融入朝鲜社会的辽东汉民,在相当长的一段时间里都保持着自己的独特特征,在移民社会中起着特殊的作用。

为便于叙述,下面我们将把这些人分为明朝灭亡前后来朝的明援军后裔和跟孝宗一起入朝的九义士及一般的明遗民三大类加以概述。

1. 明朝灭亡前后明援军后裔的东渡

明朝因壬辰倭乱时派兵援助朝鲜而给了朝鲜以"再造藩邦"的莫大恩惠,所以,壬辰倭乱结束后,朝鲜社会的尊明思想日益高涨。特别是仁祖反正以后,又经历了丁卯、丙子两次"胡乱",朝鲜虽然表面上降服于后金,但内部的"向明排金"思想却日益巩固。因此,明朝灭亡以后,很多曾经援助过朝鲜的明朝将帅的后裔或遵祖上遗命或自主来到朝鲜,在此成为明朝的遗民。下面是我们根据史料整理出来的这类遗民的一些情况,列表如下:

明朝灭亡前后明援军将领后裔东渡朝鲜事例

序	姓名	祖先及关系	籍贯	居住地	备注
1	蓝奭	游击蓝芳威之子			
2	麻蓬直	麻舜棠之子	上谷	泰安	
3	麻舜棠	提督麻贵之重孙	上谷	陕川	1628
4	万鳖	经理万世德之子		平壤	
5	庞渤后裔	参将庞渤后裔		公州	

---

① 韩国国史编纂委员会编:《国译中国正史朝鲜传》,1986年,第432页。

(续表)

序	姓名	祖先及关系	籍贯	居住地	备注
6	石继祖	石奎之孙	潮州	星州	
7	石奎	兵部尚书石星之弟	潮州	花谷	
8	石潭—在云	兵部尚书石星之长子	海州	海州	
9	石璘	兵部尚书石星之后孙	潮州	清风	
10	石璞	兵部尚书石星之后孙	潮州	清风	
11	石存—在锦	兵部尚书石星之次子	潮州	星州	
12	查斌勋	副总兵查大受之孙			
13	杨登山后裔	参将杨登山后裔		南原	
14	叶逢(遇)夏	游击叶邦荣之子		江界	
15	柳氏	兵部尚书石星之继夫人	浙江	海州	
16	刘子星	都指挥佥事刘武仲之子		晋阳	
17	李应祖—应仁	提督李如松之孙	陇西	淮阳	
18	李明祖—成龙	李如梅之孙	陇西	巨济	1619
19	李天忠—天根	提督李如松与奉化秦氏之子	陇西	淮阳	
20	柴植	游击柴登科之子	浙江	泰仁	
21	陈广素	提督陈璘之孙,仪宾陈凤仪之子	广东	汉阳	
22	陈泳素	提督陈璘之重孙	广东	海南	
23	陈愚衷后裔	游击陈愚衷之后孙		云峰	
24	千烨	中军千志中之子		清州	
25	彭富山	参将彭友德之孙,游击彭信古之子		镇海	
26	韩登科	征倭备御韩宗功之孙			
27	化福祥—奉祥	中军先锋将化燮之子			

上述明朝抗倭援军的后裔因祖上曾来过朝鲜,因此对朝鲜的风土人情了解一二。明朝灭亡以后,他们或亡命或避难,选择朝鲜成为必然。特别是像李如松、石星、陈璘、麻贵等高级将帅曾对朝鲜有大恩,因此会遗命子孙,劝他们亡命朝鲜。

《大明遗民史》上,陇西李氏世谱(第342页)记有李如松的遗言:"公还朝后六年戊戌(万历二十六年,1597年),云南土蛮贼又叛,神宗皇帝特命提督公往征焉。公奉诏出师之日,忽命次子讳性忠,性忠之子讳应祖遗训曰:吁嗟矣!余迩来仰观天象,俯察人事,中国历数,今几尽矣。且余于此行,凯还亦未可卜矣。若尔汝曹,即皇朝之世臣,亦吾家之子孙也。忘躯殉国,即汝辈之本分,汝其知之乎?若不然,汝尚可归乎?不北而必可也。吾于朝鲜,即有壬辰之劳,亦吾先祖曾避胡元之国,若知为吾之子孙,则朝鲜之人,庶不以尔待之薄乎?无以朝鲜为远,必以为归也。"因此,其子遵其遗训,亡命朝鲜。其他人的情况也大体与之相似。这些人到朝鲜以后,果然受到朝鲜政府的照顾与优待,这也是他们选择移民朝鲜的重要原因之一。

2. "九义士"的东渡

被称作"九义士"的九个人是指:王美承、冯三仕、黄功、郑先甲、杨福吉、裴三生、王文祥、王以文和柳溪山。他们是为反清复明,来到朝鲜的明人中的代表。

下面我们根据吴庆元等人的《皇明遗民录》(卷15),整理列表如下:

九义士表①

序	姓名	身份	生卒年	籍贯	沈阳	备注
1	王美承(字继伯)	庠生	1602—1659	山东东昌	1644	无后
2	冯三仕(字惟荣)	庠生	1607—1671	山东临朐	1639	
3	黄 功(字圣报)	留守	1612—1677	浙江杭州	1644	
4	郑先甲(字始仁)	进士	1617—1686	山东琅琊	1644	
5	杨福吉(字祥甫)	庠生	1617—1675	河北通州	1638	
6	裴三生(字之重)	庠生	1621—1684	山西大同	1644	
7	王文祥(字汝章)	庠生	1622—1688	山东青州	1644	
8	王以文(字岐阳)	庠生	1625—1699	山东济南	1637	
9	柳溪山(字许弄)	庠生	1627—1658	山西大同	1644	无后

"九义士"大多是在明末清初的战乱中起兵抗清被抓押往沈阳之人。他们在沈阳期间,巧遇"丙子胡乱"后来沈阳做清朝人质的朝鲜昭显世子和凤林大君,相互密切接触后,他们提出了要报丙子"胡乱"冤仇、朝鲜应该北伐的建议。凤林大君则要求他们跟他一起回朝鲜,以便在朝鲜北伐起事时同心协力反清复明。1645年2月,他们利用凤林大君归国的机会跟他一起进入朝鲜,开始了反清复明大业。凤林大君登上王位(孝宗)以后,欲向清朝复仇,启用了宋时列、宋浚吉等人,进行北伐计划。但该计划因为与国力和民生相违,结果随着凤林大君的死亡,成为泡影。其后,显宗、肃宗时代,

---

① 主要根据《皇明遗民录》中金平默的《重菴集·九义士传》整理。

北伐论虽然再起,但终未走向实践。也因此,这九位移住朝鲜后致力于反清复明大业的义士的理想也随之成为泡影。

与九义士一起跟随昭显世子和凤林大君来到朝鲜的明遗民中也有女性,例如屈氏、崔回姐、柔姐、紧姐等。据《尊周汇编》卷十五载,屈氏原为苏州良家女,7岁被选入后宫,侍奉周皇后。李自成进入北京后,周皇后随崇祯皇帝殉死,屈氏藏于民间。清兵进入北京后,屈氏被抓,再次进宫,曾受睿亲王多尔衮之辱。多尔衮"爱其端丽,不忍杀"。恰逢朝鲜昭显世子作为人质来到清军营,屈氏遂侍奉昭显世子。昭显世子回朝鲜的时候,屈氏也随之前来,后来被封为壮烈王妃。而崔回姐、柔姐、紧姐等也都是昭显世子的侍女。

3. 明朝灭亡前后明遗民的东渡

如前所述,明朝灭亡前后,有很多明人进入朝鲜成为移民。其中大部分是明清争夺辽东时避难而来的辽东汉民,也有不少是不愿披发左衽,逃到朝鲜的明遗民。

明遗民为避清朝的送还和逮捕,选择东来朝鲜,主要是因为对朝鲜文化有非常鲜明的同质感。朝鲜从开国之初起,便作为明朝的海东屏障,对明朝采取了尊明事大的政策。特别是外交和文化等方面,完全服从了以中国为中心的世界秩序。朝鲜人对中国文化的接受度也非常高,对朝鲜人来说,中国人就是值得学习的优秀文明的创造者,中国文化也是值得推崇的范本。对于这样的朝鲜,明朝则有明朝的态度,就是用义理和恩惠牵制朝鲜。以义理名分的名义,明朝把朝鲜作为拥有典章文物的礼仪之邦加以优待,在文化、军事等多方面给予他们郑重的照顾和恩惠。明代,中国人认为朝鲜是外藩中最优秀的,而朝鲜人也以自己是小中华而自豪。因此,明朝灭亡之时,遗民首先选择的避难和隐藏之所为朝鲜也就不足为奇。

明遗民移住朝鲜的目的大体有两个:一是不想成为清人,因此避往与明朝文化最为相像的朝鲜,继续生活在过去明朝的文化中,是其不二之选;二是为图谋反清复明,需借朝鲜之力。作为反清复明的代表,九义士是最突出的。此外还有一些明遗民的代表人物,我们根据史料整理如下表。

部分知名明遗民情况表

序	姓名	东渡年代	籍贯	居住地	备注
1	康世爵	1625	荆州	会宁	
2	孔枝秀			晋州	
3	屈 氏	1645	苏州	汉阳	庄烈王妃
4	紧 姐	1645		汉阳	
5	金长生				道士
6	道 光	1650	辽东		僧人,与石继祖同来
7	文可尚	1635		恩津	漂流。文天祥六代孙
8	朴 渊	1628			漂流
9	潘腾云		金陵	金化	通政
10	安尚书		金陵	汉阳	
11	王唐人			金化	
12	王俊业	1645	金陵	歙谷	同知,李如松外裔
13	王振业	1645	金陵	歙谷	南京工部尚书
14	柳卜术		金陵	金化	
15	柔 姐	1645		汉阳	
16	刘太山				道士
17	张云起	1621	金陵		道士
18	田好谦	1637	直隶广平府	广平	明兵部尚书田应旸之孙,吏部侍郎田允谐之子
19	陈凤仪		金陵	汉阳	仪宾陈理文玄孙
20	楚海昌	1644	巴陵	星州	
21	崔回姐	1643	青州	汉阳	
22	胡克己	1643	巴陵	加平	
23	胡士表	1623	岳阳	茂山	从皮岛东来

三、结语

明末的移民是由于明清交替这一历史性的变化所引起的。壬辰倭乱导致朝鲜濒于亡国之际,明朝曾倾国力相救。壬辰倭乱结束后,有相当一部分援朝士兵由于伤病、娶妻生子、守孝尽忠或其他原因,留在了朝鲜成为移民。明清交替之际,由于社会动荡和战乱的影响,又有一些东援将士或他们的子孙选择朝鲜作为其移居之地。此外,当时还有更多的辽东汉民和明遗民来到了朝鲜。

对明末移民的大量流入,朝鲜社会是持优容和保护态度的。这主要是由于三方面的原因:一是朝鲜社会慕华崇明思想的作用,二是对壬辰倭乱时明朝援助的感恩戴德,三是对后金(清朝)两次侵略朝鲜的痛恨。朝鲜朝廷对明移民的保护主要体现在对清朝要求遣返流民和遗民的消极态度上。优容则表现在:政治上,开设忠良科,设立大报坛守值制度,建立汉旅,以特别任用等形式录用移民,改善其政治待遇;经济上,采用"受教贴"颁发的形式,给予移民徭役上的特惠,并为一部分移民指定居住地和下赐生活必需品。

明移民在与朝鲜社会的融合过程中,也面临着许多必须克服的问题,如:躲避清朝的追捕,谋生,消除语言障碍和思想情绪问题等。他们通过聚居生活,相互间的亲睦团结和崇明祭祖活动,不仅保留了自身作为明朝遗民的生活习俗、政治信仰,而且形成了独特的移民社会,对朝鲜社会亦产生了一定的影响。

(本文作者系南开大学汉语言文化学院副教授)

A Study on the Issue of the Han Nationality's Migration to the Korean Peninsula in the Ming and Qing Dynasties

Liu Chunlan

Abstract: The migration of the Han to the Korean peninsula is quite common and lasting phenomenon. The Han migration in the late Ming Dynasty was caused by the historical turn from the Ming to Qing dynasty. The Ming dynasty and Korea from the beginning of the founding maintained a very friendly relationship. Ming dynasty regarded Korea as "Haidong Shield", while Korea, because of its own security consideration and admiration towards Chinese civilization, adopted a diplomatic policy that was holding a good protection approach to the large influx of immigrants in the late Ming dynasty. Han immigrants, in the process of integration with the Korean society, also faced many problems that they had to overcome, and as a result it formed a unique immigrant society, which had an impact on the Korean population.

Key words: The turn from Ming to Qing dynasty; Korean Peninsula; Han immigration

不对等与不均衡:影响中韩关系发展的结构性问题

朴光海

【内容提要】 中韩关系在过去二十多年间取得了良好的发展和成就。但是,在一些领域存在着不对等与不均衡问题。这些问题如得不到克服和解决,中韩关系发展将会受到影响和限制。问题的形成是多种因素造成的,既有历史、地缘政治、思维惯性等原因,也有现实、国情、对未来关系发展认识不清等原因。要根据不对等、不均衡的具体情况,坚持充分认识对等与均衡的重要性、循序渐进和由易到难等三原则,采取相应措施。只有这些不对等、不均衡问题得到克服和逐渐消除,中韩关系才会得到真正的稳定,并迎来更加美好的未来。

【关键词】 中韩关系;不对等;不均衡;结构性问题

在国与国的关系中,两国关系发展如能保持相对的对等与均衡,即便受到来自内外部的各种挑战,两国关系也能够按照其内在的发展规律和逻辑继续向前发展。反之,则会受到巨大挑战和冲击,甚至是停滞、倒退。

中韩建交二十多年来,两国关系全面发展,在各个领域取得了令人瞩目的成就。因为在较短的时间里,实现了全面快速的发展,两国关系常常被学界、外交界描述为创造了外交史上的奇迹、树立了和平共处的典范。[①] 然而,在这种友好合作、积极健康的关系发展当中,却隐藏着影响中韩关系整体继续向前发展的深层次矛盾和问题,即两国关系发展当中表现出来的"不对等"与"不均衡"。如果不能够有效管控好或者消除这些问题,保持相对的对等与均衡,中韩关系发展将会不畅甚至停滞。

---

① 王生:《中韩建交 15 年:外交史上的奇迹 和平共处的典范》,《东北亚论坛》2007 年第 16 卷第 4 期,第 45 页。

一、中韩关系中的"不对等"与"不均衡"

中韩两国自1992年建交以来,在政治、经济、文化、社会等诸多领域取得了丰硕的成果,尤其是在经贸往来和社会文化交流方面取得了显著的成果。2015年两国贸易额接近3000亿美元;自2012年起,中国已超过日本、美国成为韩国第一大贸易伙伴、最大出口市场和进口来源国,韩国已是中国第三大贸易伙伴国和第二大进口国;①2014年,两国人员往来数首次进入"千万时代";②2015年6月,两国正式签署自贸协定,为两国经贸发展提供了更加广阔的空间和舞台;2015年11月,两国领导人就对接中韩四项国家发展战略达成一致意见。③毋庸置疑,在过去的二十多年间,两国关系无论从广度还是深度,都取得了突飞猛进的发展,而且这种发展态势还会持续。然而,仔细观察和分析中韩关系当中的一些细节、一些领域,可以发现在目前两国关系结构当中隐藏着一些"不对等""不均衡"的问题和现象。

(一)与经贸、人文领域的交流合作相比,军事、安全领域的交流合作要薄弱滞后得多

军事安全领域的交流合作在双边关系中一般被视为最高层次的交流合作。中韩自建交以来,尤其是自2008年建立战略合作伙伴关系以来,两国军事安全领域的交流合作取得了一系列实质性的进展。例如,2008年11月,在北京举行的中韩国防政策工作会议上,签署了《有关建立中韩海空两军间直通电话及运营的谅解备忘录》,宣布两国正式开通军事热线;2010年两国国防部长会晤、两国国防大学校长互访;同年,韩国国防研究院和中国军事科学院、国际战略学会之间开展对话交流;2011年7月,首次举行中韩国防战略对话、举行海上联合搜救演习等。④尽管中韩两国在军事安全领域有一些交流与合作,但这些交流与合作还只是浅层次的、局部的和有

---

① 《国别报告》,中国商务部网站,http://countryreport.mofcom.gov.cn/new/view110209.asp?news_id=47830
② 人民网,http://world.people.com.cn/n/2015/0117/c1002-26401370.html
③ 中韩四项国家战略对接指:中方倡导的"一带一路"同韩国"欧亚倡议",中方倡导的"大众创业、万众创新"同韩国"创造型经济","中国制造2025"同韩国"制造业革新3.0",中韩共同开拓第三方市场开展国际产能合作的对接。
④ 王生:《中韩建交20年:取得的成果与面临的课题》,《东北亚论坛》2012年第5期。

限的,比起经贸、人文领域的交流合作尚显薄弱和不充分。尤其是这些交流合作还很脆弱,经不起任何大风大浪的考验。最典型的例子,就是目前横亘在中韩之间的"萨德"反导系统部署问题。由于韩美已经决定部署"萨德"反导系统,中韩之间军事安全领域的交流合作已经完全陷入"谷底",并呈现出复杂的局面。这也将为中韩在军事安全领域的交流合作带来更大程度的不确定性。

(二)经贸领域的发展不均衡问题日益凸显,中国对韩国的贸易逆差持续扩大

两国建交以来在经贸领域取得的成果,为两国关系不断升级①和向前发展提供了有力的支撑。数据显示,中韩两国的贸易额从建交之初的50.3亿美元达到了2015年的2758亿美元,增长了近55倍。② 目前,中国是韩国最大的贸易伙伴、最大的出口市场和进口来源国、最大的海外投资对象国,韩国是中国第三大贸易伙伴国、第五大外资来源国。中韩两国的贸易额自建交以来虽然一路攀升,但贸易额越大,中国对韩国的贸易逆差就越大。③ 2000年,两国的贸易逆差额达到百亿美元;2002年达到两百亿美元;2009年达到505亿美元;2012年达到840亿美元。④ 中韩之间长期存在的这样的贸易不均衡问题,不仅不利于中韩经贸关系的健康发展,而且也不利于中韩整体关系的全面深入和持续发展。

(三)文化交流领域,韩国文化对中国社会文化的影响力要大于中国文化对韩国社会文化的影响力

从建交至今,两国在文化领域的交流与合作不断扩大、不断加深,交流形式和交流内容也不断推陈出新,更加多样化。总体而言,以"韩流"为代表的韩国文化对中国社会及中国人的文化消费心理产生的影响力要大于以"汉风"为代表的中国文化对韩国社会及韩国人的文化消费心理产生的

---

① 中韩建交以来,两国关系基本上每五年得到一次提升:1992年为"友好合作关系",1998年提升为"合作伙伴关系",2003年提升为"全面合作伙伴关系",2008年提升为"战略合作伙伴关系",2013年两国元首发表《中韩面向未来联合声明》,提出进一步充实发展中韩战略合作伙伴关系的未来愿景。
② 《国别报告:2015年韩国货物贸易及中韩双边贸易概况》,中国商务部网站,http://countryreport.mofcom.gov.cn/record/qikan110209.asp?id=7856
③ 2001年和2008年受美国经济危机影响逆差规模有所减小。
④ 《国别报告》,中国商务部网站,http://countryreport.mofcom.gov.cn/record/view110209.asp?news_id=13396

影响力。有两个比较有代表性的例子可以说明这一点:一个是,2005 年在中国多个电视台热播的韩国电视剧《大长今》,当时收看该电视剧的中国观众达到了 1.8 亿人,成为迄今为止中国人观看最多的海外电视剧;①另一个是,2014 年赴韩接受整容手术的中国人超过 5.6 万人,这一数字在过去的 4 年里增长了 20 倍。② 相反,没有中国的哪一部连续剧像《大长今》在中国那样受到韩国观众的追捧,也没有中国的某一款商品或者物件像韩国整容或化妆品那样受到中国消费者的青睐。这种文化影响力、文化消费不对等和不均衡的现象,虽然主要受市场因素、文化产品本身质量和个体审美倾向等因素的影响,但是,就文化交流本身特性而言,比之单向输出和传播,双向互动、交融和影响,并保持相对的对等和均衡才是应有之道。

(四) 两国国民在彼此对对方的认知上,存在着不对等、不均衡问题

由于地缘政治原因,中韩两国在 20 世纪中后叶经历了四十多年的交流空档期。这期间两国国民对对方的了解和认知是有限的、片面的,甚至是空白的,而且带有鲜明的意识形态倾向。因而可以说,两国国民进行真正意义上的相互了解和认知是从 1992 年建交才开始的。总体而言,中国人对韩国的印象是良好的、积极的,认为韩国很时尚、民族文化特色鲜明、经济发展水平较高、信息技术发达等③,而且中国人对韩国的印象比较统一,没有严重的分化现象。与此相较,韩国人对中国的印象整体上较为负面,认为中国是"发展中的、充满不确定性的、不喜欢的、难以信任的社会主义大国"。④ 而且,韩国人在看待中国崛起问题上存在着严重的分化现象,中国机会论与中国"威胁"论并存。另外,韩国人在认知中国问题上常常受限于"韩国式思维"——管中窥豹,容易陷入片面、臆测、碎片化误区。外交实践证明,两国国民之间的相互认知是发展两国关系最重要的民意基础,没有坚实的民意基础,两国友好关系恐难以走得稳、走得远。

---

① 王晓玲:《中韩社会文化相互构建背景下的东亚文化发展》,《第一届中韩人文学论坛论文集》2015 年第 2 卷,第 201 页。
② 同上。
③ 《中国人眼中的韩国是时尚、爱国、优越感》,中国新闻网,http://www.chinanews.com/hr/2014/03-11/5936601.shtml,2014 年 3 月 11 日。
④ 董向荣等:《韩国人心目中的中国形象》,社会科学文献出版社 2011 年版,第 177 页。

（五）在两国交往人员的层次结构及地区分布上，存在着不对等、不均衡

2013 年之前，在两国的人员交往当中，韩国人占的比重要大于中国人。而且，从两国交往人员的社会层次来看，来华韩国人的社会地位要比赴韩中国人的社会地位要高。除了来华旅游观光外，在华韩国人是驻华韩企的管理层、中小企业主或者贸易商，留学生的经济条件普遍比中国学生优越；而赴韩国的中国人，其中有数量众多的廉价劳动力从事着韩国人回避的 3D（脏累险）工作，而且因为没有合法身份得不到正常的权益保障，甚至受到歧视。① 这种人员交往结构虽然从 2014 年起发生了逆转——中国人占的比重开始大于韩国人②，但是，中韩交往人员之间社会地位不对等的问题并没有得到根本性的改善。因为增加的赴韩中国人大部分是以短期旅游为目的的游客（赴韩旅游的中国游客从 2007 年开始不断增加，即从 2007 年的 106.8 万人次增加到 2014 年的 610 万人次，增长了近 6 倍）③。

此外，从两国交往人员的地区分布来看，大部分韩国地区都有覆盖，但中国方面则大都集中在一二线城市和沿海经济发达地区，四五线城市及西部内陆地区覆盖相对较少。④ 这种交往人员之间层次结构不对等、交流地域不均衡的问题，也是今后发展中韩关系必须要改善和解决的问题。

二、造成不对等与不均衡的原因

造成不对等与不均衡的原因，笔者认为主要有如下几方面。

（一）冷战思维残余的影响

虽然冷战结束了二十多年、中韩建交也过了二十多年、中韩关系也已

---

① 王晓玲：《中韩社会文化相互构建背景下的东亚文化发展》，《第一届中韩人文学论坛论文集》2015 年第 2 卷，第 202—203 页。
② 韩国旅游局最新统计表明：2014 年访韩的中国游客超过 610 万人次；中国旅游研究院日前发布的《中国入境游年度报告 2014》显示：2014 年韩国旅华人次约 420 万。
③ 赵珊：《中韩旅游互访人数超千万 互办旅游年促进新增长》，中国经济网，http://www.ce.cn/culture/gd/201501/20/t20150120_4379461.shtml，2015 年 1 月 20 日。
④ 笔者通过多方渠道试图找到有关两国交往人员地区分布情况的数据，但未找到。于是，对缔结友好关系的省、市、区（170 对，截至 2015 年）及开通直飞航班的城市进行了相关分析。

经提升为"战略合作伙伴关系",但是在军事安全领域,冷战思维残余的影响依然存在。至今,美国仍在韩国留有驻军、韩美同盟显现出不断被强化的迹象、韩美军演愈演愈烈,并且美国欲借助美韩、美日双边同盟构建美日韩三边共助机制,并以其作为实施"亚太再平衡"战略的抓手,强化其在亚太地区的存在。在这样的大背景下,中韩之间的军事(安全)交流与合作必定受到种种限制,甚至是阻挠。这里需要指出的一点是,虽然中韩两国关系已经上升为"战略合作伙伴关系",但是在战略互信层面,两国的互信程度还停留在较低层次。这将是未来两国发展双边关系时要面对的最大的难题。

(二) 两国处在不同的经济发展阶段,产业优势各不相同,贸易结构存在差异

从中韩贸易产品结构发生变化的情况来看,中韩贸易发展大致经历了如下三个阶段。第一阶段是互补型产业间贸易阶段(1992—2001 年)。此阶段由于两国经济发展水平存在较大差距,加之两国资源禀赋不同,形成了互补型产业贸易结构。韩国向中国出口的产品主要是电子、电器、化工、钢铁等工业制成品,而中国向韩国出口的产品 80% 是农林水产品、纺织品和矿物产品等初级产品和劳动密集型产品。第二阶段是垂直型产业间贸易阶段(2002—2010 年)。这一阶段随着中国加入 WTO 及中国国内市场经济体制改革的深化,两国间进出口商品结构呈现出了较为明显的变化。韩国向中国出口的钢铁和金属制品比重开始逐渐下降,而电子、电器类商品出口比重则大幅提升。① 中国向韩国出口的产品中,农林水产品比重开始大幅下降,电子、电器类产品比重则大幅上升。② 这种变化体现了中韩经济差距逐步缩小和产业融合度的不断提升。③ 第三阶段是由垂直型产业内贸易逐步朝着水平型产业内贸易发展阶段(2011 年至今)。随着中国经济发展并深深融入全球经济产业链,两国间贸易愈发体现出水平型产业内贸易的特征。韩国向中国出口的产品中占近 70% 比重的前五位产品分别是

---

① 钢铁和金属制品出口比重从 1993 年最高时的 21.8%下降到 2000 年的 9.4%,电子、电器类商品出口比重从 1993 年的 9.1%增加到 2000 年的 22.9%。参见胡艺、沈铭辉:《中韩贸易 20 年:回顾与展望》,载《东北亚论坛》2012 年第 5 期。

② 农林水产品出口比重从 1993 年的 31.1%下降到 2000 年的 16.1%,电子、电器类产品出口比重则从 1993 年的 6.5%升至 2000 年的 29.6%。参见胡艺、沈铭辉:《中韩贸易 20 年:回顾与展望》,载《东北亚论坛》2012 年第 5 期。

③ 胡艺、沈铭辉:《中韩贸易 20 年:回顾与展望》,载《东北亚论坛》2012 年第 5 期。

电子零部件、石化产品、工业电子制品、汽车和矿物燃料,中国向韩国出口的产品中占近60%比重的前五位产品分别是电子零配件、工业电子制品、钢铁制品、纺织制品和精密化学品。目前,中韩之间的商品贸易主体结构基本上是由电子类产品、零部件及半成品构成。①

(三) 韩国文化产业走在中国前面的最重要原因是,政府的理念意志、运作企业、内容产品、市场需求、信息技术等核心要素衔接匹配得当,产生协同效应的结果

第一,政府、国家、社会、民众对文化和文化产业的认识和定位明晰,就集中资源大力发展文化产业达成了广泛共识。亚洲金融危机使得韩国经济遭受重创,整个社会意志消沉,民众精神萎靡。振兴文化产业成为韩国人摆脱经济危机的重要突破口。第二,激发了运作企业和文化产业从事者的主观能动性,使得他们的想象力、创意力、创新力得以无限迸发、无限伸展。韩民族被认为是一个"会玩的"、多血质民族,不仅能歌善舞,还满怀激情。这种民族特质正符合文化产业特性,成为韩国文化产业发展的重要基因和驱动力。第三,制定和出台了保障和鼓励推动文化产业发展的政策、法规、制度和奖励措施,为文化产业发展提供了全方位支持。韩国在这一方面可谓是下足了功夫,不仅出台了一系列相关政策和法规②,而且在资金、税收、管理机制建设、文化技术研发、资源整合、专业人才培养等方面也投入较多,形成了齐抓共管、协同发力的有利局面。第四,将韩国之外的外部市场作为韩国文化产品的主要消费市场。韩国国内市场规模有限,要想大力发展文化产业,必须要依靠海外市场。为此,韩国制定了走向国际市场的"战略路线图":将以中国、日本为重点的东亚地区作为占领国际市场的台阶,之后逐渐向中亚、欧洲和美洲进军。为使韩国文化产品得到不同国家和地区、不同文化圈、不同族群的认可和消费,韩国加强了相关调研,并开发出适销对路产品:如对亚洲地区主要以影视、音乐、游戏为主;在欧

---

① 胡艺、沈铭辉:《中韩贸易20年:回顾与展望》,载《东北亚论坛》2012年第5期,第73—75页。

② 1998年至2001年,韩国政府出台的规划和法规有:《国民政府的新文化政策》《文化产业发展五年计划》《文化产业前景》《文化产业推进计划》《文化产业振兴法》《设立文化地区特别法》等。其间,又陆续对《影像振兴基本法》《著作权法》《电影振兴法》《演出法》《广播法》《唱片录像带暨游戏制品法》等做了部分或全面修订。参见许为民、曹峰旗:《韩国政府在文化产业发展中的作用与启示》,载《理论导刊》2008年2月,第110页。

美,主要以游戏、动画产品打入主要市场。① 第五,为韩国文化的输出、传播与交流塑造了标识性符号。其实,"韩流"这个符号不是韩国人自己塑造的,但当它成为韩国流行文化的象征性符号时,韩国人不仅主动接受而且不断赋予它更多的内涵和特质,扩大和提升其影响力、传播力和感染力,使之成为集现代性、民族性、独特性、时尚性、融合性为一体的韩国文化标识性符号。

(四)韩国人印象里的中国和现实中国之间出现了鸿沟,韩国人对中国的崛起怀有不确定心理

2015年1月,韩国国家电视台(KBS)播出了韩国人自己制作的纪录片《超级中国》。该片共7集,分别从人口、经济、资源、外交军事、文化软实力和共产党的领导力等方面对中国的发展现状及对世界的影响做了全方位的观察和解读,从不同角度说明和展示了中国的崛起。笔者对韩国官员、媒体、学界、民众等收看《超级中国》后的感受、认识和看法做了详尽的分析。② 他们共同的感受是:感到惊讶甚至是敬畏,与以往认识和印象中的中国反差很大,惊叹于中国取得的成就和发展;担心中国成为霸权国家,损害或威胁韩国的利益;韩国如何应对中国的崛起? 这里需要指出的是,韩国人面对中国的发展心情复杂、心理失衡的最重要原因就是此消彼长——韩国人曾经的"优越感"消退、中韩经济地位发生变化的缘故。另外,韩国人对中国崛起的认识处在矛盾和分化状态的原因,主要是受中韩历史关系的影响。韩国人认为,历史上中国是霸权国,在朝鲜半岛推行的是朝贡体制,这对韩国人来说是屈辱的。③ 他们生怕崛起后的中国会"称霸",韩国因此而重新回到历史上的"华夷"体制下。所以,韩国人对中国的崛起忧心忡忡,于韩国而言是好还是坏,不敢下定论,怀有不确定心理。

还有一点要指出的是,韩国人对中国的认知常常受第三方因素的影响,尤其是受美国和朝鲜因素的影响。韩国是美国在亚洲的重要军事同盟,韩国的国防安全要依赖美国人。不仅如此,在外交层面也常常受美国人牵制。自1992年中韩建交以来,如何在中美之间斡旋并保持相对的均

---

① 《韩国文化产业发展及其启示》,环球商务考察网,http://www.bizvisit.com/zixun/news4-show.asp?id=957,2014年2月20日。
② 朴光海:《中国形象的对外传播需要新的视野与策略——〈超级中国〉带给我们的启示》,载《对外传播》2015年第4期。
③ 董向荣等:《韩国人心目中的中国形象》,社会科学文献出版社2011年版,第183页。

衡状态,便成为韩国政府最重要的外交核心课题之一。韩国人自己将这种状况称为"走钢丝"。在这种背景下,韩国的对华政策、韩国人对中国的认知自然会受到美国因素的影响。由于中国与朝鲜半岛南北保持着等距离外交关系,因而朝鲜因素也常常影响着韩国人对中国的认知。韩国人认为,中韩虽是战略伙伴关系,但中朝是"血盟"关系,在关键时刻,中国还是会站在朝鲜而不是韩国一边,甚至会袒护朝鲜。由此,韩国人对中国的看法会发生变化。在这一问题上最具代表性的例子便是2010年发生的"天安舰"和"延坪岛炮击"事件。由于这两件事情,韩国人对中国的好感度曾急剧下降。

(五) 两国经济发展程度、国民收入水平、交往人员个体交往目的和需求及国情不同

一般而言,出现跨境人口迁移及流动现象的原因主要是因为政治、经济、自然环境等原因。

1. 政治原因。国家的政治动荡及不稳定影响人口的迁移和流动。目前,欧洲出现的大量难民潮就是此原因造成。

2. 经济原因。从人类活动及人类历史发展层面来看,经济因素是造成人口跨境迁移及流动的主要推动力量之一。由于国家和国家之间的经济发展程度不同,势必会造成国民收入的差异。这种差异就会吸引人口的迁移和流动。从20世纪70年代起,韩国经济每年以8%—9%的增长率快速发展,得益于此,韩国国内工资水平有了显著提高。但由于人口结构及产业结构的变化,韩国国内某些行业出现了劳动力短缺现象。于是从80年代后半期到90年代初期开始,大量外籍劳动力从亚洲各国不断涌入韩国。① 中国劳动力进入韩国也是从这个时期开始的。

3. 自然环境原因。适宜的自然环境是人类赖以生存和发展的必要条件。战乱、人口快速增加、自然灾害、气候变化、稀缺资源竞争加剧等都会对生态环境造成严重破坏。当生态环境无法满足人类的生存和发展需要时,人们便会背井离乡,寻觅其他适宜的自然环境。②

从中韩两国人员交往的现实情况、层次结构及特点来看,可以说两国

---

① 戴长征、乔旋:《跨国人口流动的原因及其对国家安全的影响》,载《教学与研究》2009年第1期,第69页。
② 同上刊,第68—70页。

间的人员流动主要是因为经济原因。总体而言,韩国的经济发展程度、人均收入要比中国高,因而会吸引中国廉价劳动力去技术含量低或者以服务业为主的行业就业。2013年以前,由于赴韩中国人大都是以"基本生存"为目的,而来华韩国人则是以"事业发展"为目的,所以造成了两国交往人员社会地位、层次结构不对等、不均衡的问题。此外,由于中国地缘辽阔,各地区经济发展不均衡,出现了与韩国的交流主要集中在一二线城市和沿海经济发达地区的现象。从韩国的实际情况来看,先与中国的一二线城市和沿海经济发达地区发展关系、加强人员交流,无论从成本、效益还是从需求、市场等层面考虑,都更加符合韩国的利益。今后随着韩国企业加大对中国内陆的投资以及中国"一带一路"倡议的实施和推进,中韩人员交往地区不均衡问题会得到逐步改善。

三、如何认识和克服不对等与不均衡

　　从上述存在于中韩之间的不对等、不均衡问题的实际情况、形成原因及特点来看,这些不对等、不均衡问题的形成是多种因素造成的,既有历史、地缘政治、思维习惯等原因,也有现实、国情、对未来关系发展认识不清等原因。因而,在克服和消除这些问题方面,要根据不对等、不均衡的具体情况而采取相应措施。在认识和克服不对等、不均衡问题上,应遵守三个原则。一是要充分认识到对等与均衡对中韩关系的重要性。如果说过去二十多年的中韩关系发展主要是以数量增长为主的话,那么今后的发展将是追求数量、质量并重发展。为达到此目的,必须要克服和逐渐消除当前中韩关系中存在的不对等与不均衡问题。对等与均衡是未来中韩关系发展的重要保证。二是克服这些问题,不能操之过急,要循序渐进。中韩关系中的不对等与不均衡问题,不是一朝一夕形成的,我们不能操之过急,应根据客观具体情况,通过双方共同努力逐渐解决。三是要由易到难。中韩关系中的不对等与不均衡问题,其形成原因、客观情况和轻重程度等都不尽相同,因而解决办法和思路也会有所不同。我们应根据问题的具体情况,从最容易解决的问题开始下手,逐一解决。在上述三条原则之下,笔者拟从宏观认知层面对如何克服和消除中韩之间不对等、不均衡的问题提出一些建议。

(一) 增强战略互信

从过去二十多年的两国关系发展过程及结果来看,在经济、文化、社会、人员交流等领域取得持续性发展并不难,难就难在战略互信上没有取得实质性进展。当然,由于地缘政治的原因,有些事情不是中韩两国想解决就能解决得了的。但是,若果两国不能够建立起真正的战略互信关系,两国关系的未来就得不到保障。

(二) 优势互补,互利共赢

发展双边关系,不能只考虑自己的利益,强调自己的重要性,而要通过合作与交流,使双方共同受益,唯有如此,双边关系才会持久。中韩两国由于国情不同、经济发展程度不同、产业结构不同,在一些领域、一些行业形成了各自的优势地位,因而造成一定程度的贸易不平衡也是无法回避的事情。双方可以通过优化进出口商品结构、拓宽投资领域、调整经济贸易结构等方法,取长补短,优势互补,逐步消除贸易不均衡的现状,使两国贸易关系能够持续健康有序发展。在消除贸易不均衡方面,期待中韩自贸区发挥积极的作用。

(三) 互鉴互学,促进双向交流

在文化软实力构建及传播方面,韩国有自己的独特优势和发展经验。目前,中国也在大力发展文化事业,并将文化软实力建设提升到了国家战略层面。在这一方面,中韩两国有很好的合作和发展前景。如能把韩国的运作经验、管理和营销手段同中国的资本、内容、市场等有效地结合起来的话,中韩两国的文化影响力和传播力将会产生协同效应,不仅会影响亚洲市场,逐步影响世界市场也是有可能的事。如能如此,两国的文化交流将不再是谁的影响力大过谁的影响力问题,而是通过交流与合作,相互影响、相互促进,共同影响第三方乃至世界市场的更高层次问题了。建议在文化产业领域,如影视、演艺、动漫、游戏、专业人才培养、市场营销等方面加强合作与交流。

(四) 换位思考,扩大共识,努力打造利益共同体、命运共同体

在东亚和东北亚,中韩两国都是具有重要影响力的国家。两国的未来

发展蓝图,有许多地方是重合的,这就为两国成为利益共同体、命运共同体提供了现实条件。这不仅因为是中韩两国地缘相邻、人缘相亲、文化相近,更因为是两国都有宏伟的发展目标,都想通过各自的努力使自己的国家更加强盛,民族更加兴旺,人民更加幸福。可以说,在这一终极目标上,中韩两国的态度和立场是一致的、相通的。虽然目前在两国之间有着这样那样的问题和需要解决的课题,但在这终极目标前,两国如能彼此考虑对方、理解对方、关照彼此的难处、换位思考、扩大共识的话,这些问题和课题是可以得到克服和解决的,而且在实现各自的终极目标上,彼此可以成为有力的支持者和同行者。

(五) 风物长宜放眼量

国家和国家之间的关系不是简简单单的关系,它有其内在的发展规律和逻辑。看待和把握它,不仅要结合历史、现实、未来等时代因素,还要结合政治、经济、文化、社会等综合因素。不能因为一时的冲动、一时的利益、一时的短视而轻率对待,而要站在历史发展的高度审慎对待、谨慎处理。目前,由于第三方因素的干扰和影响,中韩关系处在非常"微妙"的关键节点上,如若处理不当,之前的努力将瞬间化为乌有。所以,越是这样的时候,越要站得高、看得远——不畏浮云遮望眼,从中韩关系大局出发,做出理性的判断和选择。

(本文作者系中国社会科学院信息研究院研究员)

Inequality and Imbalance: Structural Problems Affecting the Development of China-ROK Relation
Piao Guanghai

Abstract: The China-ROK relation has been developing well during the past 20 years. Yet there still exist problems of inequality and imbalance in some fields. If they have not been solved properly, those problems will affect and restrict the development of China-ROK relation. Those problems are caused by various elements including history, geopolitics, psychological inertia, reality, national conditions and the unclear understanding of future relations. Depending on the specific conditions of inequality and imbalance, we shall realize the importance of equality and balance, insisting on the principles of Step by Step, From Easy to Difficult. Only with the solving of those problems, the China-ROK relation will get true stability and a better future.

Key words: China-ROK Relation; Inequality; Imbalance; Structural Problems

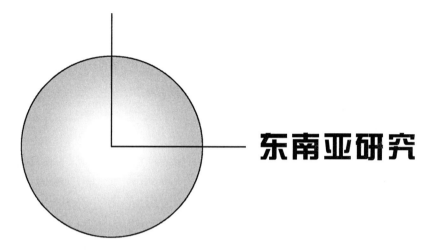

当前中国与东南亚人文交流的态势与发展建议

宋清润

【内容提要】 随着中国"一带一路"建设的推进,随着中国周边外交的转型升级,中国与东南亚关系的日益发展。人文交流与民心相通在中国与东南亚关系发展中的地位日益重要。中国与东南亚的人文交流目前取得一些进展,也有挑战,需要多管齐下,提升双方的人文交流,助力双方关系提质升级。

【关键词】 中国;东南亚;人文交流;一带一路

"一带一路"建设时期:人文交流的重要性更加凸显

中国正在推进中国特色大国外交,与沿线国家积极合作,共同推进"一带一路"建设。其中,民心相通是"一带一路"建设的重要内容和支柱之一。国家发改委、外交部、商务部2015年3月28日联合发布的《推动共建丝绸之路经济带和21世纪海上丝绸之路的愿景与行动》指出:"'民心相通'是'一带一路'建设的根基,传承和弘扬丝绸之路友好合作精神,广泛开展文化交流、学术往来、人才交流与合作、媒体合作、青年和妇女交往、志愿者服务等,为深化双边和多边合作奠定坚实的民意基础。"[①]

国之交在于民相亲,民相亲在于心相通。民间友好感情深厚是两国关系能够经受住风云变幻而持久稳定的关键,而民心相通是中国与东南亚国家,以及其他国家关系的稳定器之一。

---

① 《授权发布:推动共建丝绸之路经济带和21世纪海上丝绸之路的愿景与行动》,新华网,2015年3月28日,http://news.xinhuanet.com/world/2015-03/28/c_1114793986.htm

人文交流是促进民心相通的关键手段,是润滑剂,在中国外交中发挥着日益重要的作用,成为推动双边和多边关系健康发展的重要力量。复旦大学国际问题研究院主编的专题研究报告《构建人文外交新格局:中外人文交流对话机制研究》指出:"人文交流是新时期中国外交的新亮点和重要开拓方向,其与政治互信、经济合作一起构成当代中国对外关系的三大支柱。"① 中国社会科学院王晓玲副研究员指出,在中国构建"周边命运共同体"的过程中,不能仅靠经济利益的吸引,人文交流也担负着重要使命。②

当前中国与东南亚人文交流的总体进展

中国和东南亚山水相连,双方关系发展十分密切。中国外交部长王毅2013年6月25日表示,中国和东盟的关系面临重要发展机遇。中国将坚持把东盟作为周边外交的优先方向。③ 而且,东南亚是中国推进"一带一路"建设的重要沿线地区。

与上文论述同理,人文交流和民心相通在中国与东南亚关系中的作用也日益重要,是促进中国与东南亚国家政策沟通、设施联通、贸易畅通、资金融通的润滑剂,有时可以充当双方合作的"开路先锋",做些铺垫工作,争取民心,有时在双方关系产生棘手问题时,可以作为补救手段,甚至可以充当"消防员、灭火队"。

而且,笔者需要指出的是,随着中国周边外交的转型升级,在中国与东南亚国家的关系发展中,在中国与东南亚国家持续开展"一带一路"框架下的全方位合作时,加强人文交流的重要性不仅凸显,紧迫性也同时上升。因为,相比政治互信、经济合作等支撑中国与东南亚国家关系的重要支柱,人文交流这个支柱明显偏弱,而且,中国与东南亚国家的人文交流有很多进展,但也有很多挑战与问题,亟待解决。

中国与东南亚的往来持续了上千年,而双方人员往来最密集的时期大

---

① 《复旦发布专题研究报告:人文交流是对外关系支柱之一》,中国高校人文社会科学信息网,2015年7月10日,https://www.sinoss.net/2015/0710/61180.html。
② 王晓玲:《"周边命运共同体"构建与人文交流思路的转换》,载《现代国际关系》2015年第5期,第48页。
③ 《王毅:中国将坚持把东盟作为周边外交的优先方向》,中国新闻网,2013年6月25日,http://www.chinanews.com/gn/2013/06-25/4968944.shtml。

致始于明清时期,也就是大批中国人"下南洋"时期。目前,东南亚地区是华人华侨最多的地区,中国文化与东南亚各国当地文化有着长期的交融史,相互影响。这些状况其实也是中国与东南亚人文交流发展历程中的重要内容。东南亚国家联盟秘书处副秘书长穆赫坦指出,文化交流在东盟—中国关系发展中发挥着重要作用。①

近年来,随着中国与东盟战略伙伴关系的深入发展,随着中国与东南亚国家全方位合作的日益深化,中国与东南亚国家也高度重视双方的人文交流发展,双方人文交流也确实有了长足进展,在机制建设、广度深度等方面有了新的发展。

中国与东南亚国家的领导人在互访时,经常强调人文交流在双方关系发展中的重要性,在互访中将人文交流互动作为重要的行程和活动之一。比如,中国国家主席习近平 2015 年 11 月 7 日在新加坡国立大学发表演讲时强调:"中国和东南亚山水相连,血脉相通,中华文明和东南亚文明千年互鉴共生;中国同东南亚和周边国家要不断巩固人缘相亲,亚洲各国人民要拓展人文交流合作,把'和''合'的传统理念付诸彼此相处之道,把修睦合作的薪火世代传承;中新友好合作事业需要青年一代传承发扬,希望中新两国青年互学互鉴,增进友谊,共当中新友谊的忠实继承者、积极参与者、热心奉献者,成为中新关系发展的生力军。"②

中国国务院总理李克强在第 19 次中国—东盟("10＋1")领导人会议暨中国—东盟建立对话关系 25 周年纪念峰会上的讲话时指出:中国愿与东盟国家共同努力,将人文交流合作打造为继政治安全、经贸合作之后双方关系的第三大支柱;应以教育和旅游合作为优先方向,拓展合作内涵,丰富交流形式,提升合作水平。中方建议打造"中国—东盟双十万学生流动计划升级版",实现双方学生流动总规模到 2025 年达到 30 万人次的目标;中方愿与东盟探讨制订旅游合作计划,确立 2020 年双方人员往来达到 3000 万人次的目标,中方期待新修订的《中国—东盟中心谅解备忘录》尽快

---

① 周檬:《文化交流助推东盟—中国关系发展——访东盟副秘书长穆赫坦》,新华网,2015 年 11 月 10 日,http://news.xinhuanet.com/world/2015-11/10/c_1117093367.htm
② 《习近平在新加坡国立大学发表重要演讲》,新华网,2015 年 11 月 7 日,http://news.xinhuanet.com/politics/2015-11/07/c_1117071632.htm

生效,希望中心为促进双方人文交流合作发挥更大作用。① 同时,《第19次中国—东盟领导人会议暨中国—东盟建立对话关系25周年纪念峰会联合声明》也指出:"我们对中国—东盟教育交流年活动进展感到满意,包括第九届中国—东盟教育交流周、第二届中国—东盟教育部长圆桌会和第二届中国—东盟青年交流等活动的成功举办,愿拓展双方教育交流与合作;我们欢迎将2017年确定为'中国—东盟旅游合作年',期待中国与东盟加强合作,开展一系列活动,促进双方人员往来。"②

中国与东南亚国家间的人文交流形式愈发丰富,深度与广度也日益提升。双方举办很多人文交流活动,如,中国—东盟旅游年、中国—东盟民间友好大会、教育与学术交流、科技交流、体育交流与合作、中国和东盟国家互相提供奖学金项目、中国民间组织改善东盟贫困人口民生、到对方国家进行文艺演出、中国医疗机构为东南亚国家提供医疗服务援助、中国专家为东南亚国家修缮佛塔、旅游合作等其他多种多样人文交流活动。而且,中国与东南亚国家的高级人文交流机制的建设也取得重要成果。如中国国家主席习近平和印尼总统佐科共同提议于2015年建立中印尼副总理级人文交流机制,这是中国与发展中国家建立的首个高级别人文交流机制,每年举行一次机制会议,在该机制统筹协调下,两年多来,双方在教育、科技、文化、卫生、体育、旅游、青年、传媒等领域合作取得丰硕成果。③

中国与东南亚国家人文交流的主要挑战

毋庸讳言,我们在看到上述成绩的同时,也要看到,随着中国与东盟交往与合作的日益增加,双方人文交流也出现了一些问题,值得关注。

一是,中国与东南亚地缘相近,双方实力对比悬殊等因素所引发的问题也在凸显,这是未来双方关系将长期面临的挑战,也会影响东盟成员国

---

① 《李克强在第19次中国—东盟"(10+1)"领导人会议暨中国—东盟建立对话关系25周年纪念峰会上的讲话》,新华网,2016年9月8日,http://news.xinhuanet.com/world/2016-09/08/c_1119528511.htm

② 《第19次中国—东盟领导人会议暨中国—东盟建立对话关系25周年纪念峰会联合声明》,新华网,2016年9月8日,http://news.xinhuanet.com/world/2016-09/08/c_1119528493.htm

③ 骆飞、肖艳:《刘延东主持中印尼副总理级人文交流机制第二次会议》,新华网,2016年8月1日,http://news.xinhuanet.com/world/2016-08/01/c_1119318340.htm

民众对华心理的变化,如提防、疑虑心理有所增强等等。

按照地缘政治学理论,国家间的相互影响力存在"距离衰减原理",即通常而言,国家间距离越近,彼此之间的影响就越大、越直接,反之亦然,对于小国而言,毗邻大国或强国是否对其友好,对小国的损益很大。① 俗话说"距离产生美",这句话有时候也经常适用于国家间关系。美国、日本、俄罗斯、欧盟及其成员国等与东南亚不接壤,而中国作为东南亚国家陆水相连最大的邻国,其一举一动在东南亚所引发的反应常比其他大国举动在东南亚所引发的反应都要强烈。或者说,对同样实力或者类似实力的大国,或者大国同样力度的举动,东南亚国家感受到邻国中国的影响力要比感受到美国、日本等较远大国的影响力一般是要大的。

尽管中国与东南亚国家的关系长期总体良好,但需要注意的一点是,双方实力的不对称性愈发凸显,这会在一定程度上持续影响双方对彼此的认知和利益界定,尤其是影响东南亚国家对华认知,最终影响双方关系的发展。② 在 1991 年中国与东盟建立对话关系时,当时的东盟成员国新加坡、马来西亚、泰国、印尼、文莱、菲律宾的经济发展水平或者高于中国,或者不比中国差,这些国家的人均 GDP 基本都比中国人均 GDP 高,这些国家的企业对华投资是中国外资的重要来源之一。而今,尽管东盟已经有十个成员国,但中国与东盟十国经济及综合实力差距越拉越大,自然会让东南亚国家愈发感到压力。根据国际货币基金组织(IMF)数据,2016 年,中国 GDP 近 10.8 万亿美元③,而东盟十国 GDP 总量近 2.9 万亿美元。④ 而

---

① 沈伟烈主编,陆俊元等撰稿:《地缘政治学概论》,国防大学出版社 2005 年版,第 197—191 页。
② Brantly Womachk, *China and Vietnam: The politics of Asymmetry*(New York: Cambridge University Press, 2006). pp. 17—18.
③ 李克强:《政府工作报告——2016 年 3 月 5 日在第十二届全国人民代表大会第四次会议上》,新华网,2017 年 3 月 5 日,http://news. xinhuanet. com/fortune/2016-03/05/c_128775704. htm。中国国务院总理李克强在政府工作报告"2016 年工作回顾"中介绍:2016 年国内生产总值达 74.4 万亿元。笔者按照当时大概 1 美元兑换 6.9 元人民币的汇率折算后,中国 2016 年 GDP 约为 10.78 万亿美元,四舍五入后为近 10.8 亿美元。
④ "World Economic Outlook Database, October 2016", The International Monetary Fund, https://www. google. com. hk/search? q=IMF&newwindow=1&safe=strict&hl=zh-CN&gbv=2&oq=IMF&gs_l=heirloom-serp. 3...770241. 770691. 0. 771251. 3. 3. 0. 0. 0. 0. 0. 0...1ac. 1. 34. heirloom-serp..3. 0. 0. qHqPvCOe4bI. 当然,国际货币基金组织的数据库是 2016 年 10 月发布的,存在预估成分,东盟国家的 GDP 数据当时尚未完全正式出炉,以 2017 年各国发布的有关 2016 年 GDP 的统计最终数据为准,但国际货币基金组织的数据比较权威,两者数据应该比较相近。

且,中国 GDP 年度增量与东盟十国 GDP 年度增量的绝对值差距越来越大,中国人均 GDP 比东盟多数成员国的人均 GDP 要高,双方综合实力不对称状况愈发明显,经济社会发展水平的差距也越来越大,东盟部分国家及民众出现一定程度的对华心理失衡。

地理毗邻与实力差距悬殊等综合因素叠加,导致东盟对华既合作、又提防的纠结心态愈发突出。一方面,邻居搬不走,中国对东南亚国家总体奉行友好合作的政策,东南亚国家也总体奉行对华友好合作政策,双方的既有合作已经渗透到方方面面,非常紧密。截至 2016 年年底,中国连续八年是东盟第一大贸易伙伴国、重要外资来源国,在西方经济长期低迷的情况下,在美国特朗普政府奉行贸易保护政策的情况下,东盟需要持续搞好对华经贸合作等领域。另一方面,尤其是在战略与安全层面,东盟对华疑虑增加,日益完善大国平衡外交格局,与美国、日本、欧盟、印度、俄罗斯等域外大国和组织纷纷建立经贸、安全等多种合作机制,举办峰会,来平衡中国崛起带来的压力。这种态势愈发明显。

二是,中国与东南亚国家的双边或多边政治关系的好坏,直接影响双边人文交流。政治关系好,人文交流就有可能搞得热火朝天,反之,政治关系冷淡,人文交流往往也会有气无力。以中菲人文交流为例,菲律宾前总统阿基诺三世执政中后期,中菲关系跌入谷底,笔者 2016 年 4 月随团去菲律宾时,感觉智库学者座谈时气氛不太融洽,也谈不出太多合作点。但同年 12 月初,笔者再随团去时,整个团受到热烈欢迎。菲律宾外交关系委员会许多重量级成员,假日不休息,和我们团座谈,谈 21 世纪海上丝路的合作,问答互动非常热烈,时间不够用。《马尼拉时报》第二天就把我们团座谈照片放在头版报道。而今,菲律宾杜特尔特政府和中国的关系较为友好,两国人文交流朝着多领域、高层级发展的机遇来了。

但也要意识到,人文交流与双边政治关系的好坏,存在着相互影响的辩证关系。持续而广泛的人文交流,可以促进两国政治关系的发展;或者在两国关系处于低谷时,人文交流可以发挥一定的传递善意和暖意的作用,一定程度上烘托友好氛围,起到破冰、融冰等作用,例如中美乒乓外交其实算是人文交流或人文外交的经典案例。现在,东南亚国家公民社会发展迅速,影响力大,如果东南亚国家的民众对华友好,则所在国政府就较难对华不友好。

此外,双方经贸合作密切与否,基础设施联通密切与否,也影响着双方人文交流的密切程度,经贸活动与人文交流也存在着相互影响的辩证关系。即,通常而言,经济活动带动人文交流,或者说是商务人文交流。而商务人文交流也会推动中国与东南亚国家的经贸发展与政治关系发展。

三是,中国人在东南亚行为失当,引发当地部分民众反感。比如,中国一些商人、游客等在和东南亚人进行交流时,或者到东南亚经商、旅游时,有些"暴发户"和"土豪"言行,也不太注重了解和尊重东南亚的风俗习惯,有时显得傲慢乃至无礼;有时乱扔垃圾,有时大声嚷嚷,有时甚至侮辱东南亚人贫穷、落后等,这些不文明、不恰当的行为引发当地人不满。

东南亚部分国家民众对华友好情感不足,误解多、抗议多,已经严重影响"一带一路"合作的推进。中国与东盟几个国家人文交流的不足或不到位,已经影响双方重大项目合作。比如,对方民众出现误解言行,乃至抗议示威,这些都会阻碍项目进行。而且,东南亚多数国家都是民选政府,必然要依据民意行事,不管民意是理性的还是极端的。即便不是民选政府,也要受到民意掣肘。在当地出现反华言行时,东南亚政府一般都是首先考虑政治与社会稳定,因此,有时要牺牲中国利益来维护本国稳定和政府威望,一般不会顶着民意来维护中国利益。如中缅合资的来比塘铜矿遭遇抗议示威,先是被迫暂时停产,后是高额增加对当地民生支出等项目,因为当地反华民意盛行。

四是,美欧日等与东南亚国家的人文交流更加细致、效果更好,东南亚公民社会发展受到西方很大推动和支持,西方在东南亚有大量非政府组织,有很多长期项目、有很多常驻人员和当地雇员、有大量长期资金搞活动。西方媒体、明星、学校等纷纷开展与东南亚的人文交流,西方形象在当地的社会舆论中有很大、很积极的影响力,对东南亚社会精英形成很大的向心力。这对中国与东南亚的人文交流构成较大挤压,但在东南亚有些国家的有些人群中,论在当地的民意好感度,有时是"西强我弱"。中国与东南亚的人文交流,或者说是人文外交、公共外交,除了学生这些相互交流等部分长期项目外,其他很多人文交流是短期项目多、短期大型活动多,阵风式的活动多,细水长流式的长期项目少。中国在东南亚的民间组织设立的分支机构很少,资金不足,人手不足,长期项目不足。而且,中国人多做少说的行事风格,酒香不怕巷子深的理念,与西方多做多说,甚至少做多说的模式完全相反。因此,中国与东南亚的人文交流在力度和形式上都比西方逊色一筹,又加上宣传不到位,效果自然比不了西方。

几点建议

综上所述,笔者从学术研究的角度,得出以下几点看法,未必正确,更不代表任何官方立场,还请各位方家指正。

笔者认为,中国与东南亚国家人文交流似应达到以下一些重要目标,如在中国与东盟国家民众中,增进双方了解与理解,消除误解、疑虑等负面情绪及其引发的抗议示威等破坏行为,塑造对彼此的客观认知,形成对彼此正面和友好情感为主的民意格局,增强彼此互信,为双方"一带一路"合作减少阻力,创造良好气氛,增加合作动力。

在民心相通方面,要减少双方民间对彼此的误解与不满情绪,努力塑造"双方民众对彼此友好情感强烈"的格局,建立"一带一路"合作的坚实民间基础。鼓励中国更多学者、商人、媒体精英、民间组织人士等各界人士,加强与东南亚国家的人文交流,去当地开展社会公益事业,用当地语言、在当地主流媒体和人群中讲好中国故事,扩大朋友圈,用中国声音和理念去增信释疑,增强对东南亚官、商、学、媒、民等各界的影响,提升东南亚国家各界对华的认知度和好感度,增进民心相通,改善中国在东南亚的形象,为"一带一路"建设在东南亚的推进奠定良好的民间友好感情基础,提升当地人对"一带一路"的支持度。

第一,中国与东南亚人文交流中,双方政府主导的色彩较浓,即政府又当策划者,又当出资者——出项目和活动,又组织民间主体参与。在目前及将来的一段时间里,这种模式是必要的。否则,双方的人文交流活动就可能因为缺乏重视、缺少资金、缺少参与者而陷入衰退。不过,未来的一个发展方向是,中国与东南亚国家政府应该更多联合出资,资助双方的民间人士和机构组织人文交流活动,体现人文交流的民间性。比如,中国对东南亚国家的援助资金不要一味去搞大型设施建设,要拿出相当比例的资金来帮助当地改善科教文卫条件,搞些民心工程,这些可以交给民间组织去做。这才能更广泛、更有力地吸引当地人心。

第二,中国学术机构和智库要加强对中外人文交流理论与经典案例的研究,取长补短,为中国与东南亚的人文交流建言献策。用更先进的理论、更契合实际的案例、更细致可行的发展路径去指引中国与东南亚人文交流的发展。建立科学、完整的决策咨询——组织实施——事后评估——优化改进的人文交流全程操作体系。在相关活动组织实施后,在相关合作协议签署后,要建立事后跟踪和效果评价机制,监管协议执行,听取两国各方人士的反映,优化改进,让中国与东南亚国家的整体人文交流再上新台阶。

第三,加快人才培养,因为人才是推动中国与东南亚人文交流发展、双方合作发展的关键力量。建议中方资助东南亚多数国家的大学建立实体的中国研究中心或东盟某国与中国人文交流研究中心,与中国的东南亚区域与国别研究中心及人文交流研究中心加强高校智库交流与合作,鼓励中国与东盟国家仿效中印尼高校智库联盟模式,建立双方的高校智库合作网络,定期举行会议,经常开展合作课题研究,为双方人文交流发展、双方战略关系发展提供政策咨询,培养更多东南亚的"中国通"和中国的"东南亚通"。

第四,建设人文交流信息宣传与互动平台,利用新媒体在东南亚民众中的广泛影响力,让中国与东盟的人文交流活动在两国民众中更入心入脑。

第五,关于中国与东南亚的高校、智库、学者开展合作课题研究,特别要强调的是,中国与东南亚国家的合作课题研究,一定要大力推进,尽快推进。在资金方面,除了新加坡等少数发达国家外,中国一定要多出资资助东南亚国家的高校智库与中国高校智库进行合作课题研究,不要追求两边各出一半的对等原则,一边一半的原则就会导致东南亚国家没有能力和兴趣与中国学界搞合作研究。中国与东南亚机构合作研究的重点建议放在"一带一路"等相关方面的研究。

第六,建立配合外交大局的人文交流的重大舆情事件预警与应急处突机制。对东南亚国家社会舆情尤其是涉华舆情和印尼对华关系走势,对国内涉及东南亚国家的舆情走势等重大事件和突发事件建立预警与应急处突机制,设立人文交流应急基金,以便于关键时刻开展"解决危局"式的人文交流活动。

(本文作者系中国现代国际关系研究院南亚东南亚及大洋洲研究所副研究员、博士)

The Current People-to-People and Cultural Exchanges between China and Southeast Asia and Suggestions for Future Development

Song Qingrun

Abstract: As China is pushing forward the joint construction of "the Belt and Road Initiative" with other countries and upgrading its diplomacy, China is building close relations with Southeast Asia countries. So, People-to-People and Cultural Exchanges are becoming much more important in China's diplomacy. Now, the current people-to-people and cultural exchanges between China and Southeast Asia have achieved some progress, but there are still challenges, so it is necessary to upgrade bilateral people-to-people and cultural exchanges between China and Southeast Asia, in order to upgrade bilateral cooperation.

Key words: China; Southeast Asia; People-to-people and cultural exchanges; the Belt and Road Initiative

《红运》与越南的文学传统①

夏 露

【内容提要】 《红运》是越南小说从古典转向现代过程中的经典作品,学界多从比较文学的角度探究它所受的西方影响,忽略它与越南文学传统的关系。本文从其宿命论人生观、叙事模式、结构形式、讽刺艺术等方面探讨它与越南古典小说传统及与越南民间文学、文化方面的关联,以期全面认识和评价这部作品。

【关键词】 《红运》;越南;文学;传统

《红运》是越南现代著名作家武重奉(1912—1939)的代表作之一,也是越南现代文学的经典作品之一。小说以流浪儿"红头发"阿春因一系列偶然事件一步步攀升上流社会的发迹史来反映20世纪30年代法国殖民统治下的河内生活图景,充满浓厚的现实主义和讽刺色彩,其人物形象与语言艺术都深入人心。《红运》起初在报刊上连载,1938年出版单行本。随后直到1986年以前,这部作品及作者的声誉起起伏伏,成为越南文坛上一件扑朔迷离的文学案件。1986年越南革新开放后,关于武重奉文学作品的讨论甚至在国会中进行。经过那场讨论以后,武重奉在越南现代文学史上的地位得以牢牢确立,《红运》等作品也走进中小学教材。2012年在武重奉一百周年诞辰之际,越南举行了隆重的纪念活动,发行了相关纪念邮票,其中一枚邮票为小说《红运》封面。同年,该小说被改编为电视连续剧《人生游戏》在越南中央电视台播出。② 这部作品也早已走向了世界,2002年《红运》被译为英文在美国出版,译者之一彼得·兹诺曼(Peter Zinoman)在序言《武

---

① 本文为2015年度教育部人文社会科学重点研究基地重大项目"东南亚现当代文学翻译与研究"(编号:15JJD750002)阶段性成果。

② 相关信息参见"越南之声广播电台"在2012年12月7日的网页报道 http://vov.vn/van-hoa/dien-anh/so-do-thanh-tro-doi-tren-phim-truyen-hinh-238672.vov

重奉的〈红运〉与越南的现实主义》中充分肯定这部作品的艺术成就。① 后来在多次接受采访中,彼得·兹诺曼也强调《红运》的艺术价值,认为武重奉可与英国作家乔治·奥威尔(George Orwell)相媲美。② 此外,越南本地学者还用法国结构主义新批评的代表人物热拉尔·热奈特(Gérard Genette,1930年生)的理论来对《红运》进行相关研究。笔者近年来在翻译和研究该小说的过程中,也曾撰文论及它所受的西方影响。③

不过,考察世界文学史,任何一部经典杰作必然都与本国文学文化传统血肉相连。例如托尔斯泰的《战争与和平》让我们看到的是俄罗斯的历史文化;马尔克斯的《百年孤独》虽然用寓言方式书写,但我们看到的依然是拉丁美洲被压迫、被奴役甚至行将消失的历史。即使像阮攸的《金云翘传》(原为《断肠新声》,又称《翘传》)这样一部从情节到人物形象完全取自中国同名小说的作品,我们依然可以从中看到越南民族文学体裁——六八体喃文长篇叙事诗歌的传统,甚至也可透过情节和人物看到18世纪末19世纪初越南的社会现实。这些都表明优秀的文学作品不可能与传统割裂,因为没有了传统就等于无根,无根就不可能深刻、不可能走向世界、不可能成为真正的杰作。我们考察《红运》的创作,尽管它用西方现代主义的眼光审视都市文明,对外国文学有借鉴,但同时又有着深厚的越南传统文化和文学基因,因此它才能扎根越南社会,成为经久不衰的名著。本文将从小说中的宿命论人生观、叙事模式、结构形式、语言艺术等方面探讨它与越南古典小说传统、民间文学、民间文化等方面的关联,以期全面认识和评价这部小说。

一、《红运》宿命论人生观与越南的小说传统

"宿命"一词,源出于佛教。佛教认为世人前世皆有生命且辗转轮回,

---

① 参见阮月琴(Nguyen Nguyet Cam)、彼得·兹诺曼(Peter Zinoman)的英文版《红运》(*Dumb Luck*),密歇根大学出版社2002年版。
② 参见越南《文化与体育报》对美国学者 Peter Zinoman 的采访报道。http://thethaovanhoa.vn/bong-da/nguoi-dich-so-do-sang-tieng-anh-vu-trong-phung-co-tam-quoc-te-n20131223084311525.htm。英国作家乔治·奥威尔的代表作《动物庄园》和《1984》是批判极权主义的经典名著,其中《1984》是20世纪影响最大的英语小说之一。
③ 参见夏露:《20世纪30年代越南西化潮流:以〈红运〉为个案》,载《内蒙古师范大学学报》2017年第3期。

故称宿命。宿命论人生观,则认为命运生来注定,所有的世事变迁、人生际遇都是命运或"天"注定的。我们考察《红运》这部作品,发现从书名到人物社会地位的变迁与最终的结局都体现出宿命论人生观。

首先,从作品的命名来看。《红运》这部小说的越南文名"Số đỏ",其中"Số"对应汉字"数",是一个汉越词。在汉语里,"数"除了指数量之外,还指"命数、命运、运气"。汉代荀悦在《申鉴·俗嫌》中有言:"终始,运也;短长、数也。运数,非人力之为也。"唐代白居易《薛中丞》诗:"况闻善人命,长短繫运数。"此外,汉语里说的"气数""天数"都与命运有关。而"Số"这个词本来源于汉语,在越南语里的意义也与汉字的"数"基本相同。至于"đỏ",它的意思就是"红,赤",在越南,红色也代表喜庆色彩,直到今天,越南人举行婚礼也会贴红双喜字,过年的压岁钱也用红包。所以,"Số đỏ"连起来的意思就是"红运",与中文里的意思相同。《红运》这个中文书名是对原文"Số đỏ"二字的直译。在中文里,"红运"与"鸿运"相通,意为好运气,如鲁迅《彷徨·孤独者》:"他也真是一走红运,就与众不同。"越南语里"Số đỏ"的含义与中文"红运"完全相同。

武重奉用《红运》来命名这部小说,简明地揭示了主人公"红头发"阿春的人生轨迹:他原本是一个孤儿,曾被亲戚收养,但亲戚不过把他当童工使,后来又因故将他赶出家门,从此他在街上四处游荡,帮别人推销过假药、做过电影院的引导员、卖过报纸,后来在一个网球会馆做球童。在网球会馆为少爷、小姐们服务的过程中,他结识了一个寡妇——海关副关长夫人,得到夫人的"垂爱",从此交上了"红运":一步步从网球教练到被奉为医生、社会改革家、欧化时装店的管理者等走进了上流社会,还被寺庙聘为《敲木鱼报》的顾问。在这个过程中发生的一系列令人啼笑皆非的事件让他迅速走红。小说结尾是他在与暹罗网球冠军的比赛中即将取得胜利时,听从总督"要保持友邦的友好"的指示,故意输掉了比赛。散场时他站在汽车上慷慨激昂地发表演说,宣称自己牺牲个人荣誉换取祖国的安全与和平,万众欢呼声雷动,将之视为救国英雄和伟人。总督府授予他"北斗"奖章,鸿老爷愉快地宣布将曾经是高不可攀的女儿雪嫁给春。

小说内容是这样一个流浪儿走红运的故事,在小说情节的具体展开上,作者也似乎从一开始就决定好了春的命运。小说第一章开头就写到算命先生。"人行道上,在木棉树的树荫下,一个上了年纪的算命先生平静地坐着,面前摆着签筒、砚台、墨、毛笔……俨然是一位真正的哲学家"①。当"红头发"阿春请他算一卦时,他首先问春的生辰八字,然后根据他的生辰八字写了三句七言诗句,算出春一出生就是孤儿命。在被春夸赞算得准时,又用两句越南传统六八体诗形式告诉他将来会出大名、走大运,会富贵风流;并与他细致讨论了何时会转运,起初会遇到什么等等,俨然春的命运乃天定,作家只不过顺着他命运介绍罢了。后来算命先生还出现在第二章为关长夫人算命,似乎也是对她的前世今生都了如指掌。果然,小说中与春有关的一些事件都带有命运的偶然性特点。

  这部小说之所以带有浓厚的宿命论色彩,是与越南传统文化密切相关。与中国一样,越南人非常相信命运,相信命理八卦。《易经》以及佛教很早就从中国传入越南,深深影响到越南人的人生观和世界观。现今,在越南城乡,看紫薇、风水和算命都是非常普遍的现象,人们相信人生的一切都与"có duyên"(机缘)相关,在人与人之间的交往中,一见如故的人是 có duyên(有缘),等等。而历代文人作家也形成了将命运主题写入文学作品的传统。笔者认为《红运》之所以有如此强烈的宿命论色彩,正与越南历史上一些相关命运的深入人心的文学作品有关,是对它们的继承和发扬。例如 11 世纪李朝的李常杰写有一诗《南国山海》,开头两句是"南国山河南帝居,截然定分在天书。"这首带有浓厚天命观的诗被誉为越南的第一个独立宣言,且只有四句,朗朗上口,孺妇皆知。

  越南的古典小说也大都带有浓厚的宿命色彩,例如越南经典杰作《金云翘传》的开篇两句即为"人生不满百,才命两相妨"。而小说的第一回写到翠翘清明扫墓回家途中遇到已故名妓淡仙之墓,因同情她的遭遇而祭拜了她。当晚,她梦见淡仙,淡仙告知翠翘原本为断肠会中人,要按照断肠教主拟定的十个题目作十首诗送进《断肠册》备案,临走时还约她去钱塘江上相会。这种情节设置和描写就像是冥冥之中有主管人世间薄命佳人悲剧命运的人,而入"断肠会"者将要在现实中受尽折磨,退会者便结束悲剧人生。而十首诗歌正是对王翠翘悲剧遭遇的预言与咏叹,只有历尽那些磨难,方可退出"断肠会"。后来在翠翘每一次命运的转折关头,那些诗歌的暗示和预言都有所应验,直到最后她投江自杀被救之后,梦见淡仙来通知她断肠会已除名,并奉还断肠诗,从此劫已消完,翠翘的宿命悲剧结束。也

---

① 参见武重奉:《红运》,西贡文化出版社 2008 年版,第 5 页。

许正因为这部作品中主人公的悲欢离合都充满命定色彩,越南人很早就用这部作品来算命,尤其是年轻人爱用它来测算自己的爱情、婚姻。① 如今,越南的网上有不少用这部作品来算命的方法演示,甚至电视台也制作节目来教人相关方法。这在小说的传播中也算是一种奇迹了。

武重奉生活的年代,正是阮攸这部杰作传播最为广泛且走向世界文坛的时期。当时人们从各种喃文版本中将之翻译为拉丁字母国语字,与武重奉同时代的著名文学家范琼还将之翻译成了法文,范琼甚至用"《翘传》存则国存"来评价这部作品。武重奉受到这种传统影响并将之运用于自己的小说创作中也是很自然的。

需要指出的是,越南的古典小说中这种人生观中的宿命论传统其实源于中国。由于历史上中越悠久而密切的文化联系,明清小说作为中国文学的一环,与其他各类中国古典文学一样,在越南的传播与影响非常持久广泛。② 例如《金云翘传》中所有的情节和人物基本都沿袭明末清初青心才人的同名小说。此外,越南还有许多汉文和喃文小说也都受到中国古典小说的影响。如汉文历史小说《皇越春秋》、《皇黎一统志》等都是在《三国演义》直接影响下的创作,而我们知道《三国演义》的开头就有"话说天下大势,分久必合,合久必分"这种带有命定色彩的描述。小说的许多细节也表露出宿命成分,例如写诸葛亮初登场就有后人诗叹"星落秋风五丈原"的谶语(第三十八回),预示了后来失败的必然。《三国演义》宿命论主题浓重地影响到越南历史小说的创作。另外,像《西游记》在越南传播也很广泛,被大量改编和翻译,而在这过程中,西天取经九九归真、八十一难自有定数的情节发展模式也深入越南人心。这些小说启发和影响了越南小说家,到武重奉的《红运》继承了这些文学传统与传统文化,也是很自然的。

二、《红运》小说母题与越南民间文学传统

在谈及《红运》的小说叙事时不少学者认为其受到西方影响,纷纷研究

---

① 参见范丹桂(Phạm Đan Quế)著《评〈翘〉、咏〈翘〉、用〈翘〉算命》(*Bình Kiều、Vịnh Kiều、Bói Kiều*),越南文化出版社 2000 年版。

② 参见陈益源的《中越汉文小说》《传奇漫录与剪灯新话之比较研究》,任明华的《越南汉文小说研究》,陆凌霄的《越南汉文历史小说研究》以及夏露博士论文《明清小说在越南的传播与影响》等。

《红运》中西方文学艺术的母题。早在20世纪40年代初,武玉潘就撰文指出《红运》带有诙谐剧特征,红头发春的形象借鉴了哑剧舞台明星卓别林。50年代,韶光和阮梦想则撰文指出《红运》受到莫里哀的讽刺喜剧影响,因为20年代至30年代莫里哀的不少剧本被翻译成越南语在印度支那演出。近年来,有学者将《红运》与巴尔扎克、塞万提斯、拉伯雷、狄更斯及果戈理等人的作品进行比较,认为武重奉受到他们的影响。还有人认为《红运》受到30年代的法国电影《流氓皇帝》(*Le Roi des Resquilleurs*)的影响。与《红运》一样,影片中很多关键的事件发生在体育比赛中,主人公最后在一场英法之间的比赛中被大众视为救星和民族英雄,他也因此娶了梦想中的女人。这部电影20世纪30年代曾经在河内上映。

不过,尽管如此,这部小说依然带有越南传统文学尤其是民间文学的基因,其中"红头发"阿春可笑的发迹经历与越南民间故事《猪状元的故事》异曲同工。关于这一点,越南文学史家文新也曾在相关文献中论述过,虽然文新提及这一点主要是为了挽救这部作品不被当时政府所禁。① 越南古代与中国一样,认为当官、发财、生子就是走红运,而要当官首先得通过科举考试,而如果能考中状元,那一定能做大官,所以很多人都有状元梦。《猪状元的故事》就是这样一个在越南家喻户晓的状元梦的故事。主人公钟尔为猪贩之子,虽愚笨却有一个状元梦,后因笨退学回家,子承父业,干起猪贩的行当。可后来竟凭借一连串的偶然巧合、误会和幸运,成为一个"著名文人",被皇帝封为"状元"。例如其中一个细节讲述在赴京途中,众人行至一个村庄,见村头有"下马"二字,决定在此住宿。而钟尔不学无术,竟对着"下马"二字读成"不安"。不安所以不能投宿,众人便离开村庄,刚一离开,村庄便失火了,众人对这位状元的"先知先觉"深表叹服。猪状元的故事用看似荒唐可笑的事情抨击黎朝末年"黎皇郑主"时期的科举制度有名无实,逐渐落成儿戏的社会现象。

越南历史上长期实行科举制度,持续的时间比中国还要长久。中国是1905年辛亥革命前取消了科举制度,越南则是在法国殖民统治下于1919年才最终取消科举制度和汉文官方地位。武重奉出生在1912年,到1919年他开始念小学时正好赶上第一批接受法国教育体系下的殖民地教育的学生。因而在武重奉的时代,人们不再可能通过科举进入仕途,也不可能

---

① 参见文新著的《武重奉与我们的时代》一书第375页《热带笑林中的武重奉》,河内:文史地出版社1960年版。

通过一场考试实现"朝为田舍郎、暮登天子堂"的梦想了,不过潜意识里,人们依然怀揣那种升官发财、一夜暴富的梦想。《红运》的主题正是对这种转型时期社会现象与世人心理的一种描述。

值得注意的是,《红运》塑造的主人公"红头发"阿春是一个男性孤儿,这种男性孤儿形象在越南的民间文学中也是常见的。越南民间故事里有非常多描写男性孤儿逐渐成长、最后获得成功的故事,例如著名的《石生传》便是如此。当然,这种孤儿身份也许与作者武重奉七个月大就丧父有关。据相关记载,因为幼年丧父,家境贫困,武重奉在读书期间经常遭受富家子弟欺负,也许他本人也曾有过一朝飞黄腾达的梦想吧。在武重奉之后,作家南高创作的著名小说《志飘》,被誉为"越南的阿Q"。其主人公志飘与《红运》中红头发春一样也是孤儿身份,而当代作家保宁的名作《战争哀歌》里的主人公阿坚在成长的过程中也逐渐沦为孤儿,这体现了越南小说叙事里一直有着民间传统。

三、《红运》结构形式与古典小说的章回体

《红运》全书分为二十章,每章有回目揭示该章主要内容,这是越南古典小说的主要结构形式,不同于后来完全受西方小说影响的结构形式。而越南古典小说的章回体结构形式主要是从中国小说《三国演义》中学习而来。"我国章回体小说(这里其实就是历史小说)的产生是对我国社会中的新内容的反映。这种现象的连续出现有它自身的发展规律,但与中国小说尤其是《三国演义》的影响分不开。"①《三国演义》是中国第一部章回体小说,也是历史演义小说的鼻祖,很早就传入越南,影响到越南历史小说的创作;同时章回体这种结构形式也广泛用于各类题材的古典小说创作,其中才子佳人小说的创作基本就采用章回体,而且一般在十六回至二十回之间,均十万字左右,相当于现代一部中篇小说的篇幅,例如《金云翘传》全书就是二十回,十余万字。《红运》全书分为二十章,基本是沿袭了才子佳人小说的结构形式。不过,它每一章的回目不像古典小说那样通常采用两句对仗的七言诗,而是每章用三个口语化的小标题揭示该内容,例如第一章

---

① 〔越〕裴维新:《中世纪中国文学与越南文学之间的体裁关系——接触、革新与创新》,载越南《文学杂志》1992年第1期。

的三个标题如下:

Số đào hoa của Xuan tóc đỏ(红头发春的桃花运)
Minh + Văn = Văn minh Lòng(文＋明＝文明)
thương người của bà Phó Đoan(副关长夫人的怜爱之心)

这种分章标目的形式是传统章回体小说的最重要的体例特征,而且从《红运》的章节目录上看也能直接感受到它所受的古典小说影响,例如小说第四章的回目是用以下三个小标题:

Một khi Hoạn Thư đã nổi giận(一旦宦姐发怒)
Nghệ thuật vị nhân sinh(为人生的艺术)
Những sự chế tạo của cuộc Âu hóa(欧化的制造)

其中"一旦宦姐发怒"中的"宦姐"是《金云翘传》中一位非常重要的女性人物,是第一次将翠翘从青楼赎身的商人束生的原配夫人,因为善妒成为越南文学史上经典的妒妇形象。《红运》在回目上借用这个经典人物形象暗示情节上将有一种新时代的婚姻冲突,吸引读者阅读,一方面说明内容上对传统文学有继承,另一方面也说明《金云翘传》分二十回的章回体形式必然是为武重奉所熟悉,他也乐于继承这种结构形式。

《红运》除了吸收传统章回体小说的"分回标目""头尾套语"等体例特征之外,还略具备"穿插诗文"的体例特征。例如小说的第一章里叙述算命先生给"红头发"阿春算命的过程中便几次使用七言体诗揭示春的未来命运。后来追溯"红头发"阿春在街头用喇叭帮人卖假药时的广告也基本是用七言体诗歌形式。而小说的第十章的回目上有一个小标题是"诗人红头发春",该章开头部分讲述一个志得意满的少年诗人与"红头发"阿春为女人争风吃醋,吟咏两首七言古诗向春挑战才华;春立刻用一首传统六八体诗歌反击,镇住少年诗人,令其甘拜下风。

四、《红运》与越南文学中的讽刺艺术传统

《红运》这部小说用犀利的讽刺艺术无情揭露 20 世纪 30 年代河内上流社会腐化堕落的生活,抨击当时各种丑恶现象,其中写到的各类人物——

从印支总督到法人遗孀副关长夫人,从蓬莱旅馆老板、鸿老爷的女儿到文明夫妇以及佛教界人士,他们的行为都像是上流社会的一出出怪诞闹剧。主人公"红头发"阿春更是靠投机和欺骗一步步摇身变为腐化堕落社会的"英雄",他的"红运"反映了当时社会的畸形与荒诞。有人把《红运》与巴尔扎克的《幻灭》进行比较,认为作者武重奉是"越南的巴尔扎克"。而由于小说用写真式的手法描述人物的心理和行为,又被认为是受到法国左拉等自然主义创作倾向的小说家的影响。作家生前也因"有伤风化罪"被河内的法国殖民政府传唤法庭,①后来他的作品在越南北部曾一度被批为受资产阶级"颓废"思想影响而被禁止发行,直到 1986 年才解禁。似乎这一切都表明武重奉及其《红运》是西方文学影响下的产物,但笔者认为《红运》的讽刺现实以及关涉情欲的描写并非完全学习西方,而是对越南传统文学中的讽刺艺术传统的继承和发扬。

  在越南民间,讽刺艺术有悠久的传统,例如前面提到的《猪状元的故事》就是明证。而越南作家、诗人也非常善于从民间吸取讽刺艺术,最值得一提的是 18 世纪女诗人胡春香。她用辛辣的笔调,以处处隐含的性行为来讽刺当时社会,为之叫好的人奉她为"喃文诗歌女诗王",唯恐避之不急的人则严厉封杀她的"淫秽"诗篇。《红运》与胡春香的诗歌相比,不过是用散文化的形式来对社会方方面面进行讽刺。例如《红运》里有一个情节是增福法师聘请红头发春担任《敲木鱼报》的顾问,以壮大他们那一派的力量,赢得更多捐赠。作者描述僧人伙同世人投机行为,意图讽刺当时佛教堕落。而在胡春香的诗歌里对佛教的讽刺非常多,也非常深入人心。例如她的《香积洞》《淫僧》等诗揭示僧人表面上充当慈悲为怀的活圣人,满口四大皆空,背地里却干着伤风败俗的勾当,辛辣地嘲讽僧人的虚伪。胡春香被誉为越南讽刺诗的创始者,近代著名诗人秀昌(陈济昌)、现代著名诗人秀肥(胡仲孝)都继承了她的风格。而作为秀肥同时代的人,武重奉在小说中吸收胡春香的影响,也是很自然的。

  此外,《红运》的语言艺术也非常独特,采用了大量民间口语。在小说流传的过程中,这些经过作者加工的民间语言又回到民间,许多词汇和短语又变成了寻常老百姓的口头禅,这在越南语言历史上是不多见的。这种情况在阮攸的作品《翘传》里出现过,不过阮攸的作品里的人物之所以鲜

---

① 参见来元恩(Lại Nguyên Ân):《武重奉与文学案件》("Vũ Trọng Phụng và vụ án văn chương"),载《越南快讯》2005 年 11 月 7 日。

活,主要不是靠人物的语言,而是通过描写人物的外貌;而武重奉塑造人物则非常善于通过人物的语言来刻画人物形象。像小说中的"*Em chā！Em chā！và Biết rôi！Khổ lắm！Nói māi！*"等,都深入越南人心,变成民间常用语。在越南,无论是否读过武重奉的作品,人们都会在生活里使用《红运》的一些语言,如同中国许多人不读《红楼梦》也照样知道《好了歌》,知道宝玉说的"女人是水做的"这种说法。

综上所述,虽然《红运》的小说艺术受西方影响是不争的事实,但我们仔细阅读文本,依然能感受到其中浓厚的东方传统,发现它有着越南小说中深受中国古典小说影响下的宿命论人生观,有古典小说章回体结构形式中的"分回标目""诗文穿插"等明显的体例。同时,越南民间信仰、民间故事、民间语言的影响在小说中也有体现。而小说最重要的讽刺艺术也可以追溯到越南讽刺文学传统的源头。正因为《红运》既借鉴西方文学的艺术,又扎根深厚的民间文学文化传统,它才在诞生后八十年的风风雨雨中经受了各种打压甚至被禁的考验,最终被社会全面接受,成为越南现代文学史上独具特色的名作。

(作者系北京大学东方文学研究中心、北京大学外国语学院副教授)

Số đỏ and the Tradition of Vietnam's Literature
Xia Lu

Abstract：*Số đỏ*(*Dumb Luck*) is one of classic works in the process of Vietnam's novels turning from classical to modern. Most of scholars would like to compare it with western works and thought it had been influenced by them. They ignored its relationship with the Vietnamese literary tradition. This article explores the associations between *Số đỏ* and traditional classical novels of Vietnam, Vietnam folk literature and culture through the fatalistic outlook on life, narrative motif, the structure and form, satire, etc., in order to have a comprehensive understanding and evaluation of this work.

Key words：*Số đỏ*(*Dumb Luck*)；Vietnam；Literature；Tradition

《渔村少女》与普拉姆迪亚小说创作分期新探[①]

罗 杰

【内容提要】 印度尼西亚著名作家普拉姆迪亚·阿南达·杜尔一生创作成果丰富,尤以小说创作成就最高。现有的各类文学史对其创作分期问题存在分歧,而他的小说《渔村少女》究竟能否被称之为创作生涯代表性作品成为不同分期方式的争议焦点。本文拟通过比较分析各类文学史中已有的四种普拉姆迪亚小说创作分期方式之不足,尝试从作品、作家、社会语境等不同角度出发,对《渔村少女》这部文学作品进行重新定位,并就普拉姆迪亚创作生涯分别提出三种互不矛盾而且可以相互参照的全新分期方式。

【关键词】 普拉姆迪亚;渔村少女;印度尼西亚

普拉姆迪亚·阿南达·杜尔(Pramoedya Ananta Toer,1925—2006)是印度尼西亚现当代文学史上最具代表性的作家,也是迄今为止在世界范围内知名度最高的印度尼西亚作家,生前曾多次获得诺贝尔文学奖提名。他同时也是目前国内多种文学史如印度尼西亚文学史、东方文学史和外国文学史(亚非部分)均会单列章节介绍的重要作家。之所以需要研究普拉姆迪亚·阿南达·杜尔(以下简称普拉姆迪亚)的小说创作分期问题,主要基于以下三点:首先,普拉姆迪亚自从20世纪40年代初登文坛直至去世,始终笔耕不辍,其创作时间长,作品多,尤以小说创作成就最高,获得印度尼西亚国内外广泛赞誉,探讨其创作分期问题有利于清晰把握其创作生涯各阶段的主要特点。其次,普拉姆迪亚一生极富传奇色彩,历经20世纪印度尼西亚数次政权更迭,曾在不同政权下因不同政治原因三度入狱,却在

[①] 本文为2015年度教育部人文社会科学重点研究基地重大项目"东南亚现当代文学翻译与研究"(编号:15JJD750002)成果。

长期的牢狱生活中创作出大量优秀文学作品,蜚声国际,对其作品分期问题进行研究不仅有利于考察其个人创作思想的发展变化,也有助于理解20世纪四五十年代以来印度尼西亚政治思潮和社会文化的变迁。再次,普拉姆迪亚曾在1956年和1958年两度访问中国,人民文学出版社早在1958年即出版普拉姆迪亚《游击队之家》(*Keluarga Gerilya*)中译本,80年代起北京大学出版社先后出版了他著名的"布鲁岛四部曲"(*Tetralogi Buru*)前三部中译本,然而国内对普拉姆迪亚及其作品的相关研究至今却仍极为罕见,他的许多重要作品尚未被译介给中国读者,其中也包括他广受称赞的长篇小说《渔村少女》(*Gadis Pantai*)。因此探讨其小说创作分期问题,或可为各类外国文学史及东方文学史的编写与修订提供参考,从而启发文学研究者对其作品展开深入解读和阐释,也盼能令这位杰出作家的代表性作品(包括《渔村少女》)获得广大文学爱好者关注。

一、各类外国文学史中的普拉姆迪亚小说创作分期方式述评

目前在国内外出版的各类相关学术研究成果之中,笔者尚未见到集中探讨普拉姆迪亚小说创作分期问题的任何专著或论文。而国内正式出版的多种文学史如印度尼西亚文学史、东方文学史或外国文学史(亚非部分)里几乎都涉及了普拉姆迪亚这位印度尼西亚著名作家的创作分期问题,且均为"三段式"分期,大致可以归类成以下四种情况。

第一种分期方式:前期或"八月革命"时期(1945—1949年)、中期或彷徨苦闷时期(1950—1956年)、后期或走上文艺为人民服务的道路(为绝大多数人斗争)之后(1957年至今)。① 在此种分期方式里,中期或第二阶段的代表作是1954年发表的中篇小说《贪污》(*Korupsi*),亦提及《不是夜市》(*Bukan Pasarmalam* 或 *Bukan Pasar Malam*,1951)和《镶金牙的美人米达》(*Midah Si Manis Bergigi Emas*,1955)等,未提及《渔村少女》这部作品。

---

① 参见季羡林主编:《简明东方文学史》,北京大学出版社1987年版,第441—443页。朱维之主编:《外国文学史亚非卷(修订本)》,南开大学出版社1998年版,第405—407页。孟昭毅、黎跃进编著:《简明东方文学史(修订版)》,北京大学出版社2012年版,第224—225页。

第二种分期方式:"八月革命"时期、参加人民文协时期、"九三〇事件"后的"新秩序"时期。① 此种分期方式里第二阶段的代表作品是《渔村少女》。

第三种分期方式:"八月革命"时期、"移交主权"之后到参加"人民文协"之前、参加"人民文协"以后。② 在此种分期方式里,第二阶段的代表作是《贪污》和短篇小说集《雅加达的故事》(Cerita dari Jakarta,1957),未提及《渔村少女》。

第四种分期方式:"八月革命"时期、加入人民文协前后、80年代布鲁岛四部曲小说。③ 此种分期方式将《渔村少女》和《不是夜市》《雅加达的搏斗》(Gulat di Jakarta,1953)、《贪污》《镶金牙的美人米达》《雅加达的故事》《南万丹风云》(Suatu Peristiwa di Banten Selatan,也译作《南万登发生的故事》,1958)等一起归入了第二阶段。

以上四种分期方式的共同点是:首先,都认为"八月革命"时期是普拉姆迪亚创作分期的第一阶段或早期,同时一致认为出版于1950年的《游击队之家》是普拉姆迪亚早期或第一阶段代表作;其次,20世纪80年代陆续出版的"布鲁岛四部曲"即《人世间》(Bumi Manusia,1980)、《万国之子》(Anak Semua Bangsa,1980)、《足迹》(Jejak Langkah,1985)和《玻璃屋》(Rumah Kaca,1988)为普拉姆迪亚后期或第三阶段代表作。四种分期方式的不同之处在于:首先,对中期或第二阶段的起止时间界定不同;其次,对中期或第二阶段的代表性作品认定不同,尤其涉及《渔村少女》是否能称之为普拉姆迪亚代表作之一,如上所示,第一种和第三种分期方式认为《贪污》属于第二阶段代表作,第二种分期方式认为《渔村少女》是第二阶段代表作,第四种分期方式则将《渔村少女》和《贪污》等同时归入第二阶段代表作;最后,由于第二阶段的起止时间界定不同,必然导致第三阶段的起始时间也发生差异。

不难发现,这四种分期方式的各自分期依据并不在同一个序列里,分

---

① 参见梁立基、黎乃英主编:《外国文学简编[亚非部分]》(第五版),中国人民大学出版社2014年版,第280—284页。何乃英编著:《新编简明东方文学(第二版)》,中国人民大学出版社2015年版,第193—195页。
② 王立新、黎跃进主编:《外国文学史(东方卷)》,高等教育出版社2013年版,第303—305页。
③ 参见梁立基:《印度尼西亚文学史》(上下册),昆仑出版社2003年版,第615—625页、第687—697页及第742—749页。梁立基:《印度尼西亚文学史》,世界图书出版公司2014年版,第365—371、409—414、443—447页。

别涉及印度尼西亚历史阶段名称、作家创作状态或创作宗旨、作家加入文艺组织的时间、重要代表作发表时间等各项不同依据,例如第一种分期方式分别是以印度尼西亚历史阶段、作家创作状态、作家创作宗旨来命名三个时期。第三种分期方式里所涉及的"八月革命"和"移交主权"就历史事件发生时间而言是值得商榷的。所谓"八月革命",通常指的是1945年8月17日苏加诺和哈达联合签署《独立宣言》宣布印度尼西亚成为一个独立自主的国家到1950年8月15日苏加诺总统正式宣布取消联邦制、成立统一的印度尼西亚共和国这段时间,①事实上是刚独立的印度尼西亚作为一个新生民族国家击退荷兰殖民势力反扑从而维护民族解放斗争成果并最终取得胜利的过程。而"移交主权"则指的是"1949年12月27日,荷兰正式把对印度尼西亚(伊里安查亚除外)的主权移交给印度尼西亚联邦共和国,这个联邦仅在若干周之内保持其完整性。"②也就是说,荷兰向印度尼西亚"移交主权"这件事其实应当包括在"八月革命"的时间范畴之内,因其发生在1950年8月15日苏加诺总统正式宣布取消联邦制之前。此外,后三种分期方式均涉及普拉姆迪亚参加"人民文协"(全称Lembaga Kebudayaan Rakyat,简称Lekra)。这个文艺组织是在1950年8月17日成立的,提出"文艺为人民服务"的口号,代表无产阶级革命文艺路线,反对"普遍的人道主义"和"为艺术而艺术",该组织在1965年9月"九三〇事件"后被苏哈托军政权取缔。③《印度尼西亚文学史》提及1955年7月"人民文协"第二个《宣言》发表后,普拉姆迪亚和其他几位进步作家一道正式加入了"人民文协"。④ 也有印度尼西亚学者认为,普拉姆迪亚是20世纪60年代进入"人民文协"并担任其创作协会之一的"印度尼西亚文学协会"(Lembaga Sastra Indonesia,简称Lestra)副主席。⑤ 由这两种说法可推断,如果用普拉姆迪亚参加"人民文协"这个文艺组织作为其创作活动分期的界定时间点,则时间起止范围仅可指约1955—1965最长共十年左右的时间。那么1950年"八月革命"结束后至普拉姆迪亚加入人民文协(最早在1955年7月)之前

---

① 梁英明、梁志明、周南京、赵敬:《近现代东南亚(1511—1992)》,北京大学出版社1994年版,第343—361页。
② 〔澳〕梅·加·李克莱弗斯:《印度尼西亚历史》,商务印书馆1998年版,第317页。
③ 梁立基:《印度尼西亚文学史》,中国出版集团世界图书出版公司2014年版,第383、415页。
④ 梁立基:《印度尼西亚文学史(上下册)》,昆仑出版社2003年版,第652页。
⑤ Muhammad Rifai, *Biografi Singkat 1925—2006 Pramoedya Ananta Toer*, Garasi House of Books, 2016, hlm. 241.

这段时间应当归入哪个阶段呢？中篇小说《不是夜市》《雅加达的搏斗》《贪污》《镶金牙的美人米达》和短篇小说集《布洛拉的故事》(*Cerita dari Blora*, 1952)等均是发表于这五年内的作品，可见第二种分期方式存在不足之处。第一种分期方式里的第三阶段用创作宗旨"为人民服务"命名和第三种分期方式里的第二阶段用"加入人民文协前后"命名均是较为模糊的提法，普拉姆迪亚的小说作品自始至终都在关注底层人民的生活，这是否算是"为人民服务"呢？如果这个提法来自"人民文协"的文艺主张，则第一种和第三种分期方式里的第三阶段变成了第二种和第四种分期方式里的第二阶段，且无法完整标注 1965 年"九·三〇事件"直至 2006 年普拉姆迪亚去世之间长达 41 年的时间，恰是在这段时间里，普拉姆迪亚创作及发表大量文学作品并名扬印度尼西亚国内外。苏哈托军人政权所代表的"新秩序"时期(Orde Baru，简称 Orba)在 1998 年轰然倒台，至今已终结将近二十载，而普拉姆迪亚创作时间长，作品丰富，虽然有些作品也是最初构思或创作于他本人被军政府流放到布鲁岛期间(1969—1979)，却发表在"新秩序"时期结束之后，如古代历史题材长篇小说《阿洛克黛黛丝》(*Arok Dedes*，1999)等，还有取材于麻喏巴歇王朝历史的小说手稿《暴风眼》(*Mata Pusaran*)因部分篇章散佚，出版社尚在寻觅，以期能将该书全本正式付梓面世。就此意义而言，四种"三段式"分期法均力有不逮，未能涵盖普拉姆迪亚整个创作生涯的各种复杂情况，分期依据也存在混杂不一的现象。对于普拉姆迪亚这样一位创作时间长达六十余载，其中小说作品(Karya Fiksi)已多达三十几部，①且历经 20 世纪印度尼西亚政治风云变幻和社会变迁的重要作家而言，如能引入多维视角审视其整个一生的创作活动，尤其是成就最高的小说创作领域，则有利于更清晰地界定其创作分期，进而把握每个时期代表性作品的主要特点，为进一步深入研究奠定基础。

此外，特别值得关注的是，目前四种分期方式对《渔村少女》这部小说在普拉姆迪亚作品序列里的定位存在争议，对可否称之为阶段代表作莫衷一是。笔者认为，如果和中篇小说《贪污》《镶金牙的美人米达》《雅加达的搏斗》《不是夜市》《南万丹风云》以及短篇小说集《布洛拉的故事》《雅加达的故事》等作品相比，长篇小说《渔村少女》无论在篇幅架构、影响力、受欢迎程度、艺术手法等方面，均高出一筹。这部小说在普拉姆迪亚整个创作

---

① Pramoedya Ananta Toer，*1000 Wajah Pram dalam Kata dan Sketsa*，Lentera Dipantara，2009，hlm. 487—494.

生涯中的重要性之所以会产生争议，其原因或许和这部小说原本只是作者所称长篇小说三部曲系列的首部曲这个事实有关，因此不能不提及这部长篇小说略带传奇色彩的特殊命运。

二、《渔村少女》：禁毁、缺憾、"未竟之作"？

虽然出版社也习惯于把普拉姆迪亚的长篇小说《渔村少女》称为"未完的小说"或"未竟之作"（roman yang tidak selesai①），但笔者认为这个说法并不确切。事实是在1962年，创作精力丰沛的普拉姆迪亚已经写完了包括三部系列长篇小说的整个鸿篇巨制三部曲（seluruh trilogi sudah rampung ditulis dalam tahun 1962）。② 三部曲的第一部《渔村少女》在1962年7月21日至10月24日的《东星报》（Bintang Timur）以连载形式（cerita bersambung）率先发表，与读者见面。然而1965年9月30日印度尼西亚发生了震惊世界的"九三〇事件"，10月13日普拉姆迪亚因为与左倾的"人民文协"有牵连而被发动政变上台的右翼军人政权逮捕，不仅财产和居所被查抄，手稿也全都在当天被付之一炬，其中包括已经创作完成却尚未来得及发表的长篇三部曲之后两部。已经公开连载发表过的《渔村少女》也随着作者命运的沉落而暂时淡出了读者的阅读视野。

随着1979年普拉姆迪亚获释以及1980年《人世间》出版引起大范围轰动，《渔村少女》这部二十多年来难觅影踪的作品终于有机会获得重生，再度面世。澳大利亚国立大学（ANU di Canberra）当年曾将此连载小说逐期存照，1987年通过该校文学研究者 Savitri P. Scherer 寄给了普拉姆迪亚③，于是在同年由印度尼西亚 Hasta Mitra 出版社首度出版了该小说的单行本。当时印度尼西亚还处于军政权"新秩序时期"，普拉姆迪亚虽已出狱，却仍被软禁在家。《渔村少女》出版后旋即与几年来陆续发表的《人世间》《万国之子》《足迹》《玻璃屋》等作品一样未能逃脱被军政府最高检察官（Jaksa Agung）封禁的命运。

---

① Pramoedya Ananta Toer，*Gadis Pantai*，Lentera Dipantara，2015，hlm. 5.
② Koh Young Hun，*Pramoedya Menggugat：Melacak Jejak Indonesia*，PT Gramedia Pustaka Utama.，Jakarta，2011，hlm. 307.
③ Pramoedya Ananta Toer，*Gadis Pantai*，Lentera Dipantara，2015，hlm. 5.

由此可见,所谓的"未竟之作"并非是作为作者的普拉姆迪亚创作过程"未完成",而是作品完成之后,由于突发的政治局势变化(政变)和发表方式(报刊连载)等因素作祟,尚未来得及全部发表完,仅得第一部面世,剩余两部不幸沦为政局变化和文化破坏行为的牺牲品(korban vandalism 1965),而绝非作者不曾写就或未及完成。也就是说,作品确实曾存在于世上,只是无缘与读者见面,留下永远缺憾。普拉姆迪亚生前没有再续写这个系列三部曲的后两部,笔者认为其主要原因可能是他之后于1980—1988年陆续发表的"布鲁岛四部曲"已经囊括并超越了这个三部曲最早设定的全部写作构想,而早前率先发表过的《渔村少女》则可以另外独立成篇。

唯一能够稍微弥补这个缺憾的是,2002年美国Hyperion出版社出版了Willem Samuels翻译的《渔村少女》英译本,该译者曾翻译过普拉姆迪亚的小说《追捕》(*Perburuan*)、回忆录《哑者的无言歌》(*Nyanyi Sunyi Seorang Bisu*)等多部作品。在这个英译本中独家收录了一个"尾声"(Epilogue)①,由普拉姆迪亚本人和译者共同撰写,概述了原本三部曲后两部的故事脉络,以飨读者。其实在《渔村少女》印尼语版本正文开始前有七个小自然段,内容类似于长篇小说写作中常见的"序曲"部分,其中已经透露了女主人公成年后的生活状态和人生轨迹。② 三部曲未能以完整面貌发表虽为缺憾,作者却早已在故事开始前铺陈了后续情节的必要暗示。因此可以说作者普拉姆迪亚的创作过程其实在1962年"已完成",作品曾完整存在过,与读者见面的过程却由于不可抗的突发政局变化而遭到中止,最终"未完成"。

《渔村少女》作为三部曲的首部曲,故事相对完整,篇章结构精巧,人物刻画细致入微,文笔流畅优美,是一部长篇佳作。事实上在普拉姆迪亚所有小说作品里,这部小说的影响力堪称仅次于"布鲁岛四部曲",一个明显的证据是其各种外语译本众多。此书自60年代第一次连载发表以来就广受读者好评,1970年俄语译本最先问世。自1987年发行单行本再度出版后,译本数量不断增加。据Lentera Dipantara出版社2015年统计③,除去印度尼西亚境内出版记录,至今已有英语、俄语、荷兰语、德语、西班牙语、葡萄牙语、希腊语、波兰语等十几种语言的译本,其译本数量仅次于普拉姆

---

① Pramoedya Ananta Toer, *The Girl From The Coast*, Hyperion East, 2002, pp. 275—280.
② Pramoedya Ananta Toer, *Gadis Pantai*, Lentera Dipantara, 2015, hlm. 8.
③ Ibid., hlm. 4.

迪亚所有作品里译本数量最多的"布鲁岛四部曲"。此中《渔村少女》英译本有两个，除 2002 年美国 Hyperion 出版社 Willem Samuels 译本外，还有一个由 Harry Aveling 翻译的英文版于 1991 年先行面世。此外，笔者另查到 2004 年 Gallimard 出版社出版发行了《渔村少女》法文版 Gadis Pantai，La Fille Du Rivage。多种语言译本的先后问世标志着《渔村少女》这部小说的艺术魅力、影响力和生命力已经跨越语言和文化隔阂，逐渐传播到遥远的欧洲、美洲等世界各地文学爱好者的案头或手边。

　　受篇幅所限，本文不再赘述《渔村少女》的故事概要，基本情节可参阅《新编简明东方文学史》和《印度尼西亚文学史》等书中相关部分。在此提出现有中文出版物里对《渔村少女》故事简介的两个可商榷之处。第一处是关于渔村少女的丈夫本多洛（Bendoro）作为印度尼西亚社会贵族士绅阶层（priyayi）一员，在当时实际担任的官职，这一点在原印尼语小说文本中渔村少女父母的说法为 sering dipanggil Bendoro Bupati（可作"常被唤作本多洛县长"或"常被本多洛县长召见"两种理解）①，而之后的文本中也有多处证据可推断女主角的丈夫本多洛和县长本多洛并非同一人，实乃一个宗族里恰巧同名的两人。此外，Willem Samuels 英译本"尾声"里成年后的渔村少女对重逢的女儿说他是南望（南旺）县县长助理（assistant to the Regent of Rembang）。② 第二处是《渔村少女》第三章里间接提及被渔村少女的父亲和乡亲赶入海中溺毙的一个神秘角色，此人被怀疑企图谋害渔村少女。丢了性命的这个角色并非来自本多洛家族的使女玛尔迪娜（Mardinah），而是玛尔迪昆（Mardikun）③，据村民推测，他极有可能是玛尔迪娜的兄弟，被某贵族指派为探子，男扮女装佯作流落渔村的哑巴按摩师混入人群，接近还乡省亲的渔村少女意图行凶。

　　以《渔村少女》为首部曲的三部系列长篇小说被普拉姆迪亚本人称为"有关印度尼西亚民族主义运动成长的三部曲"，第一部《渔村少女》以普拉姆迪亚外婆的亲身经历为蓝本。在 2002 年 Willem Samuels 英译本"尾声"最后，有这样一段对话反映出普拉姆迪亚创作三部曲的立意：少年普拉姆迪亚对外婆说将来会把她的经历告知世人——"可是为什么啊？"她谦卑地问，"我谁也不是，只是个渔村姑娘。""可你是每个人，外婆。"年轻的普拉姆

---

① Pramoedya Ananta Toer, *Gadis Pantai*, Lentera Dipantara, 2015, hlm. 14.
② Pramoedya Ananta Toer, *The Girl From The Coast*, Hyperion East, 2002, p. 279.
③ Pramoedya Ananta Toer, *Gadis Pantai*, Lentera Dipantara, 2015, hlm. 192.

迪亚告诉她:"你是所有那些曾经奋力争取掌握自己生活的人。"①

总而言之,《渔村少女》虽然原本只是三部曲的第一部,但作为可以独立存在的长篇小说多年来风行于世,时至今日已跨越国界和不同文化族群,影响力远超普拉姆迪亚同时期创作的其他小说(包括多部中篇和短篇集)。荷兰学者德欧(A. Teeuw)将《南万丹风云》和《渔村少女》比较之后,认为二者都属于"意识形态小说"(roman ideologi),但艺术质量却判若云泥。前者流于人物角色类型化,后者却逼真到栩栩如生。② 由此可见,《渔村少女》堪称普拉姆迪亚最伟大和最重要的作品之一,如能将其置于普拉姆迪亚整个作品序列之中进行多角度审视,更有助于重新认识普拉姆迪亚小说创作生涯的分期问题。

三、新论普拉姆迪亚小说创作分期及《渔村少女》标志性地位

本文以小说《渔村少女》为参考坐标,尝试从作家、作品、读者接受及社会语境等三个不同角度出发,结合20世纪印度尼西亚历史发展,重新考察普拉姆迪亚整个创作生涯,提出三种互不矛盾并且可以相互参照的普拉姆迪亚小说创作分期方式:

首先,立足于作品本身题材和规模架构的"二分法"。《渔村少女》创作于1962年,但描写的是半个世纪前即20世纪初爪哇岛中部的故事,也属于历史题材。历史题材小说几乎贯穿了普拉姆迪亚整个创作生涯,但如果考虑到《渔村少女》属于三部曲首部曲这点,在此前普拉姆迪亚作品中,还从未有其他作品同时兼具如此宏大的规模和如此成熟的架构。创作完成以《渔村少女》为首部曲的整个三部曲系列已经表明,时年37岁的普拉姆迪亚初步具备了驾驭"布鲁岛四部曲"这类史诗性鸿篇巨制的谋篇布局能力和创作技巧。此外,1965年后的长期牢狱生涯某种程度上也使得普拉姆迪亚更倾向于选择与现实社会生活存在一定距离的历史题材进行写作,"布鲁岛四部曲"以及之后的重要长篇小说《逆流》(Arus Balik)、《阿洛克黛黛

---

① Pramoedya Ananta Toer, *The Girl From The Coast*, Hyperion East, 2002, p. 280.
② A. Teeuw, *Citra Manusia Indonesia Dalam Karya Sastra Pramoedya Ananta Toer*, Pustaka Jaya, 1997, hlm. 227.

丝》等均是几个世纪之前的印尼古代史题材。普拉姆迪亚一生里还撰写了大量非小说类历史著作,与早年几乎可以作为印度尼西亚民族革命同时期纪录的小说《游击队之家》、《追捕》相对照,普拉姆迪亚晚年编写的五卷本《革命编年史》(Kronik Revolusi)则用编年史形式重新回顾了自己所亲身经历的革命年代。总之,《渔村少女》之前的多部作品侧重描写革命历程或暴露社会问题(如《贪污》),聚焦于当时社会现实较多,而《渔村少女》之后的小说作品则几乎清一色全部选材于古代历史,从历史角度对印度尼西亚民族传统及社会文化进行反思和探究。

其次,以作家政治思想变化为主要线索的"三分法":第一阶段(1945—1950)是印度尼西亚民族解放的"八月革命"时期;第二阶段(1950—1965)是暴露和批判社会现实的"继续革命"时期;第三阶段(1965—2006)是从革命转向全面反思印度尼西亚社会历史文化时期。在此种分期方式里,第一阶段与现有四种分期方式的第一阶段接近,无须多言。第二阶段的起始标志性作品是《不是夜市》,而《贪污》属于此阶段重要作品,代表作仍属长篇小说《渔村少女》为首的三部曲。普拉姆迪亚在1954年出版的《贪污》中暴露和批判了独立后印度尼西亚社会的腐败横行现象,1956年和1958年两度访问中国促使普拉姆迪亚和当时印度尼西亚社会中的左翼政治力量接近,被印尼共(PKI)的继续革命立场所吸引。荷兰学者德欧曾记述道:"从北京一回来(1956),普拉姆迪亚这位文学家就用政治行动改换了梦想。"① 现有分期方式里普拉姆迪亚在"人民文协"时期的文学活动可以全部被概括进这个阶段,而这个阶段的实际意义又超越了"人民文协"这个仅在印度尼西亚现代史上存在数年的文艺组织。例如《渔村少女》这部典型的无产阶级文学,其反封建价值超越了同类文学惯有的概念化特征。这个阶段是普拉姆迪亚整个创作生涯里最复杂和最有争议的一段,而《渔村少女》堪称此阶段最高创作成就,是思想性和艺术性完美结合的经典之作。第三阶段可谓普拉姆迪亚文学创作的"辉煌时代",包括"布鲁岛四部曲"和《逆流》等重磅作品陆续发表,至今仍是东方现代主义、东方20世纪民族主义文学、后殖民文学批评甚至女性主义文学等领域内的研究对象。

最后,以20世纪中期以来印度尼西亚历史发展阶段为序的"四分法":第一阶段(1945—1950年)为"八月革命"时期,第二阶段(1950—1965年)

---

① Hong Liu, Goenawan Mohamad, Sumit Kumar Mandal, *Pram Dan Cina*, Komunitas Bambu, hlm. ix.

为"旧秩序"时期,第三阶段(1965—1998 年)为"新秩序"时期,第四阶段(1998 年至今)为革新时代或后威权时代。此种分期方式关注的是普拉姆迪亚小说作品被读者和社会所接受的环节,这当然受制于印度尼西亚社会在不同历史阶段的政治局势和文化氛围。"八月革命"时期的普拉姆迪亚展露惊人文学才华,作品引起文学研究者和普通读者关注,小说《追捕》获得图书编译局(Balai Pustaka)颁发的奖项。在此阶段中的 1947—1949 年间,普拉姆迪亚因参加民族解放斗争遭荷属东印度尼加政权(Nica)逮捕并被投入监狱。第二阶段里的普拉姆迪亚作品不再局限于小说,开始变得非常多样化,成为雅辛(H. B. Yassin)等学者重点研究的作家,也因撰写非小说类作品《印度尼西亚华侨》(*Hoa Kiau di Indonesia*)在 1960 年被苏加诺当局关押九个月。《渔村少女》属于第二阶段代表作,以连载形式首度发表。第三阶段的普拉姆迪亚自 1965 年开始成为"新秩序"下的囚徒,其中 1969—1979 年被流放到布鲁岛,获释后仍受到监制居住直至 1992 年。此阶段里的多部作品被苏哈托当局封禁,却开始收获国际上的巨大声誉和多种奖项,影响力跨越了国界,《人世间》等作品进入欧美读者视野,更数度被提名诺贝尔文学奖。《渔村少女》在 1987 年以单行本形式再度发表。第四阶段里的普拉姆迪亚作品被更广泛翻译、阅读和研究,印度尼西亚社会进入后威权时代(也被称为"革新时代"),普拉姆迪亚创作自由,其作品出版自由,读者阅读自由,直至作者去世之后,其作品仍不断在印度尼西亚国内外大量再版并被译介成多种外文。此种分期方式里的《渔村少女》因在 1962—1965 年和 1987 年分别以报刊连载和单行本形式两度发表而兼跨两个阶段。

综观以上笔者提出的三种新分期方式,虽然每种方式的分期依据不同,但是各成标准统一的序列,而且互不矛盾,可相互参照,提供多维视角。无论从作品本身的题材和规模架构出发,还是以作家政治思想变化为主要线索,抑或按照印度尼西亚现当代历史不同阶段关注作家和作品所面临的不同社会语境及殊异命运,均无可回避一个事实:《渔村少女》在三种新分期方式里都具有标志性意义,因此可谓普拉姆迪亚整个创作生涯的最重要作品之一,其地位仅次于他毕生小说创作的最高成就——"布鲁岛四部曲"。

结语

常被称为"未竟之作"的长篇小说《渔村少女》,命运多舛,富于传奇色彩和缺憾美。事实真相是作者普拉姆迪亚的创作过程"已完成",三部曲系列由于强权政治的文化破坏行为而未能完整存世,因此与读者的相会过程"未完成"。然而,此种"未完成"却超越了文本本身的意义,进而反映了文学与社会政治语境的独特关系,犹如一座残存的文字纪念碑,每当读者惋叹这种"未完成"之时,便是反思强权曾如何毁坏文化的契机。曾在20世纪60年代和80年代两度遭焚毁或封禁的这部小说,以自身的文学魅力历久弥新,弗远无界,穿越时间和空间的生命力比当年封禁它的政权更坚韧、更持久。

通过对《渔村少女》这部作品的重新定位,考察普拉姆迪亚的整个创作生涯,不仅可以为其创作分期问题探索多维新视角,亦可反观该作品在普拉姆迪亚整个作品序列中的重要性和标志性。此外,《渔村少女》这部长篇小说之所以值得格外关注,还在于其角色塑造方面非常近似"布鲁岛四部曲"女主角温托索罗姨娘的人生"前传":十四岁即被强迫嫁给身份远高于自己的年长男性、父权制等级社会里的女性牺牲品,不甘于被命运摆布而努力把握自己人生的成长历程、母女骨肉分离的悲剧性故事高潮等,经常引发阅读者似曾相识之感,为此笔者拟从文本阐释角度进行比较,将另行撰文细致探讨。

(作者系北京大学东方文学研究中心、北京大学外国语学院副教授)

Gadis Pantai and A New Exploration of Creation Stages of Pramoedya's Novel

Luo Jie

Abstract: Pramoedya Ananta Toer, the most famous Indonesian writer, created many works in his life. There are different views on his novel creation stages, especially on whether or not his novel *Gadis Pantai*(*The*

Girl From The Coast) can be called one of his representative works. Through the analysis of existing four kinds of **classification methods** on Pramoedya's creation stages, this paper is intended to put forward new **classification methods** on Pramoedya's creation stages, which refer to three different perspectives such as on the works, the writer and social context as well as reposition of the novel *Gadis Pantai* in Pramoedya's whole literary career.

Key words: Pramoedya; Gadis Pantai; Indonesia

从《判决》到《时间》:查·高吉迪的小说之路[①]

熊 燃

【内容提要】 查·高吉迪的小说代表作《判决》和《时间》分别于1982年和1994年两度获得泰国文坛最高奖——东盟文学奖。《判决》因其深刻地洞见现代社会中他人与自我的对立并由此对个体心灵造成的创伤,成为泰国当代小说中首部具有现代主义意识的作品。创作于十年后的《时间》体现了作者对小说体裁的大胆试验,它在主题上延续了对"存在"和现代人生存境况的思考,在形式上则试图跨越小说叙事的可能性边界。尽管一部是题材的创新,一部是形式的实验,但两部作品都集中体现了作者在平常生活表象之下揭露世界的荒诞本质的小说诗学风格。

【关键词】 查·高吉迪;《判决》;《时间》;泰国小说

查·高吉迪是自20世纪80年代以来泰国文坛最具分量的作家之一。他的作品既延续了自西巫拉帕以来泰国严肃文学关注社会现实、反映真实人生的传统,却又吸纳了西方20世纪主要文学流派的理念与手法,开辟了一种极具先锋性和试验性的小说创作方式,表现出明显的世界性特征。他的作品被翻译成多国文字,成名作《判决》也于20世纪80年代末被译介到中国,且有两个中译本[②]。

1954年6月25日,查·高吉迪生于龙仔厝府一个普通家庭,父母经营一杂货铺,靠做一些小买卖谋生。查从小喜欢写作,立志将来成为一名作家。1969年,还在读中学的他在校刊发表了自己的短篇小说处女作《嬉皮学生》。1979年因出版第一部短篇小说集《胜利之路》而一举成名,并荣获《书文世界》杂志的"露兜花奖"。次年出版的中篇小说《走投无路》进一步

[①] 本文是教育部人文社会科学重点研究基地重大项目"东南亚现当代文学翻译与研究"(项目批准号:15JJD750002)的阶段性成果之一。

[②] 这两个译本分别是1988年栾文华译的《判决》和同年谦光译的《人言可畏》。

使他为读者们所熟悉。1981年出版小说《判决》,并凭借该作于次年获得了"东盟文学奖",从此蜚声文坛。整个80年代是查创作力最为旺盛的十年,陆续创作了小说《平常事》(1983)、《随身刀》(1984)、《腐狗浮于水》(1987)、《疯狗》(1988)、《都城无所谓》(1989)。此后,他暂别文坛、赴美游历,于四年后带着小说《时间》返回文坛,并于1994年凭借该作再度获得"东盟文学奖",成为首位两度获得该项殊荣的作家。这是继《判决》之后,他创作生涯的第二个巅峰。在那以后查依旧笔耕不辍,创作了《生活札记》(1996)、《给总理的报告》1996》、《迷失的风》(2000)等作品,不过都没能够超越巅峰时期的两部作品。

泰国著名作家、进步文学的代表人物社尼·绍瓦蓬曾这样评价查·高吉迪:

> 查·高吉迪是新一代作家中勇于在文艺道路上不断挑战和突破的作家。他将沿着这条道路不断发展前进——这并不是一条只有他在孤身行进的无人荒径。①

社尼三十多年前这段对后辈作家充满鼓励的话,是对查·高吉迪创作特色的高度概括,亦预见了泰国文学在之后三十多年的蓬勃发展②,而后者的确在日后成长为了泰国先锋文学的重要代表。

一、《判决》:现实主义框架下的现代主义文学命题

1982年东盟文学奖的评委会给《判决》的颁奖词中写道:

> 作者提出了这样一个命题:作为个体的人往往成为社会群体思想与言论的受害者。不论(那些思想和言论)是否是事实,都会使得那个被"判决"者孤立无助、在寂寞中忍受痛苦,直至将他的身心摧残……(作品)在细节上的突出特征是,将一个世界性的命题和谐地呈现出来,内容与形式十分一致,尤其是运用了在泰国小说中不常见的新的

---

① 社尼·绍瓦蓬:《纯粹的真实,无雕琢的文采》(《走投无路》序言),查·高吉迪:《走投无路》,曼谷:宏出版社2011年版,第13页。

② 关于泰国文学在最近三十多年的发展,详见笔者在《东盟文学奖与泰国当代文学的创新》一文中的论述,载姜景奎主编《北大南亚东南亚研究》第1卷,北京:中国青年出版社2013年版,第132—141页。

表现手法和方式，在艺术上可说是臻于完美。

《判决》在题材上的突破，是它一经问世便备受关注的重要原因。小说讲述了一个原本善良的普通农村青年在周围人的误会和非议下，内心由困惑、苦闷到沉沦、空虚、绝望，并最终因嗜酒成瘾而走向死亡的悲剧故事。主人公——发，原本是村民们眼中的青年楷模，依照自古以来的传统进寺院出家学习，但是为了照顾生病的父亲，放弃了大有前途且受人尊敬的僧侣生涯。回到家后，他却发现父亲娶了一个年轻的疯女人——颂松。颂松的疯癫举动时常令村民们误会。父亲过世后，他出于对弱者的同情，没有赶走继母，反而继续与她生活在同一屋檐下。这更加深了村民们的误会，谣言也越传越盛，使他逐渐成为一个不受欢迎的人。人们长期的误解与孤立，给发的内心造成了极度的压抑和痛苦。为了麻痹自己，他染上了酒瘾，想借此逃避现实，却最终成为一个名副其实的"堕落者"。酒瘾使他丢了工作，没有了经济来源的发只好去村小学的校长那里讨要之前寄放的工钱，不料校长却耍赖说从来没有过这笔钱。走投无路的发只好揭发了校长，不料不仅没人相信，反而被以"妖言惑众"和"诬陷好人"的罪名关进了监狱。最后还是校长故做好人，出面说情，让发当面认错后才释放了他。长期酗酒使得发早已身患重疾，在出狱后的当晚，他便在病痛中孤独地死去。更为悲惨的是，发的死并没有在村民中唤起同情，连尸体也没能按照习俗及时安葬，而是直至六个月后才得以火化，而受此"优待"的原因却只是为了试验村子里新造的焚尸炉。唯一真心为他祭悼的，是同样不受村民们欢迎的入殓师凯叔。

查·高吉迪在《判决》中延续了以往作品对现代社会的观察与思考。所不同的是，它不再像过去进步文学那样叩问公平、正义这些社会制度层面的问题，而是将急剧变化的现代社会对人类精神世界造成的冲击作为决定小说人物行动和命运的关键，它所提出的是更不易为人们所觉察到却更为致命的问题：自我与他者的对立、善恶的标准、道德与信仰的危机。在发逐渐走向死亡的一系列事件中，矛盾冲突不再只是关于压迫与被压迫、正义与非正义、真理与谎言的较量，而是这套价值判断所赖以存在的标准已模糊不清。以往小说中所极力歌颂的劳苦大众，在这里却成了冷漠的"刽子手"；过去小说中所宣扬的乐善好施、隐忍利他的善行，却成了导致发被村民们疏远和嫌恶的因由。什么是善、什么是恶，在这部小说中已经找不到确定不移的标准。人们判断是否道德、孰善孰恶的标准变得模糊不清，村民们轻易就根据眼前所见到的和耳边所听到的"事实"做出道德判断,这在众人围打"疯狗"的情节中表现得尤为明显。"杀生"这个行为原本在佛教徒眼中是绝对的恶行,然而在小说中却成为一件为民除害的"善事"。杀狗的理由是,它"也许是一只疯狗","万一咬伤了孩子可就麻烦了",为了"防患于未然",不如先行"处理掉"。宗教所确立的唯一善恶标准在实实在在的世俗经验面前已然失效,打狗行为的合理性是以一种近似于"代价—利益"的法则来计算的:牺牲掉一只具有潜在危险的狗,可以使人们受益。相比之下,"滥杀无辜""造恶业"的道德风险已不再成为行动前需考虑的要素。更具讽刺意味的是,过去因照顾"继母"而备受世人冷落的发,这次却由于被校长"受命"亲手"处理""疯狗",被人们视为了打狗"勇士"且受到赞许。这个事件的隐喻是:普遍的道德真理已不复存在,人们行动的正当与否只依赖于具体事件、具体客观条件;是与非、善与恶,只是相对的存在。

从表面上看,《判决》似乎依旧在反映农村社会现象——这样一种传统的现实主义文学模式下使用文学揭露社会弊病的"职责",但事实上,它却走得更远。查·高吉迪始终以一种极度克制、沉郁的第三人称视角展现着小说中人物的行为和遭遇,又用大量内心独白和意识流展现主人公内心的压抑、困惑、痛苦、孤独甚至绝望,通过这样的心理描写来展现"自我"与"他者"及周遭环境的紧张关系。这种叙事方式极大地避免了作者声音的介入,作者和读者一样,也以观察者的立场注视着小说中的世界。于是,在看似平铺直叙的情节变化中,对读者的审美经验造成冲击的,一方面是看似平常的事件背后的悲剧性[①];另一方面便是主人公大段的内心独白。因此,小说不再以批判特定的客体对象为目的,而只是呈现给读者并唤起思考。它所聚焦的悲剧核心是一个原本完好的个体何以一步步被周遭世界所排斥并陷入孤立无援、沉沦直至毁灭的地步。个体的社会性存在与个体的精神自我之间的难以调和,才是矛盾的中心,而这恰恰是西方现代主义文学最为关心的问题。

因此,我们看到,在《判决》的现实主义反映论框架下,嵌入的实则是一个带有西方现代主义文学特征的内核。无怪乎评委会一致认为"它具有一种超越国界的、世界性的价值追求","是放到任何社会中都有可能发生

---

① 在小说的卷首,作者写下"在平常状态下人们冷漠地施加和被人施加的普通悲剧"。

的……"①《判决》出现这样的世界文学特征并非偶然,它与20世纪六七十年代学生运动期间加缪、萨特等存在主义大师在泰国的译介不无关联。②主人公发的人生悲剧,是在他人的冷漠和无意识的残忍"判决"下铸成的,是一个泰国作家对萨特的名句"他人即地狱"的化用并以艺术方式的呈现和再度诠释。

二、《时间》:颠覆小说叙事的传统边界

《时间》是查·高吉迪在国外游历四年后回到泰国出版的第一部作品,它一经问世就引起如此大的争议并非偶然。以传统的眼光看来,《时间》在主题思想或故事内容上算不上突出,情节也谈不上曲折生动,初读起来大多数读者甚至会觉得"索然无味"。

作品以第一人称"我"——一位年长的电影导演为叙述者,讲述了"我"观看一场被评为"全年度最无聊话剧"的全过程。这出"无聊"的话剧之所以吸引"我",是因为它是由一群年轻人编导的,但内容却反映的是老年人的心理状况。整出剧以一个敬老院为场景,舞台上放置着11张床,其中5张床上的病人处于卧病不起的状态。舞台上甚至弥漫着人体排泄物的臭气。故事围绕着另外6张床上的老人展开,记录了他们在一天中的生活及各自的人生故事。舞台中央悬挂着一只时钟,时刻告知观众剧中的时间。舞台的一角有一间牢房,里面一位神志不清的老头不时地大喊:"什么也没有!真的什么也没有!"小说在记录舞台剧的同时不时插入"我"的心理活动和观剧感想。这样看似涣散、枯燥的内容虽然很难迅速在读者心中唤起兴奋点,但细细品味,却不难发现作者的匠心独运。

舞台上演员们缓慢的行动和表演方式给观众带来极大的沉闷和压抑感,但正是在这样的沉重感中,生命的"质量"得以彰显。在这群迟暮老人的身上,凝聚了各自生命的整个旅途。关于生命的思与惑,在他们这里寻

---

① 〔泰〕顺提·尼玛潘、秉彭·暖宁:《透视东盟文学奖》,朱拉隆功大学教育学院,1992年,第49页。

② 关于《判决》在创作思想上对法国存在主义大师的借鉴与吸收,可参见杰达纳·那卡瓦查教授的"Spatial Concentration and Emotional Intensity: Inspiration from Sartre and Camus in the Works of a Contemporary Thai novelist", in: *Comparative Literature from a Thai Perspective*: *Collected articles 1978—1992*. Bangkok: Chulalongkorn University Press, 1996. p. 130.

得最充分的回答:曾经所拥有的功名、财富、地位、荣耀到最后什么也留不下来,"什么也没有",到头来"我们每个人都是奴隶"①——时间的奴隶。

这部作品之所以获得东盟文学奖评委会的青睐,也正是因为它:

> 不仅包含了对真理的思考,又体现出表现方式上的创新性特点,手法新颖……人物形象突出,鲜活而逼真。以其具有震撼力的内容使读者意识到:人类所执着的只是人生的虚无。②

"时间",是整部小说的题旨。叙述中间虽然自始至终没有出现关于该命题的直接探讨,但是却通过对舞台上醒目的时钟的描写来时刻提醒读者它的存在。可以说,《时间》正是查·高吉迪对于这个形而上问题的一次具象化的思考,整部小说就是一场意味深长的隐喻:在人生的舞台上,时刻上演着人来人往,不变的时钟,指针永远拨动着方向。从这个意义出发,舞台剧演员们缓慢、毫无生气的行动也就有了另一层内涵,即对无法主宰自己是"时间奴隶"的拟人化模仿。而小说开篇极力渲染的"索然无味"的舞台剧氛围,也正是作者为了强化主旨而刻意营造的叙述效果。

当然,除了哲学层面的探讨,《时间》也同样延续了作者一直以来对社会现状和人性道德的观照——通过对这群晚景凄凉的老年人生活的真实再现,反映出现代社会物欲膨胀、亲情淡薄、子女不孝的病态现状,体现了作者深沉的人道主义关怀。

除了意义层面的挖掘外,《时间》相对于作者过去创作最大的不同还是在于其叙述手法上的变化。它将舞台剧、电影剧本、小说三种文体糅合在一起,用小说来呈现戏剧,又在小说叙述中插入电影剧本,借由叙述者——"我"将三者衔接起来。整部小说被限定在一个封闭的时空范畴(剧场)里进行叙述,展现出的却是三个时空维度中的故事。首先是"我"所在的剧场空间里舞台上的演员表演和观众(包括"我")的反应;其次是通过"我"的意识流所展现出来的过往经历;再次是通过"我"的叙述所呈现出来的话剧主人公们在过往人生中的经历。

如果说查在《判决》中力图突破的是小说题材的边界,那么他在《时间》中所着力探寻的则是小说体裁的边界问题。小说这种叙事文体,有其天生

---

① 〔泰〕查·高吉迪:《时间第 15 版》,曼谷:宏出版社 2005 年版,第 252 页。
② 〔泰〕仁萨·甘通编:《1994 年东盟文学奖得〈时间〉:批评、解读、反对、赞同》,曼谷:邦銮出版社 1994 年版,第 78 页。

的优势和局限,它以话语来构筑想象世界,也依赖话语的流动来表现人物的行动和实现时间空间的变换。电影视觉语言能够直观地表现一个场景中的人物行为、表情和对话,通过画面切换便能迅速实现时间空间的转换,但却无法像小说那样使读者深入地触摸到人物的内心世界,也无法像小说一样对某些细节如场景中的物品、人物的过去做自由交代。换言之,电影叙事远没有小说那样伸缩自如。戏剧的现场性决定了它在时间伸缩度上是最受限制的,不过戏剧却是三种艺术形式中最能够给观众带来最即时和直观的冲击。它使观众在有限的时间和空间范围内最直接地感受到人物的动作、对话以及故事的戏剧性张力,但是却不能提供给观众深度消化和理解舞台表演的时间。因为一旦表演结束,剧场中所有表达意义的符号也将不复存在,观众不可能像反复翻阅小说那样对剧场上的意义符号进行近距离地或反复地理解。

于是,查·高吉迪用小说的叙述语言展现了一场完整的话剧,但它又不同于在小说外壳下套入一个戏剧剧本。因为一个中心叙述者"我"的存在,使得它在戏剧剧本之上多了一重声音,即使得戏剧的人物行动和事件多了一个观察者或解读者。"我"与戏剧中的情节始终是共时互动的,通过"我"的内心独白,戏剧的意义有了一个在场的阐释者。换句话说,"我"使得剧场表演和小说叙述两种艺术形式实现了一场对话。不过作者并不满足于此,他又增加了一重对话,通过将"我"的职业设置成电影导演,促成了小说、戏剧、电影三种艺术形式在一个虚构空间内的对话。

小说、电影、戏剧,这三种叙事艺术既有交叉又有各自独有的传统边界,不过在兴起于西方的后现代主义文学那里,传统的边界已不再重要。消解中心、打破传统,正是后现代主义文学所热衷的。查在国外的四年,无疑受到过西方当代艺术的浸染,西方的话剧、电影、视觉艺术都可能直接或间接地对他的小说思想产生过影响。此外,查本身也有过参与电影拍摄、创作剧本的经验。因此,《时间》这样一部在形式上打破陈规的作品,既是作者一以贯之地借鉴国外文学、勇于突破创新的成果,又体现着他对小说文体本身的理论性思考。

三、平常与荒诞:查·高吉迪的小说诗学

从早期的小说开始,查·高吉迪的作品取材就表现出对平常事件的关

注。书写平常状况下的个人境况构成了其小说的主体基调。然而,如果仅仅只有这些,小说的戏剧冲突靠什么来营造?如何在平常事的叙述中给读者以心灵的震撼?如果我们仔细观察,就会发现:荒诞,正是查的小说之所以给人以震撼和让人感觉充满力量的重要质素。正是突然闯入的离奇事件或人物,能够在平常事件之上给小说带来戏剧性张力;也正是它们带来的怪诞性,使得平常事件的现实逻辑不复存在,于是被它们所掩盖的不寻常性和悖论性便得以浮现。

《判决》中大量的荒诞情节都是靠女主人公颂松来推进的。"神志不清"的颂松多次做出一些不正常的行为。例如光天化日之下"跑到别人的园子里脱衣服",只因为天气"太热";又如在寺院礼拜现场当着僧侣的面突然无缘无故地大笑等。但是,正是这个疯女人的出现,旧有的看似正常的群体社会才显现出其残酷性和非理性。在传统的以寺院为中心的村社共同体中,颂松是一个被排拒与被隔离的个体,她不合世俗礼法的行为并没有因为她精神上的疾患而得到宽恕。换言之,在村民眼中,她并没有被当作需要救治的患病者来对待,也不是像中世纪的欧洲那样被作为"稀有动物一样"向公众展示[①],她的存在是一桩触犯佛教五戒之"邪淫"戒的丑闻。小说的重点并不在于讨论这桩丑闻对村民们日常生活秩序构成的威胁,而在于揭示它的真正制造者以及附加在它身上的价值观与社会意识。作者使读者看到,丑闻的主角——发和颂松之间丝毫不存在任何"爱欲"(kama)的瓜葛,颂松的行为并不是受人欲的驱使,而是顺从最原始的自然力,"就如同她将一切都听任自然的法则":因为饿了,所以需要吃饭;因为太热,所以需要脱掉衣服;因为信任和依赖发,所以在肢体语言上表现出对发的亲近;因为村民嫌恶、伤害她,是危险的,所以她害怕他们、时刻提防他们。而发面对颂松对他的频频示好,起初是谨守佛教徒的戒规时刻保持距离,染上酒瘾之后,则报以厌恶与叱喝。与当事人相比,那些在背地里伺机偷窥、遐想并闲聊这段"不伦关系"的村民们,才更像是被"邪淫"和欲念缠裹的人。也就是说,这桩有名无实的"丑闻"只不过是群体社会强加在颂松身上的"判决"。

疯人不合常理的行为与隐藏在"正常"名义下群体的"失常",被作者置于理性的天平上重新量度,从而凸显小说所意欲批判的现实对象。从功能

---

① 详见〔法〕米歇尔·福柯:《疯癫与文明——理性时代的疯癫史》,刘北成、杨运婴译,北京:三联书店 2003 年版,第 63—64 页。

上看,"疯人"就如同被作者置入文本意义层面的一面镜子,映照出世俗泥泞中的人性"疯狂"。而在疯人所发表的意义模糊的谵语中,往往隐含着作者所意欲揭示的某种理性的微光。《时间》中,一个贯穿舞台剧始终的声音"什么都没有!真的什么都没有!"也是由一个疯人来发出的。这一句话无疑是导向小说主题的关键线索。

在《时间》中,另一个疯人形象是塔廷奶奶的傻儿子,小说中有一长段疯人的自说自话:

"在大湖里,有朵大大的莲花,水中有银色的倒影,鱼儿们聚集过来吃影子,互相抢呀、咬呀……"他开心地笑道。

……

在城里。咬着咬着都死在湖里,都争着吃莲花影,谁也吃不到莲花的影。

湖里都是血,满湖都是红的。猪、鱼、牛、狗、老虎,在湖里咬呀咬,挣着吃莲花影子。人也来了,女人来了,男人来了,脱了衣服在湖里咬呀咬。人咬牛,牛咬狗,老虎咬人,秃鹰也来吃莲花影……

……

"谁也吃不到莲花影,它只有影子,哈哈,哈哈!"他狂笑。

"它疯了!牛疯了!狗疯了!人疯了!鸟疯了!老虎疯了!动物都疯了!它们没日没夜地咬呀咬呀,跳进水里咬呀咬,抢着去吃银色的莲花影!"他大笑。

……

……鲜血从湖里往外涌,淹没了地面,淹没了城市,僧人赶来念经也没用……

……

……血流过来了!那些抢着吃银色莲花影的人的血!当心啊!它要把城市都淹掉!城市会变成湖泊!谁也阻止不了!①

这是一个荒诞的图景,但是它又有一个明确的主题——疯狂,全世界的动物为了"莲花影"疯狂地相互咬杀;它确立了一个中心意象——莲花影;它的叙事遵循着合理的因果逻辑——世界因疯狂而毁灭,它在夸张想

---

① 〔泰〕查·高吉迪:《时间》。

象的表层之下潜藏着某种具有警世意味的真相。"莲花",作为泰国文化中极富宗教寓意的象征符号,一直与"正法"(Dhamma)、"佛陀"紧密联系在一起,它代表着最终极的目标或绝对真理。在莲花作为"实相"①的符号象征,与"影"所代表的虚妄形成鲜明的对照。"在城里"的空间确指,"银 Ngoen"(色)的双关语义指向②,影射着追逐金钱与财富的物质文明世界;"僧侣"则可视作宗教或精神信仰的符号象征。由此,以上图景便具有了这样的象征内涵:世间众生疯狂地追逐着虚妄的幻影,毁灭在欲望的渊薮里,纵使是宗教也无法将它们救渡。"血"所包含的死亡和战争意象,更使整幅画面笼罩着一股浓郁的末世氛围。作者利用"疯人"眼中的魔幻想象对沉迷于物质世界里的人性贪婪、兽性与疯狂予以夸张的呈现,并达到强烈的反讽色彩。

不论是《判决》还是《时间》,在平常生活的表象之下揭露世界的荒诞本质,似乎是查·高吉迪小说一以贯之的美学追求,也是其最具世界性的小说特质,无怪乎泰国的文艺评论家们一致把查·高吉迪视为一个具备跨越国界、走向世界素质的作家。作为一个广泛借鉴欧美、中国、日本等各国文学经典的作家,在查·高吉迪的作品中,我们总能捕捉到世界文学的痕迹,感受到关于存在、关于时间、关于人类自身、关于我们所处的这个时代的深沉反思与担忧。

(本文作者系北京大学东方文学研究中心、北京大学外国语学院讲师)

From *The Judgment* to *Time*:
Chart Korbjitti's Road of Novel Creation

Xiong Ran

Abstract:This essay examines two most successful novels by Chart Korbjitti, *The Judgment* and *Time*, which won The Southeast Writer's Award in 1982 and 1994. *The Judgment* revealed the antagonism between the *self* and *others* which was a new motif in Thai novels at that time but

---

① 佛教中的"实相",指一切万法真实不虚之体相,或真实之理法、不变之理、真如、法性等。《金刚经》云:"凡所有相,皆是虚妄。若见诸相非相,则见如来。"认为世俗认识之一切现象均为假象,唯有摆脱世俗认识才能显示诸法常住不变之真实现状,故称实相。

② 泰语 ngoen 的意义是银、钱、金钱、钱财、银白色的东西。

a common theme in western modernist novels. The *Time* continued questioning about the *existence* and circumstance of the modern human world, only more notable for its audacious and challenging experiment on the form of novel. *The Judgment* stands for the nouveau theme, while *Time* defines Chart's avant-garde on searching for forms However, they both incarnate Chart Korbjitti's own poetics on novels: to reveal the absurd nature of the world that is burying under the ordinary appearance of life.

Key words: Chart Korbjitti; *The Judgment*; *Time*; Thai novels

尼克·华谨小说《洞穴与阴影》的结构现实主义研究①

吴杰伟

【内容提要】 菲律宾作家尼克·华谨是菲律宾20世纪著名的文坛代表人物,他的作品涉及小说、诗歌、戏剧、传记等多个领域。尼克·华谨因其丰富的社会阅历和深刻的社会观察,以及大量的名人传记创作,而在其作品呈现强烈的现实主义色彩。本文以尼克·华谨的小说《洞穴与阴影》作为研究对象,通过对比小说在结构上和内容上拉丁美洲结构现实主义思潮的契合点,分析小说在结构上和内容上的特点。笔者认为,虽然没有直接的证据说明《洞穴与阴影》的创作受到拉美作家的影响,但是小说所呈现的"立体结构"以及与拉丁美洲地区非常相似的社会现实,如殖民统治遗留的痕迹、社会动荡、宗教神秘主义等,都可以说明这部小说是结构现实主义在菲律宾的传播与尝试。

【关键词】 结构现实主义;洞穴与阴影;尼克·华谨;菲律宾

菲律宾小说发展脉络

菲律宾文学具有丰富的表现形态和多元的渊源。在成为殖民地之前,菲律宾文学的主要形式是口头文学,流传至今的主要有史诗、神话、传说、歌谣等作品。在西班牙建立殖民统治之后,处于传播宗教的需要,殖民政府开始在菲律宾群岛推广拉丁字母的书写系统,取代传统的文字书写系

---

① 本文为2015年度教育部人文社会科学重点研究基地重大项目"东南亚现当代文学翻译与研究"(编号:15JJD750002)阶段性成果。

统,西班牙的文学创作形态也逐渐传播到菲律宾,特别是西班牙的骑士文学和宗教文学在菲律宾产生了广泛而深刻的影响。"在 1521 年以前,菲律宾可以成为任何一种可能的样子,但是在 1521 年以后,菲律宾就只能是菲律宾,而不可能成为别的样子了。"①菲律宾文坛出现了大量模仿西班牙文学形态的作品,其中主要的表现形式是戏剧。

菲律宾小说是菲律宾文学重要组成部分,也是反映菲律宾社会发展进程的有效载体。菲律宾小说的创作历史相比较于其他文学形态,时间上要晚得多。由于菲律宾独特的社会历史发展过程,菲律宾的小说也在表现形式和呈现内容上蕴含了大量现实主义的内涵。菲律宾是一个多民族的国家,加上西班牙和美国的殖民统治,在小说的创作过程中,就呈现了殖民宗主国语言(如西班牙语、英语)——民族语言(他加禄语、宿务语等)——国语(他加禄语)多语言创作的直观表现形式。在小说内容上,则呈现了反映殖民统治社会现实——宣传民族主义——独立后反思殖民影响的发展脉络。因而,菲律宾的小说,浓缩了丰富的菲律宾社会现实。

佩德罗·A. 帕特诺(Pedro Alejandro Paterno,1857—1911)的《尼娜伊》(*Ninay*)被认为是菲律宾人创作的第一部小说。小说出版于 1885 年,是用西班牙语写成的。1907 年翻译成英文,1908 年翻译成了他加禄语。小说主要描述了女主人公尼娜伊等两对恋人感情上和生活上悲惨遭遇。小说一共有十章,第一章为引言,其后每一章是按照一个九天的宗教仪式(pasiam)的时间序列进行叙述。通过交织在一起对自然环境和宗教仪式的描述,描绘了菲律宾文化的丰富性,反驳西班牙方面声称菲律宾没有独特的文化的说法。②

佐伊罗·卡朗(Zoilo Galang,1895 年出生)1921 年出版的小说《忧伤的孩子》(*A Child of Sorrow*)是菲律宾第一部用英语创作的小说,描述两个年轻人之间的爱情悲剧。小说中的场景描述都和 20 世纪 20 年代初的菲律宾社会非常相似,是当时人们生活方式的直接传达。在故事情节中,政治家,特别是富人利用自己的实力获得自己想要的东西,甚至通过武力和骚扰的手段获得他们想要的东西,是当时社会问题的一种表现形式。

---

① Josen Masangkay Diaz,"*We Were War Surplus, Too*": Nick Joaquin and the impossibilities of Filipino Historical Becoming,*Kritika Kultura*,Ateneo de Manila University,24 (2015):p. 63.

② Eugenio Matibag,"The Spirit of Ninay: Pedro Paterno and the First Philippine Novel",*Humanities Diliman: A Philippine Journal of Humanities*,Vol. 7,No. 2 (2010),p. 37.

菲律宾各种民族语言所创作的小说,在菲律宾的文学史中并没有明确的记载。早期的菲律宾民族语言小说创作,主要是用民族语言转写的圣经故事和西班牙文学作品。例如,Dominador D. Buhain 认为,第一部他加禄语小说是 1708 年由 Fr. Antonio de Borja, S. J. 写作的《贝尔拉姆与约瑟伐特》(Barlaan at Josaphat),是《圣经》故事的改写小说版本。①

尼克·华谨简介

尼克·华谨(Nick Joaquin,也被称作 Nicomedes Joaquin,1917—2004)被认为是"20 世纪菲律宾最伟大的作家"②和"最重要的菲律宾英文小说家"。③ 他生于马尼拉,父亲是反西革命战争中的一位上校,妈妈是学校老师,也是美国殖民统治之后第一批接受培训的教师。尼克的童年,是在富足的生活和大量的阅读中度过的。但是当他 11 岁的时候,由于父亲的投资失败,他的生活境况发生了急剧的变化,他也从学校辍学了,并很快走向社会,成为一名打字员。1934 年,尼克发表了一首关于堂吉·诃德的英语诗,这是他在文坛的初次尝试。1937 年,尼克写作的第一篇短篇小说《舞女的哀伤》(The Sorrows of Vaudeville)刊登于《周日剧场》(Sunday Tribune Magazine)杂志[编辑把题目改成了《浓妆艳抹之下》(Behind Tinsel and Grease)],这是一篇关于马尼拉的歌舞秀的短篇小说,并开始在文坛崭露头角。第二次世界大战期间,尼克完成了短篇小说《自认为是拉撒路的女人》(The Woman Who Felt Like Lazaru),这是一个关于一位年老色衰的歌舞剧演员的故事。1947 年,尼克评论《马尼拉湾》(La Naval de Manila)一文获得教会的奖学金,在香港学习了两年。1955 年,尼克的第一部戏剧《作为菲律宾人的艺术家肖像》(A Portrait of the Artist as Filipino: An Elegy in Three Scenes),在马尼拉王城内的极光花园剧场首映。

此后,尼克在洛克菲勒基金会的资助下,先后去了西班牙、美国以及墨西哥。他游遍了西班牙,在马德里住了一段时间。尼克还在曼哈顿待了一

---

① Dominador D. Buhain, *A History of Publishing in the Philippines*, Rex Bookstore, Inc. 1998, p. 13.
② Nick Joaquin, *The Summer Solstice and Other Stories*, p. ix.
③ Mina Roces, "Filipino Identity in Fiction, 1945—1972", *Modern Asian Studies* 28, no. 2 (1994), p. 301.

年,乘坐巴士游历全美,从拉雷多入境墨西哥。尼克对西班牙还有墨西哥都十分着迷(用他的话讲就是"和我气味相投的国家")。在接下来的日子里,他又相继去了古巴、日本、中国大陆和台湾、澳大利亚。在这次超过两年的行程之中,尼克开始着手创作他的第一部小说《有两个肚脐的女人》(The Woman Who Had Two Navels)(1961),这部小说的前身曾经在《散文与诗歌》上刊登过。《有两个肚脐的女人》以一个菲律宾女人 Connie Escobar 认为自己有两个肚脐为背景,通过她在香港寻求自己身份认同的故事,表现主人公因为害怕面对现实而选择通过虚幻的想象来逃避现实。在《有两个肚脐的女人》22 年之后,尼克又出版了一部新的小说,《洞穴与阴影》(Cave and Shadows,1983)。故事始于一个叫 Nenita Coogan 的女孩的神秘死亡。她是一个被许多人所憎恨的菲律宾裔美国女孩,因为她爱说话,经常把一个人的故事或秘密公之于众,甚至有人称她为强迫性说谎者。她被发现死在一个山洞里,这个山洞已经关闭,有警卫守护,没有人可以进入洞穴,全身赤裸,而且散发着神秘的香味;死于心脏骤停,而且没有被谋杀和强奸的痕迹。Jack Henson 先生是 Nenita 母亲的前夫,他被从达沃市叫到马尼拉对女孩的死亡进行调查。他的女儿在他去 Nenita 居住和生活的地方进行调查,并采访了她的朋友。他在调查中发现了洞穴有一个秘密通道,并发现在 Nenita 死亡背后存在着关于民间宗教信仰、政治关系、社会问题等因素。

由于他源源不断的创作热情,尼克成了一名广受欢迎的传记作家。从 1979 年到 2000 年,他为菲律宾名人写就的传记数不胜数,艺术家、教育家、商人以及政客都请尼克来写传记。他们之中包括外交官卡洛斯·罗慕洛(Carlos Romulo)、参议员曼努尔·马纳汉(Manuel Manahan)和萨尔瓦多·劳雷尔(Salvador Laurel)、技术官僚拉斐尔·萨拉斯(Rafael Salas)、商人杰米·王彬(Jaime Ongpin)和 D. M. 格瓦拉(D. M. Guevara)、艺术家蕾奥罗萨·许寰哥(Leonor Orosa Goquingco)、教育家尼卡诺尔·雷耶斯(Nicanor Reyes)、民间领袖艾斯特法妮娅·阿尔达巴—林(Estefania Aldaba-Lim)和主教海绵·辛(Jaime Cardinal Sin)。他也会写一些地方性历史——比如《圣米格尔大教堂》(San Miguel de Manila: Memoirs of a Regal Parish)(1990)以及《Hers, This Grove: The Story of Philippine Women's University》(1996)。这些质量参差不齐的传记也招来了很多批评。《塔拉省的阿基诺家族》是一篇叙述了家族与国家命运交织的杰作,然而他给前马尼拉市长林雯洛写的传记则像是一篇匆忙之下复制粘贴出来的作品。①

尼克的地位是由他收获的无数文学与新闻奖项奠定的。马尼拉市政府先后于1963年、1964年以及1979年给他颁发了"马尼拉太阳奖"(*Araw ng Maynila Award*)、"艺术与文化导师奖"(*Patnubay ng Sining at Kalinangan Award*)以及"民族之魂"(*Diwa ng Lahi Award*)奖,都是为了嘉奖他对菲律宾文化的贡献。中央政府则授予他文化类的最高荣誉,"共和国文化遗产奖"(*Republic Cultural Heritage Award*)(1961)以及"菲律宾国民文学家"称号。1996年,他又获得了"拉蒙·马格赛赛新闻、文学与创作奖"(*Ramon Magsaysay Award for Journalism*, *Literature*, *and Creative Communication Arts*),这是亚洲范围内作家所能得到的最高荣誉。奖项说明中提到,尼克"在60年作家生涯中探索了菲律宾人身体与灵魂的奥秘"。1996年8月31日获奖时,尼克没有回顾往昔的成就,而是感叹好的酒总是会留在最后,而且最好的还没来。这是一个八十岁的老人在他获奖时说出的话。

《洞穴与阴影》中的结构现实主义叙事

"结构现实主义"是拉丁美洲文学现实主义潮流的一个分支,顾名思义,就是在内容上突出现实主义的风格,而在形式上注重结构的创新。小说真实地再现了社会现实,描写了社会曲折和复杂,揭露教会的"文明教化"的实质,军警武力、外来殖民者的肆意掠夺以及当权者的贪婪残暴,社会底层民众敢于反抗,同时封闭保守等"社会乱象"。② 而在结构上最突出的特点即是"立体感",故而也被称为"立体小说",或"全面体小说(又译'完全小说')"。"立体感"可以说是"结构现实主义"作品的灵魂。"结构现实主义"的一些代表人物认为作品不仅应该使读者有视觉的感受,而且还要有听觉的感受,这样才能在读者头脑中塑造出立体的形象来。③ 客观现实本

---

① Biography of Nick Joaquin (1917—2004), from https://filipinoscribbles.wordpress.com/2010/09/15/biography-of-nick-joaquin-1917—2004/

② 孟夏韵:《从巴尔加斯·略萨的〈绿房子〉看"结构现实主义"之现实批判》,载《西安外国语大学学报》2013年第4期。

③ 陈光孚:《"结构现实主义"述评》,载《文艺研究》1982年第1期。

来是"立体"的,但小说的传统写法是把复杂的、"立体"的生活纳入一个稳定的叙事平面,井然有序地铺展情节。这种写法的好处是清晰,符合人们通常的思维方式,读者容易把握,但做到这一点是以牺牲生活本身的立体性为代价的。其结构看似紊乱,其实,各种安排决不是随意的,它是为了在多种层次上、从各个角度立体地反映现实,展示现实的多面性。① "结构现实主义"已经走出了拉丁美洲,而成为被当代世界文坛承认为颇有影响的流派。

目前,没有直接的证据证明,尼克·华谨所创作的《洞穴与阴影》与拉丁美洲的结构现实主义潮流之间是否有直接的联系。但菲律宾文学在发展过程中,始终受到来自拉丁美洲和西班牙文学思潮的影响。20世纪50年代,尼克·华谨也曾经在西班牙和美洲进行了长时间的游历,可能受到了拉丁美洲各种现实主义文学创作思潮的影响。第一位在结构方面有所突破的作家是危地马拉著名文学家、诺贝尔文学奖获得者米盖尔·安赫尔·阿斯图利亚斯(1899—1974年)。他的后期作品短篇小说《危地马拉周末》(1956年)采用的是立体交叉手法,从而以其新颖的结构引起了文学界的注意。1966年,阿根廷著名作家胡里奥·科塔萨尔(1914—1984)发表短篇小说《克拉小姐》(也翻译为《护士柯娜》),采用的是多角度独白和对话的方式,更富于立体感。1973年,秘鲁著名作家巴尔加斯·略萨(1936年生)发表《潘达雷昂和女客服务队》,由于小说集"结构现实主义"小说创作手法之大成,被认为是这一流派的经典之作。② 巴尔加斯·略萨的《胡利娅姨妈与作家》早已为我国许多读者所熟知。小说共20章,单数章叙述作家与其姨妈的爱情纠葛,双数章是一些自成系统的文本(或可视为短篇小说),与单数章可分可合:分时它们与单数章的内容没有直接联系;合时它们作为主人公——作家和胡利娅姨妈生活的背景,对主线起一定的烘托作用。③ 《洞穴与阴影》的叙事结构就和《胡利娅姨妈与作家》非常相似。

《洞穴与阴影》整部小说都是围绕着洞穴而展开,一共分为9章。其中奇数章主要讲述男主人公杰克调查前妻女儿 Nenita 尸体出现在洞穴中的离奇故事,而偶数章则重点讲述这个洞穴成为菲律宾民间天主教(Folk Catholic)圣地的发展过程。奇数章和偶数章的故事脉络没有交集,偶数章

---

① 龚翰熊:《略萨〈酒吧长谈〉的结构形态》,载《外国文学评论》1995年第4期。
② 陈光孚:《"结构现实主义"述评》,载《文艺研究》1982年第1期。
③ 陈众议:《新人文 游心集 陈众议自选集》,河南大学出版社2011年版,第201页。

更多的是作为整个故事脉络的背景衬托。由于不同章节之间交替出现不同的故事内容和故事的主体,仿佛让读者产生一种时空交错的感觉,造成了一种"立体"的叙事模式。通过这样的叙事机构安排,也为小说所呈现的现实主义题材提供了一个虚幻的解决方案,强化了作者对现实社会的不满,对殖民主义影响的警觉,对菲律宾社会发展的困惑等一系列复杂的因素反复叠加的效果。

《洞穴与阴影》的现实主义关注

尼克生活的八十年见证了菲律宾缓慢的、坎坷的,甚至暴力的转变——战前美式田园牧歌般的年代、日本占领时期的暴力与坠落,分离主义暴乱和社会面临的艰难选择,军管时期的黑暗年代以及振兴国家的希望逐渐消散。尼克·华谨对街头生活是很熟悉的。他习惯于一个人在马尼拉的街道上四处走动,观察都市生活的点点滴滴,包括被人遗忘的纪念碑和各种各样的流言蜚语。"他能吸收他所看的所有东西。"①他甚至对各种街头混混的俚语都了如指掌。在他看来,西班牙语已经作为殖民主义的标志,融入到了菲律宾的日常生活用语,成为菲律宾国语的一个组成部分。例如,在《洞穴与阴影》中,就有日常生活和对话中夹杂着大量的西班牙语。"那个医生应该是一个妇科疾病专家,这个白痴的标牌写着'专治女人'(Especialista en Mujeres)?还记得吗?多么专注的东西啊!"在菲律宾人看来,这些西班牙语词汇并不是外来语的借词,而是西班牙语在菲律宾社会并没有消失,只是变成了另一种表现形式。殖民主义的影响在菲律宾也没有消失,只是转变了另一种存在的形式。

从 1957 年他进入《自由报》,成为一位记者。在这段时间里,他每年能写出五十篇专题社会报道。他用自己的文采和活力报道了各种各样的新闻,艺术、流行文化、历史以及时政,这些都是他的报道主题。他的报道是那个时代最入木三分的历史记载。此外,尼克将新闻报道升华为一种艺术创作形式。他的犯罪报道《Zapote 街上的房子》(The House on Zapote Street)以及《想成为"社会"的男孩》(The Boy Who Wanted to Become "So-

---

① Vicente L. Rafael, Mis-education, Trnslation and the Barkada of Languages:Reading Renato Constantino with Nick Joaquin, *Kritika Kultura*, 21/22(2013/2014): p.15.

ciety"》引人入胜，写作手法和叙事技巧运用得恰到好处。更重要的是，尼克将平淡无奇的犯罪报道（比如，在马卡蒂一个不起眼的郊区家庭的激情犯罪或者可怜小男孩意外地卷入黑帮火拼）写成关注菲律宾社会问题文章。尼克通过记者生涯所观察到的菲律宾社会运动方式，也在《洞穴与阴影》的小说情节中得到了体现。小说中对于社会游行的描写就入木三分：

> 游行队伍的民众的头上、身上不停地淌着汗水，浸透了耷拉在头上和肩膀上的脏兮兮的毛巾，就像刚刚洗完澡一样。他们穿着短裤、T恤和橡胶拖鞋，身上被晒得通红。长长的游行每个星期天都在城市里绕行，从激进的愤怒者转变成一个熟练的操作者，线路逐渐一致：从国会到美国大使馆，再到卡迪那银行。
>
> 在购物中心云集的街道，随着游行队伍的接近，原来一直存在的午间拥堵突然消失了，街上显得有点冷清。商店的门脸都用金属波形板挡了起来，金属板的褶皱就像手风琴的风箱，只不过无法发出美妙的音乐之声，只是单调的哐当的声音，更像是铁链子发出的咯咯声。
>
> "那些金属围挡的情况，"切登说道，"一直在变化。在 1970 年，游行队伍袭击马拉卡南宫和美国大使馆以后，这些围挡开始出现，现在呢，即使是快餐店的门口也要加上围挡，阳光下就像一个个银质的盘子。"
>
> "你的店怎么没有加围挡呢？"杰克·汉森问道。
>
> "因为我们的店没有橱窗或玻璃柜台。"亚历克斯的妻子说道。

在 20 世纪 60—70 年代，政治氛围激进，生活动荡不安。即使尼克十分注重保持个人独立性，仍然受到了影响。在 1970 年，他加入了《自由报》的工会组织，并同意担任主席一职。《自由报》一直被认为是菲律宾自由思想的灯塔，现在在它第一次拥有了自己的工会组织。由于当时马尼拉正因骚乱而处在动荡之中，工会的建立引发了公司内部一场激烈的斗争。当管理部门对工会采取镇压手段的时候，尼克就从《自由报》辞职了。军管法取缔了菲律宾绝大部分的媒体，包括《自由报》。随后，马科斯政府解禁了一些被他们家族及密友所控制的出版物。尼克拒绝成为其中一员，以沉默做抗议。讽刺的是，20 世纪 70 年代恰恰是尼克出版作品最多的时间。这些作

品的出版展示了他出色的创造力与才华。① 在《洞穴与阴影》中,社会上的骚乱也是故事情节中重要的促发点:

> 当杰克和 Pocholo 去接亚历克斯的时候,他们被看到所震惊,大量的士兵集结在众议院的门口,正在把人群推回众议院的大厅,只有穿制服的人可以进出。在大门打开的瞬间,可以看到大厅里充斥着嘈杂和混乱。
>
> "警官,发生什么事了?"
> "国会已经入侵!"
> "上帝!"
> "现在是参议员和众议院都被占领了,市长。"
> "谁干的?"
> "示威者。他们扰乱了国会的会议。"
> "我们可以进去吗?"
> "现在最好别进去,市长。我们还在围捕这些捣乱分子。"
>
> 事实上,每一次开门的时候都可以瞥见里面奇怪的场景。尖叫的年轻人正在大厅里四处逃窜,士兵挥舞着枪或棍棒到处追打,椅子和桌子倒了一地。议员们穿着时尚的西装,看着警察在追打学生,撕扯他们的头发。

尼克·华谨的文学创作,不仅是要展现菲律宾社会道德的退化,而且希望读者在阅读文学作品的过程中,通过了解过去菲律宾社会中积极而充满活力的因素,去寻找解决当今菲律宾社会问题的途径。② 华谨强调过去历史中美德,特别是在西班牙天主教时代,以此来平衡强调"美国文明"、过分强调物质和经济发展的现代社会。③ 尼克·华谨的写作,具有强大的力量和丰富的元素。伟大的力量来自于丰富和灵活的写作风格,而丰富的元素来自于写作的视野。尼克·华谨的写作风格简洁朴实,在故事表达方面具有很高的效率,对特定故事情节的表达具有强大的穿透力。而写作的视

---

① Biography of Nick Joaquin (1917—2004), from https://filipinoscribbles.wordpress.com/2010/09/15/biography-of-nick-joaquin-1917—2004/
② Lourdes Busuego Pablo, "The Spanish Tradition in Nick Joaquin", *Philippine Studies*, vol. 3, no. 2 (1955): p.190.
③ Lourdes Busuego Pablo, "The Spanish Tradition in Nick Joaquin", p.206.

野,来自于他对于精神危机的感知,并来自于寻求解决危机的思考。①

在关注社会现实的同时,《洞穴与阴影》也加入了很多本土化的内容,出现了很多外来文化和本土文化相融合的内容。例如,在杰克和安德烈用餐的时候,主要都是吃西班牙的面条,但是会加上很多本地的椰奶。他着重对本土化体验(local experience)进行发掘,以古老的仪式和神话展现菲律宾天主教的神秘与世俗,以宏观的历史视角,用戏剧性的方式向观众展现了菲律宾社会中现代与传统的巨大冲突,角色形象饱满,剧情独具美感。

《洞穴与阴影》小说中不难看出现实和幻境、世俗与神圣的交错,甚至有的评论家将《洞穴与阴影》归入幻想小说、侦探小说或惊悚小说。而在现实与幻境对立的背后,隐藏的是向往改变与甘于现状的对立。华谨在现实与幻境中时刻给读者展现人与人之间的那种渗透到内心深处的冷漠与不信任,在现实与宗教幻想的交织中,折射出人们在现实社会关系中的无奈情绪。

结语

《洞穴与阴影》的创作具有非常典型的结构现实主义的特征。一方面,在叙事结构上,小说采取立体叙述的结构,将不同时空发生的故事交替在一起,使整个故事呈现多方面的背景,在叙述现实故事的过程中,奇数章加上了诸多神秘虚幻的内容,使读者增加了很多脱离现实的感觉。在偶数章描述洞穴宗教背景的过程中,故事中的人物特征总是能和现实故事中的人数对应上,似乎现实人物就是历史故事的重复。这其中虚幻与现实的交错,使整个故事的叙述呈现了多方面的视角。在对现实社会的关注方面,尽管尼克是公众人物,即使在出名之后,尼克依然保持着原来的生活习惯,瘦高并有些驼背的他喜欢在王城里散步。尼克在散步时往往只穿朴素的衣服和因为走路太多而被磨破的鞋,这帮助他更好地集中注意力。他喜欢绕着教堂一圈一圈地走,在街上观察众生相。尼克从来不是一位温室中的艺术家,在新闻界的工作经历培养了他的共情能力,对任何事物他都给予足够的关注。新闻工作锻炼了他讲故事的能力。在《洞穴与阴影》中,家族政治、殖民主义、军事管制、社会运动等冲突都得到了充分的关注,并有机

---

① H. B. Furay,"The Stories of Nick Joaquin", *Philippine Studies*, Ateneo de Manila University, vol. 1, no. 2 (1953):p. 145.

地融合到小说的故事描述中。对比《洞穴与阴影》与同一时期拉美地区的小说作品,相似的情景,相似的社会背景,甚至是相似的人物名字,从对比的角度看,具有非常明显的联系性。

1976年,尼克被授予菲律宾国民文学家的称号,这是一个艺术家在这个国家所能得到的最高荣誉与认可,以嘉奖他"罕见的才能以及对文学的重要贡献"在一开始,尼克对于接受这个奖项是有所保留的,因为这是一个由马科斯政府发起、第一夫人伊梅尔达主导的奖项。但是在家人以及朋友们的建议下,他还是接受了这个称号。尼克·华谨并没有因为获得这个奖项而减少对于现实社会的关注,相反,他以更高的热情,更娴熟的写作技巧来呈现社会现实,并充分体现在《洞穴与阴影》的写作。

(作者系北京大学东方文学研究中心、外国语学院教授)

The Study on *Cave and Shadows*: from the view of structural realism
Wu Jiewei

Abstract: The Philippine writer Nick Joaquin is a famous literary representative in twentieth Century. His works cover many fields, such as novel, poetry, drama, biography, etc. Because of his rich social experience and profound social observation, as well as a large number of biographies of famous people in Philippine society, Nick Joaquin's works present a strong realistic style. In this paper, based on *Cave and Shadows*, one of Nick's novel, by comparing the novel in structure and content with novels of Latin American, the author believes that, although there was no direct evidence showed that *Cave and Shadows* was influenced by the Latin American writers, but structure and concerns of the novel was very similar to Latin American novels. Besides, the theme of colonial rule, social unrest, religious mysticism, also explain this novel tried to spread the structural realism in Philippines.

Key words: structural realism; *Cave and Shadows*; Nick Joaquin Philippines

菲律宾作家尼克·华谨作品中的认同主题
——以《麦基洗德修道会》和《洞穴与阴影》为例①

郑友洋

【内容提要】 在菲律宾第二次世界大战后围绕民族认同问题的讨论中,作家尼克·华谨的作品反映了自己对"如何成为菲律宾人""什么是真正的菲律宾人"等问题的思考。通过介绍其代表作并具体分析两部写于不同时期、题材相似的小说《麦基洗德修道会》②和《洞穴与阴影》③,笔者梳理了他关于认同问题的基本主张:接受和正视国家的殖民历史,将其纳入民族认同的一部分;理性看待极端的民族主义激进运动和全盘回归本地异教传统的做法,多元共生是菲律宾文化不可回避的特点。他强调认同的真实性,即菲律宾人既不能主观否定和遗忘不光彩的过去,也不能将自己包装成另外一副模样。

【关键词】 20世纪;菲律宾文学;尼克·华谨;认同;异教;历史

尼克·华谨(Nick Joaquin,1917—2004)被誉为"20世纪菲律宾最伟大的作家"④和"最重要的菲律宾英文小说家"⑤。他生于马尼拉,父亲是反西革命战争中的一位上校,母亲是老师。他在一次由多明我教会主办的文学比赛中被发掘。教会了解到他有志成为神职人员,便为他提供奖学金,于

---

① 本文为2015年度教育部人文社会科学重点研究基地重大项目"东南亚现当代文学翻译与研究"(编号:15JJD750002)阶段性成果。
② "The Order of Melkizedek", Nick Joaquin, *The Summer Solstice and Other Stories*, (Manila: Anvil Publishing, Inc., 2011), pp.25—110.
③ Nick Joaquin, *Cave & Shadows*, (Metro Manila: Philippines: National Book Store, 1983).
④ Nick Joaquin, *The Summer Solstice and Other Stories*, p.ix.
⑤ Mina Roces, "Filipino Identity in Fiction, 1945—1972", *Modern Asian Studies* 28, No.2 (1994), p.301.

1947年前往香港圣艾伯特学院(St. Albert's College)学习。1950年,尼克·华谨退学。评论家认为这段学习经历为他作品中显著的关于宗教信仰、迷信实践的内容奠定了基础。除作家外,他的另一重身份是记者。1950—1970年,他供职于《菲律宾自由出版》(*Philippine Free Press*)杂志,以笔名"马尼拉的基哈诺"(Quijano de Manila)发表文章。作为作家和记者,他涉猎戏剧、小说、传记、新闻作品、散文、儿童故事和诗歌等多种文体,成就颇丰。比如1976年他被授予菲律宾"国家艺术家"荣誉(National Artist);1996年,他获得了"拉蒙·马格赛赛新闻、文学和创意交流艺术奖"(*Ramon Magsaysay Award for Journalism, Literature and Creative Communication Arts*)。他的成就与影响主要体现在小说和戏剧创作领域。

在内容上,尼克·华谨的写作贯穿了对菲律宾文化、宗教和历史的多重思考,其主旨具有一定复杂性。他重视西班牙殖民历史的遗产对菲律宾人的意义,有时则侧重描写菲律宾人的异教狂热(paganism)和民俗传说。本文通过梳理尼克·华谨一些具有代表性的作品,尝试厘清他的思想主线。笔者认为,在故事背后,他始终如一的主题是对菲律宾人文化认同的反思,即如何在深受殖民影响的文化断裂和鸿沟中寻找菲律宾认同、成为菲律宾人。本文首先将通过已有的评论文章总结尼克·华谨早期作品的主题,其次则着重分析短篇小说《麦基洗德修道会》和他后期的长篇小说《洞穴与阴影》。对这两部作品的阅读与比较可以反映出尼克·华谨对"认同"主题的反思是多角度的,同时其思考也有一定的延续性。

一、创作背景与思想基调

第二次世界大战后的菲律宾是一个积极寻找认同的国家,尼克·华谨是用文学来探讨认同问题的代表人物之一。漫长独特的殖民历史所积累的沉重认同危机,在国家获得最终的民族独立后终于爆发出来。围绕认同问题的讨论在20世纪60年代达到高潮,至70年代早期逐渐淡出公众视野。在这期间,菲律宾人获得了对自身文化和民族特质的自信,而由马科斯专政造成的紧张不安则取而代之成为国民首要关注的议题。以1945—1972年为界,在此期间问世的菲律宾小说集中地处理了民族认同问题,即对"谁是真正的菲律宾人"的探索。作者的态度一般有两种,一是拒绝和否定殖民历史,认为这对于菲律宾人认同的形成是有害的,要寻求认同就得重新开始,回到受殖民影响较小的广大农民和部落原住民的文化中去;二是接受国家的殖民过往,将其纳入菲律宾人认同的范围,真正的菲律宾人应该重视这段历史并视之为"菲律宾性"(Filipino-ness)的一部分。尼克·华谨秉持的就是第二种态度。他尤为强调正确看待并接受西班牙殖民时期的遗产作为菲律宾文化中必须保存的元素。马来西亚、西班牙和美国文化是菲律宾人的三重历史遗产。在美国的殖民与菲律宾民族主义思潮的影响下,西班牙文化对菲律宾人的意义被遮盖和误读。① 在西班牙殖民末期,菲律宾作家刚刚开始掌握用西班牙语写作,"正在他们能够创造出如西班牙黄金时代的文学时,不久就被年轻一代的英语作家取代。"②美国人在菲律宾灌输了全新的文化和价值观,大众开始广泛学习和使用英语。同时,始于反西革命时期所宣传的对西班牙和教士的仇恨偏见仍然兴盛。因此,从普通大众到知识界都存在着几种文化潮流:厌弃属于西班牙传统的理想主义和信仰;迷恋和回忆前西班牙时期的菲律宾异教文明;崇尚并模仿代表现代化、物质主义与进步的美国文明。尼克·华谨笔下的人物就诠释了这些心理。

在他的早期代表作中,使他声名鹊起的是 1952 年的戏剧《菲律宾艺术家肖像》(*A Portrait of the Artist as Filipino*)。这部剧经多次演出后被拍成电影《画像》(*Larawan*)。它奠定了尼克·华谨作为菲律宾杰出剧作家的地位。故事发生在珍珠港事件前两个月的马尼拉,主人公是艺术家堂·洛伦佐(Don Lorenzo)的两位女儿,她们和父亲一起住在马尼拉皇城(Intramuros)的老宅里。这曾是一个富有家庭,因两姐妹无力工作而陷入财政危机,靠出租房间为生。堂·洛伦佐隐居前的最后一幅画《菲律宾艺术家肖像》格外受人瞩目。画面内容是年轻面孔的他背着年老的自己,逃出一座火城。画面的故事原型取自埃涅阿斯从特洛伊的火海中背出自己的父亲。埃涅阿斯所体现的美德是肩负责任:尊重祖先,并在罗马重建国家。评论家认为燃烧的火城就是即将毁于战火的马尼拉,尼克·华谨暗示同胞必须背起自己古老的过去(西班牙遗产),才能重建未来的菲律宾。③ 两位

---

① Lourdes Busuego Pablo, "The Spanish Tradition in Nick Joaquin", *Philippine Studies* 3, no. 2 (1955): p. 190.
② Lourdes Busuego Pablo, "The Spanish Tradition in Nick Joaquin", p. 196.
③ Mina Roces, "Filipino Identity in Fiction, 1945—1972", p. 304.

女儿在剧中的行为诠释了这个寓意:在意欲高价买下这幅热门画作的美国人和极力说服她们卖画、卖房以牟利的房客和其他兄弟姐妹面前,她们守住了画作,拒绝离开老宅。剧中反派人物的特点是受美国物质文化浸润并憎恨西班牙殖民历史,而两姐妹的行为代表了对过去、对传统的坚守。尼克·华谨借故事叙述人比托伊·卡玛丘(Bitoy Camacho)之口说出了自己对时代的理解。这是一个过去常来拜访老宅的少年,但 15 岁以后他就不来了。他说:"我的童年是一个谎言,19—20 世纪是一个谎言。美、信仰、礼仪、荣誉和纯洁都是谎言。"①但当他作为一个成年人重新进入时,他改变了想法:

> 我已经拒绝了过去,我相信没有未来,只有现在时态最实际。10 月的那个下午,我再次回到这房子,看见奇怪的画。我并非在寻找什么,我什么都不记得,除了现在的口号和流行语。我对一切装聋作哑,但当我离开那房子,我便不再受困于外面的世界,我被释放了。在多年苦涩的分离之后,我又找到了我的父亲。②

这段独白展示了一个找到自我认同的菲律宾人形象。他属于新生代的年轻人,在迷失之后读懂了画作的含义,意识到过去和历史是必须承担且不能放弃的。

另一部出版于 1961 年的小说《有两个肚脐的女人》(the Woman Who Had Two Navels)同样处理了"认同"问题。女主角柯尼(Connie)相信自己有两个肚脐,这是她为了逃避现实而想象出来的世界。现实中,她发现了妈妈和自己的丈夫在曾是爱人时写的老情书。她崩溃后来到香港,想抢走母亲的情人以施报复。书中另一个主人公是老医生孟孙(Monson),他曾是一名军人,在美国掌控了菲律宾之后自愿流放到香港。他对故乡的记忆停留在菲美战争时期,后来重游马尼拉时发现自己无法接受故乡的现状,于是回到香港,穿着革命制服囚禁自己于房间内,拒绝面对真实世界,以这种方式度过余生。评论家认为两个主人公的命运反映了长期的殖民经验给菲律宾人造成的文化和精神上的分裂,生长于西班牙殖民晚期的孟孙和成长在美国统治时期的年轻人柯尼之间存在着巨大的文化代沟。在他们的个人经验里,关于对方所经历的历史是没有感知的,他们是两代彼此"失

---

① Mina Roces, "Filipino Identity in Fiction, 1945—1972", p. 305.
② Ibid.

去了对方"的人。① 柯尼代表了有着身份困惑、在情感上充满不平衡和不安全感的菲律宾人,在小说最后她与代表西班牙殖民晚期与反抗美国那段历史的孟孙相遇,并在他面前下跪。她最终认可了那"来自她童年时期的幽灵、他们一起背叛了的英雄"。② 这一安排体现了作者的价值取向,即现代菲律宾人应该尊重过去的历史。

二、作品分析

上述一部戏剧、一部小说反映了尼克·华谨在文学中所表达的对菲律宾人认同问题的看法,其思考的基调是在面对文化断裂所造成的遗忘与困惑时,应该正视每一段过去的时光,真正的菲律宾人认同来自对历史的记忆和理解。尼克·华谨后续的作品在很大程度上延续并深化了这一观点。

笔者在本文中选取出版于 1966 年的《麦基洗德修道会》和 1983 年的《洞穴与阴影》作详细解读。尼克·华谨的创作大致可分为早期(1946—1966 年)和经历了马科斯军管时期的沉默后复出的后期(1975 年之后)。③ 1972 年在澳大利亚出版的一部尼克·华谨作品集《热带哥特》(*Tropical Gothic*)④收录了 9 篇他的早期作品。该小说集作为《亚洲和太平洋文丛》(*Asian and Pacific Writing*)系列丛书的一部,确认了他作为作家的国际影响力。⑤ 从作品集的名字可以看出,编者认为尼克·华谨笔下的菲律宾的特色形象是"带着哥特灵魂的亚洲人",⑥因此宗教也是其作品中不可忽视的主题。上述两部作品都较为典型地反映了尼克·华谨作品中浓厚的宗教色彩,同时它们的思想主线依然围绕认同问题展开。这两部作品在情节和题材上有较高的相似度,并且属于不同的创作时期,能够说明作家思想的连贯性。

---

① Nick Joaquin, *The Woman Who Had Two Navels*, Manila: Solidaridad Publishing House, 1972, p. 204.
② Nick Joaquin, *The Woman Who Had Two Navels*, p. 204.
③ Joseph A. Galdon, "Tropical Gothic: Nick Joaquin Revisited", *Philippine Studies* 24, no. 4 (1976): p. 461.
④ Nick Joaquin, *Tropical Gothic*, St. Lucia, Queensland: University of Queensland Press, 1972.
⑤ Joseph A. Galdon, "Tropical Gothic: Nick Joaquin Revisited", p. 455.
⑥ Ibid.

(一) 故事梗概

《麦基洗德修道会》讲述的是在联合国工作的菲律宾人希德·埃斯蒂瓦(Sid Estiva)从美国回到菲律宾之后发生的故事。他在飞机落地后因手举一把牙刷而被错认为是一个神秘组织的成员,在机场海关外被劫持、跟踪,并在出租车上遭袭。博尔哈夫人(Borja)在路边救下他,使他得以回到同父异母的姐姐阿黛拉(Adela)家。故事的主体部分是希德及其姐夫桑迪亚哥(Santiago)和姐姐博尔哈等人一同调查希德同父异母的妹妹吉雅(Guia)所热心参加的地下组织——麦基洗德修道会,即袭击希德的神秘组织。修道会成员本要在机场迎接的是新雇佣的一名在美国被弃用的神父刘先生,手持牙刷恰好是接头暗号。

麦基洗德修道会的领袖是一位自称为麦基洗德①的先知人物。他与1900年班加诗南(Pangasinan)爆发的"新耶路撒冷"运动有关。这是一个号召农民加入并带着家人与地主的财富进行大逃亡的组织。成千上万的农民跟随组织逃到了一个没有贫富差距的地方。组织中的"上帝""圣母玛利亚""耶稣基督"和"12使徒"与大家同住一个基督社区,共享财富。1901年,"新耶路撒冷"被剿,"圣母玛利亚"和"12使徒"入狱,"耶稣基督"被绞死,各家庭解散回原地。其中只有"上帝"消失了。信徒们终生相信他有一天会回归,召集他们去他的国。现在,一位与"上帝"有着相同外貌(长发跛脚、前额有胎记)的老人宣布自己就是"上帝"回归,要重建他的王国。他的日常身份是马尼拉溪阿婆(Quiapo)地区的算命人,修道会的目标是"回归",本质是以基督教为形式进行魔法等狂热宗教实践。修道会成员企图将改变心意拒绝入会的刘神父作为一场仪式的牺牲献祭。刘神父被及时赶来的桑迪亚哥救下。但他在桑迪亚哥家见到被希德领回来的吉雅,认出她是被派来说服自己入会的姑娘:"一个女孩来跟我谈论他们的宗教,看起来多么美丽无邪,但实际上那是巫婆、恶魔、巴比伦淫妇。"②于是他开枪杀死了吉雅。

《洞穴与阴影》是完成于1982年5—10月的侦探小说,和《麦基洗德修道会》一样充满了宗教神秘色彩和悬疑惊险氛围。故事设定在马科斯统治

---

① 麦基洗德(Melchizedek),《圣经·创世纪》中的人物,撒冷王。他是祭司也是国王,没有父母,出现在亚伯拉罕进迦南的路上,为他提供面包和酒,并赐福给亚伯拉罕。
② Nick Joaquin, *The Summer Solstice and Other Stories*, p. 101.

期间的马尼拉,主人公杰克·亨松(Jack Henson)的妻子埃尔弗雷达(Alfreda)在蜜月中离开他,与一个美国耶稣会神父私奔,从此杰克独居在位于达沃的海岛上。埃尔弗雷达和美国人生下混血女儿奈妮塔·库根(Nenita Coogan),并把女儿送回菲律宾学习。1972年5月的一个早晨,奈妮塔赤裸的尸体被发现在马尼拉一处对外封闭的洞穴里。她躺在一块犹如祭坛的石头上,散发着芳香。她死因蹊跷,并非死于暴行,而是心脏骤停,自然死亡;她死前参加了纵酒狂欢活动,但并没有吸毒;她尸体全裸,却仍是处女。埃尔弗雷达不相信菲律宾警察的效率,敦促杰克回马尼拉调查真相。他们的大学同学加迈丹市长(Alfonso Pocholo Gatmaitan)、参议员艾利克斯·曼萨诺(Alex Manzano)一家都参与到调查过程中,最后杰克发现凶手正是加迈丹。他失手害死奈妮塔的原因非常复杂。

加迈丹看不惯民族主义政客口头宣称要回归原始宗教信仰、心里却瞧不起异教的嘴脸,他在幕后给予"偶像教会"(*Sambahang Anito*)物质支持。这是一个新异教主义(neo-paganism)团体,领袖是"母亲先生"(*Ginoong Ina*)。她是一位神秘人物,自称是哥达巴托(Cotabato)提波利(T'boli)部落的乌尔都哈(Urduja)公主,曾向部落年老的女祭司(*Babailan*)学习过。该团体和基督教会长期争夺洞穴的使用权,坚称这是异教圣殿。此洞穴据传是17世纪菲律宾第一位女圣人隐居修行的场所,在地震中被发掘。奈妮塔也加入了"偶像教会",并在无意中发现了用于运送花瓣、制造洞穴奇迹现象的秘密通道。她感到十分困惑,想联系艾利克斯寻求解答。加迈丹担心事情败露,抢先将其接走。由于他的车厢里塞满了为五月鲜花节购置的鲜花,处于亢奋状态的奈妮塔窒息死亡。

(二) 少女之死与"先知"

这两部小说的核心人物都是具有共性的"问题少女"形象。阿黛拉、希德和吉雅分别是父亲和三个女人所生的孩子。父亲死后,阿黛拉和希德都曾经照顾过吉雅,但吉雅不服管教,不断在看似叛逆的经历中寻找自我。她和年轻作家一起厮混的时候被称作史蒂夫(Steve)。由于与人合伙开的书店被警察查封,她开始看不起这些"遣词造句,假装很有创意"的作家。因为怕被伙伴说是同性恋,她就去找邻居巴基斯坦画家准备献身,但发现这个看似神秘之人的作品都很土,就打消了念头。后来她开始以基妮(Ginny)的名字混青少年帮派,又发现这些"垮掉的一代"除吃喝、性爱和暴力外便无所长，遇到麻烦还要依赖有钱的爸妈。离开幼稚的帮派，她随后化名吉吉（Gigi）从事一份媒体工作；又以吉安（Guiang）为名加入了"KKK"运动（*Kami'y Kilusang Kabataan*：我们是行动青年），参与民族主义游行，在美国使馆和政府大楼前高呼愤怒口号。后来她发现自己喜欢的一位无产阶级邋遢诗人原来是穿着西服在美国公司工作的人，便心碎了。最后她在麦基洗德修道会找到了归属感，在这里她被称为吉雅姐（Sister Guia）。

当奈妮塔 12 岁从别人口中得知自己生父的事情时，她也陷入了迷茫。她到处炫耀自己父亲是神父，妈妈是菲律宾土著，并断定每个人都有不为人知的秘密。她养成了暴露他人隐私的习惯，无法被身边的美国人接受，就被送回了菲律宾。她的问题源于，过去她相信事物都与它看起来的样子一致，杂货商人就是杂货商人，警察就是警察。自从发现神父也是自己的父亲以后，她便怀疑人们都不像他们所表现的那样，在私下可能会是另外的身份。她在菲律宾混过嬉皮士帮派，也参与过激进分子的游行示威。她也爱上了其中一个工人男孩，直到发现他穿别人的衣服伪造劳动的汗臭味，实际上却从事着一份在空调办公室里的工作。单纯的奈妮塔不理解人们为什么要把真实的形象藏起来，宣称自己是另一种人。直到她加入"偶像教会"，"母亲先生"向她做出了解释。

吉雅和奈妮塔都生长于复杂的家庭环境中，前者有两个同父异母的姐姐，后者是菲美混血。她们在少年时期不断地从各种团体或权威中寻找归属，经历了不断的否定。她们都发现激进的民族主义运动有虚伪的一面，转而投向了异教教会，并在此找到满足感。她们的命运和作为一个民族国家的菲律宾非常相似。菲律宾是一个孕育于多元文化高度融合的殖民传统的国家，它在独立后面临认同危机。与进行迷茫探索的女主人公一样，菲律宾人也诉诸各种思潮和主义来解答认同问题。两部小说的女主人公都曾热衷于示威游行，这体现了 20 世纪 60—70 年代菲律宾的社会现实。在这期间，随着民族主义思潮愈演愈烈，马科斯政府专政，各种激进运动达到高潮，学生在马科斯政府和美国大使馆前集会游行是民族主义的直接发泄。而回归本土宗教则是实现民族主义的另一种方式。在激进游行和回归本土宗教这二者中，主人公最终倒向后者。那么，这是否说明作者的选择也有指向性，即他支持新异教主义的胜利呢？尼克·华谨的思考并非如此偏颇，因为故事中进入异教教会的女主人公都死于悲剧，看似是光明出路的宗教运动其实和激进运动一样，都给她们造成了伤害——甚至是更大的伤害,即死亡。

两部小说中的神秘宗教领袖与各自领导的组织具有一定的典型性。首先,麦基洗德和"母亲先生"都是在古老的历史档案中有原型却没有确切行踪记录的传奇人物,真假不明。两部小说都有大段篇幅用于讲述关于他们的传说事迹,比如观察《洞穴与阴影》的章节结构可见,作者按照一章现实、一章历史传说的穿梭来安排故事。"母亲先生"擅长信仰治疗。她赐福给信徒带来的棍子、石头或水,然后这些物件便可用于治病。"母亲先生"对其信仰的解释是:异教是自然的宗教,当菲律宾人从异教皈依了基督教,就不再自然,而是戴上了假面,开始崇尚"神圣"的价值。在异教传统中,没有"神圣"概念,好运气源于正确使用魔法、成功沟通神灵,而非因为神圣而得奖励;不幸的发生也不是惩罚或考验,而仅仅是魔法失败或神灵突发奇想。"没有异教徒会傻傻地问为什么上帝对他们不公正。我们没有关于恶的问题,因为我们相信恶灵和善灵一样有力。""我们认为自己的祈祷是基督教的,实际上,这层皮之下我们仍是异教徒。"①这是"母亲先生"对菲律宾传统宗教的理解,也是她对于奈妮塔"人为什么表里不一"的疑惑的解答。她向人们施展他们喜欢的奇迹,说是水和石头的精灵治好了疾病,希望使人们重返古老的宗教,"消除几百年来的历史"。② 麦基洗德修道会的做法是将信仰实践本土化,比如在仪式中有更多的公共参与,用吉他弹唱披头士的歌曲和圣歌;使用本地雕刻的异教圣像,扔掉苍白的石膏;组织原始而狂热的崇拜仪式,如午夜时分在篝火旁赤裸跳舞。从表面上看,他们都提倡恢复原始异教的信仰和实践,反对基督教的虚假空洞。实际上,他们还各自和民族主义诉求紧密结合。"偶像教会"背后的支持者加迈丹在公众面前是激进的"基督教社会主义者""教会之子",但他捍卫的是异教,希望落实贯彻"回到根上,恢复我们真正的文化"这一民族主义思想,坚信基督徒不可能是菲律宾人,只有变成异教徒才可能做真正的菲律宾人。③ 他反对的是宣布抛弃基督教却又不归属异教的艾利克斯:"民族主义就是他们的宗教。"④麦基洗德也承认自己发动的不仅是一个宗教运动而且是民族主义运动:"民族主义不光是政治的,它还是一个精神问题。我们的人民需要

---

① Nick Joaquin, *Cave & Shadows*, p.146.
② Ibid., p.149.
③ Ibid., p.251.
④ Ibid., p.149.

恢复精神,他们没有政治想法,不像雷克托(Recto)那样能把民族主义当作一场政治运动。这种说法他们无法接受。人们的意识是宗教的,他们相信魔法力量。民族主义运动只有以宗教伪装才能接近他们,一种以人们熟悉的基督教为形式却是自然的魔法的宗教。"①小说中的宗教背后有深刻的政治目的,而这一政治目的服务于民族主义,与菲律宾人认同的确立有关。

尼克·华谨在小说中用大篇幅渲染两个神秘宗教领袖和他们的组织,并不是呼吁回归异教,而是将其作为菲律宾人寻找民族认同的一种途径和方案来展示。当人们读到他描写异教信仰和实践时,"可能会开始怀疑这个作者是不是30年来主张认同西班牙时代价值观的同一个人。展现民族主义思想的需要是否迫使尼克·华谨倒退回自然主义?"②笔者认为,通过早期的一些作品断定尼克·华谨为西班牙文化爱好者,又通过这两部作品断定尼克·华谨倾向于神秘主义和菲律宾原始宗教都有失公允。他思考的主题始终是菲律宾人应该从何处寻找和实现认同,这也是借吉雅和奈妮塔影射的问题。尊重西班牙殖民时期的历史是一种选择,激进主义和回归异教同样也是寻求认同过程中诉诸的两种选择,尼克·华谨对这些选择的呈现为人们留下了反思的空间。

《洞穴与阴影》这一书名的寓意代表了一种反思的方向。书名借用了柏拉图《理想国》中的"洞穴比喻":一群人如果始终面向洞穴内壁,头和身子无法动弹,再在他们身后点起火把,他们就会深信洞穴外的人来人往投在内壁上的影像就是真实的世界。《洞穴与阴影》揭示的便是这个道理:所见的未必是真相。奈妮塔和吉雅不断转换团体的过程也是不断领悟到这个道理的过程。当她们以为自己终于归属了代表自然和真实的宗教团体以后,悲剧却降临了。这于读者来说是一种暗示:新异教主义,实际上也不是它所宣称的那样。当奈妮塔发现并接近真相的时候,她被害了;当刘神父认识到麦基洗德修道会的本质时("尽管他们谈论历史、复兴和本土灵魂,但却是让我用神圣的神职来服务于魔鬼"③),他枪杀了吉雅。此外,麦基洗德不仅偷袭希德,也将意欲报警的出租车司机灭口。尼克·华谨指出了以恢复异教信仰为目的的运动将走向极端的结局,即为了实现目的不择

---

① Nick Joaquin, *The Summer Solstice and Other Stories*, p. 77.
② Leonard Casper, "Reinventing the Past: Cave and Shadows/Mass", *Philippine Studies* 33, no. 2 (1985): p. 230.
③ Nick Joaquin, *The Summer Solstice and Other Stories*, p. 100.

手段。加迈丹和"母亲先生"对于奈妮塔死亡的反应是:她的死符合传说,一个贞洁圣女死在神圣的洞穴里。加迈丹更是表示,就算她当时没有自然死亡,他也会毫不犹豫地杀了她:"比起我们运动的重要性,一个女孩的死不算什么。"①因此,声称是为了让菲律宾人重回自然信仰、在自己的宗教中成为真正的菲律宾人的新异教运动,实际上可以走得更远,以致泯灭人性。而上述小说中人物的另一种选择——激进主义政治运动不仅被暴露出虚伪的一面,它同样造成了许多年轻生命的死亡,比如艾利克斯的独子安德烈(Andre)就在占领洞穴的"总攻"中死于泥石流。因此,尼克·华谨在《麦基洗德修道会》和《洞穴与阴影》中着重展现了新异教主义和激进主义这两种确立菲律宾人身份和文化认同的努力,这是对他前期思考的延续。不同的是,他没有明确地呼吁和强调某种态度,而是引导人们去发掘现实中口号或运动的复杂性与实质。

三、结论

尼克·华谨被视作引领菲律宾文艺复兴的人物。他在菲律宾文学中开创了自己的传统,将作家对农村主题的普遍关注转到了其他方向,从农场转向城市生活、历史和宗教等多元题材。在语言上,他成功地将殖民语言英语与自己的文化环境相调适。在思想上,他试图去理解和阐释菲律宾充满文化冲突和断裂的殖民历史,探索怎样成为真正的菲律宾人。"他的作品预示着一场热带的文艺复兴,组成了关于菲律宾民族认同的重新评估。"②尼克·华谨对于认同问题的基本态度是理性的。针对菲律宾人对西班牙殖民历史的偏见,他提倡当今的菲律宾人必须带着这段过去,正视它并保留其中的财富;针对现实社会中迷恋前基督教时期的异教文明的潮流,他揭示了新异教主义运动的本质,启示人们不要因民族主义的情怀盲目投入某种运动。从接受历史遗产到理性审视本土宗教文明,尼克·华谨表达了寻找和确立菲律宾人认同的关键在于重新整合和审视本民族可利

---

① Nick Joaquin, *Cave & Shadows*, p. 237.
② Bob Vore, "The Literature of James Joyce and Nick Joaquin: Reflections of National Identity in Ireland and the Philippines", *Crossroads: An Interdisciplinary Journal of Southeast Asian Studies* 9, no. 1 (1995), p. 4.

用的历史文化资源。

尼克·华谨后期的作品从新的角度延续了早期作品的思想基调,并且将认同主题挖掘得更深刻、更丰富。他首先依然强调正视历史的观念,他借参与游行的少年安德烈之口说出:"我们有太多的仇恨。恨美国人,恨中国人;恨政府,恨教会;恨帝国主义,恨中产阶级;恨军队,恨警察;恨学校等等。直到你感觉到要爱你的国家,就必须要恨所有其他的一切。也许在我们能够开始爱之前,应该首先消除这些仇恨。"①而在接受殖民历史,不否定、不逃离民族命运之外,他还强调要成为真正的菲律宾人,就应该真实自然,不要尝试假装成他们所不是的模样,这体现在"洞穴与阴影"的寓意中。他在故事中刻画了大量表里不一的人物,这些人宣传的是一套理念,实际上做的却是另一套。他借"母亲先生"之口说出:"只有意识到'我们真正是什么'和'我们承认自己是什么'之间的差别,我们才能停止伪装,重返自然。"②菲律宾文明本身包含了各种文化的冲突与共生问题,尼克·华谨所做的就是引导读者直视这一事实。一个真正的菲律宾人,应该理解民族国家形成过程中的一切历史事实,在多元文化之间保持平衡。历史与文化上的丰富遗产是菲律宾人认同形成的核心。他不赞成同胞为了成为菲律宾人而对自己不诚实——对历史的某些时期或文明的某些部分怀有幻想和执念,而对另一些部分则采取消极断绝的心态。可以说,尼克·华谨通过他的作品创造了一种理想的现代菲律宾人的认同模式。

(作者系北京大学东方文学研究中心、外国语学院博士研究生)

The Identity Theme in Nick Joaquin's Works: Based on *The Order of Melkizedek* and *Cave & Shadows*
Zheng Youyang

Abstract: In the trend of reconsidering national identity after the World War II, one Filipino writer Nick Joaquin tried to answer the question such as "How to be a Filipino" and "What is a true Filipino" through

---

① Nick Joaquin, *Cave & Shadows*, p. 65.
② Ibid., p. 146.

his works. In this article, the author gives detailed analysis on 2 of his novels written in different times while on the same theme, *The Order of Melkizedek* and *Cave & Shadows*, from which his basic position for issue of identity could be drawn. Nick Joaquin tended to accept the history of being colonized and the culture with diverse origins as part of modern Filipinos' identity. He viewed his Filipino compatriots' extreme campaigns like radical nationalism movements or regression to local paganism in a critical way. Instead of subjective neglect or denial, he emphasized another attitude towards identity: Filipino should respect what is true and not pretend to be someone else.

Key words: 20th century; Philippine Literature; Nick Joaquin; Identity; Paganism; History

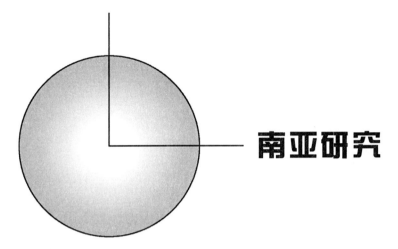
南亚研究

印度文明与当代世界

尚会鹏

【内容提要】 本文分析了印度文明与印度人的"基本人际状态"的关系,通过实例说明,印度人的基本人际状态是"阶序人",印度文明的主要特点是超自然中心和阶序人主义。在近代遭遇西方现代文明后,印度文明受到很大冲击,虽有改变,但文明内核仍延续至今。同时,本文也通过某些例证对印度文明与中国文明的差异进行了对比。

【关键词】 印度文明;阶序人;超自然中心;阶序人主义

"文明"到底是什么?"文明"与"文化"是什么关系?笔者认为,文明是人类创造的一套系统。这个系统必须是人类创造出来的,自然物不算。比如一块天然的石头,不是文明,但是用石头造了一个桥,这个桥就是文明。文明是一个造物系统,包括物质造物、社会造物和心智造物。文明还包括一套关于人的生存系统的设计。不管哪种文明,本身还记录着一套关于人的编码系统。人为什么活着?怎么活着?哪些东西最重要?哪些东西不那么重要?文明有一套人的活法的编码系统。这个系统是隐藏在文明的背后的,一般人感觉不到,它是文明的内核。这个内核部分有时候又称为"文化"。

笔者在《心理文化学要义:大规模文明社会比较研究的理论与方法》这本书里研究了中国、印度、日本、美国几种大规模文明的关于人的编码系统。书中提出了一个新的研究范式,叫"基本人际状态"。"基本人际状态"就是人的存在系统。它跟现有社会科学概念是不同的。现在的社会科学使用"个人""集团"这样的二元对立概念,但"基本人际状态"既不是个人,也不是集团,它是个体人加上一个"生命包"。什么叫"生命包"?我们知道预防地震的时候,我们会准备一个包包,里面放些饮用水、食品等,地震时,靠着这个包包,能一个星期饿不死、渴不死,这个包包就叫"生命包"。我们每个活着的人,也都有一个"生命包",包里有我们的亲密之人、有一定数量的心爱之物,还有支撑我们行为的一些理念。个人与这个"生命包"一起,构成一个动态平衡系统,这个系统就叫"基本人际状态"。

一、印度文明与印度人的生存系统

有的概念需要先界定一下。比如"印度文明"与"印度河文明",很多人把这两个概念搞混。有一种很流行的说法:世界上几大古老文明都灭亡了,只有中国文明延续下来了。这个说法是不对的。印度文明也延续下来了。印度文明与印度河文明不是一回事,现在推测二者可能有某种联系。印度河文明在现在的巴基斯坦(摩亨焦达罗遗址),已经灭亡了;而印度文明是在恒河流域发展起来的,延续至今。

"印度文明"与"印度教文明"这两个概念也需要界定。印度文明指的是印度教文明,跟佛教文明不是一回事。佛教虽产生于印度,但后来在印度灭亡了。现在,印度的佛教徒很少,而且是后来回传过去的。

每一种文明设计的"基本人际状态"是不同的。印度文明有一套对人的设计,它赋予人的"生命包"一套特殊的东西,构成它跟其他文明不一样的"生命包"类型,形成了一种独特的"基本人际状态"。这种类型的基本人际状态叫"阶序人"(Homo Hierarchicus)。这个词是法国学者路易·杜蒙在一本书里面提出的,其核心意思是,印度人是一种类似生物亚种的存在。"阶序人"的主要特点是:第一,在它的"生命包"里,神明、宗教导师和圣职者是重要成员,生命包里的物、文化理念,也皆与神明相联系;第二,个体寻求与超自然的结合是生活的重心,个体与神明的联系是个体与"生命包"最重要的动态均衡模式;第三,人的排列依据与超自然的距离来确定。

我们读印度的书、看印度的古典,感觉到印度文明对人的设计与我们有很大不同。印度社会的关键词,大体体现了对人的活法的设计。印度教有对理想人生的设计,它把理想人生划分为四个阶段,即梵行期、家居期、林栖期、遁世期。梵行期是人生的早期阶段,是学习时期。家居期是娶妻生子,完成社会义务。到了一定年龄,孩子大了,人就要离开家庭,遁入森林,考虑一些精神超越的事情,这就是林栖期。最后一个时期叫遁世期,四海为家,云游天下。我们看到,在这人生阶段的设计中,有两个时期是要脱离家庭、脱离世俗生活的,是超越时期。这种想法通过佛教的出家思想传到中国。佛教的"出家"思想,用现在能够理解的话语就是,人要脱离所出生的亲属集团,摆脱世俗人际关系,追求一种超越生活。这实际上是印度教里一个根深蒂固的思想。"四生活期"是一种理想人生设计,不是说每个印度教徒都是按照这四个生活期生活的,有的想做也做不到;但它作为一种理想,对人的影响是很大的。你要按照这个方法做了,你就会受到尊敬,在社会上地位就比较高。

从印度教对理想人生的设计来看,它对亲属集团的理解跟我们是不一样的。中国文明也有一套人的编码系统。在这个系统中,人所出生的那个亲属集团被赋予最高的意义,亲属成员在"生命包"中至高无上,这是一个很重要的特点。但印度人不是这样,虽然亲属集团也很重要,但不是至高无上,它是用一种更广阔的视野来看待人的亲属集团的,人最终要超越亲属集团。所以说,"出家"这种思想虽然通过佛教传到中国,但在中国一直不是主流社会的追求,"出家"不是中国社会的关键词,仁、义、礼、智、信、孝、忠等,才是中国社会的关键词。这些关键词重点解决的是人与人的关系问题,人的"生命包"的设计都跟这些有关系。

二、印度文明与印度人的行为特点

这里谈谈印度人的行为特点,主要谈的是印度教徒。印度人信仰好多种宗教,有穆斯林、有基督教徒,我主要讲印度教徒。而印度教徒又有很多教派,各教派也有不同的神明,很复杂,但在价值取向和行为上,有一些共同的东西。

印度教徒行为上的第一个特点,是超自然中心。刚才讲到,印度教徒的基本人际状态是"阶序人",这在人的行为上表现为超自然中心的特点。印度是一个宗教大国,其中,印度教徒占 79.8%,没有宗教信仰的仅占 0.2%。印度教有一些很重要的特点。"印度教"这个词,是近代西方人进入次大陆后出现的,虽然称为印度教,但它不像基督教那样,有明确的经典、明确的神明、明确的组织。它不是西方意义上的宗教。其实,把印度教理解成"在南亚次大陆那块土地上人们的一种生活方式"可能比较接近事实。它是一种生活方式,它是由早期婆罗门教发展而来,后来产生了佛教,又灭亡了,但佛教的一些教义融合到了印度教里面。印度教有不同的派别,它的神明系统非常复杂,我到现在也没有搞清楚印度教的神明有多少个,以及这些神的作用是什么。有人说印度教是多神教,跟一神教相区别,但这个说法也不妥当。所谓一神或多神,也是按照西方宗教话语体系划分的,印度教很难说是一神或多神,它的神是不可数的,可能叫"泛神教"比较合适。印度教的神有三个层次。第一个是"超神"层次,这个层次的神不是一般意义的神,已超越了神,这个层次的神在比较高级的宗教和哲学经典里有讨论。但是这个超神超到什么程度,到底是什么,谁也无法说清。第二个层次是三大主神:湿婆、毗湿奴和梵天。第三个层次是无数的众神。

印度社会有一些关键词,如"梵""我(阿特曼)""法(达摩)""解脱"等。读印度的经典,都会遇到这些词。而这些词很难用中国人固有的观念来解释,也很难用现有社会科学常用的概念来解释。像"Dharma",近似地翻译为"法"。印度教的这套关键词,重点解决的是人的超越问题,即人跟超自然的关系问题。一种文明就像一个人,每个人都有性格特点,譬如张三他喜欢吃西餐,活泼;李四喜欢吃中餐,深沉。印度文明的特点是特别重视解决人与超自然的关系,它在这方面花了大量的精力。中国文化的关键词重点解决的是人与人怎么相处,怎么做个好父亲、怎么做个好儿子、怎么做个好丈夫、怎么做个好妻子、怎么做个好臣子、怎么做个好皇帝。至于如何解决与超自然的关系,这方面的词汇很贫乏。佛教的传入,使中国人开始较多地思考超自然的问题,但是佛教思想不是中国社会的核心价值观。

现在中国很多人到印度去旅游。有人让我建议一下,到印度要注意什么。我的建议是,中国人到印度,要对印度人的宗教信仰给予充分的尊重。宗教在印度不仅是一种信仰,还是一种生活方式,一种民族认同。在印度,可以说是物以宗教定性,人以宗教分群。我看到有从印度回来的人,说印度好的不多。甚至有一些极端的说法:"你想要折磨他吗?那就把他送到印度去吧。"但我觉得,作为旅游,印度的价值是其他地方无法比的。你出国旅游,不就是要体验一下这个世界上的人的不同活法吗?文化差异越大,所受的冲击越大,旅游价值越大。要是都相同,你就不用出国了。你到了印度,会看到一个新的世界,你会处处受到冲击。譬如,假如你在印度乡村作"背包游"的话,偶然见到一个赤身裸体的人,不要惊讶。这是耆那教的一个圣人,他有好多信徒,包括好多女的,见了他都向他膜拜。这个属于耆那教的"天衣派"。耆那教的产生跟佛教大约是同一时代,它在生活戒律方面比佛教更严格。耆那教分为天衣派和白派,在孟买你看到有人穿一身白衣服、戴白帽子,那不是护士,那是耆那教"白衣派"信徒。另一派极端反对物质生活的追求,认为人穿衣服也是多余的,以天为衣,叫"天衣派"。

超自然中心的生活方式,可以理解印度社会的很多现象。比如说印度的圣人,大都是超自然问题的专家,都有关于灵魂、人与超自然关系的论述,并且都对生活节欲,都有一些常人达不到的神迹。但问题都有两个方面,印度超自然中心的生活方式,一方面出现了像佛教的创始人佛陀、甘地这样的伟大圣人和深刻的思想家;另一方面,印度也是一个盛产"忽悠大师"的国度。在美国纽约、日本东京,常能看到有人穿着黄袍,口里念着"哈瑞—奎师那"——这是一个产生于印度的新宗教。好多新宗教的教主都是印度人。现代社会,很多人生活上有困惑、有烦恼,而印度历史上宗教、哲学发达,所以许多人认为,印度文明可以解决我们生活的焦虑。印度就出口新宗教,出口新教主,这些人好多就是"忽悠大师"。前年死去的赛·巴巴,信众有上千万,据说他有超能力,双手凭空可以变出沙子,信徒拿着沙子熬汤喝,就可治病。这些都是骗人的把戏,就像前不久去世的中国的"大师"王林,凭空变蛇,就是把小魔术说成是超能力。还有一个人叫奥修。十多年前,国内出现了"奥修热",奥修的书摆满了书店的书架。现在还有一些地方在办"奥修灵修班"。这个奥修是个大忽悠。他原来是学哲学的,后来在印度创立了一个新教派,曾因性侵犯、性乱、贩卖毒品被警方通缉,声名狼藉,跑到美国。但中国有人不知道,前些年在上海、深圳,还有"奥修灵修班"。有些人有钱了,吃撑了,人生不知道该怎么过了,一看奥修这个人,大白胡子,又是印度人,很神秘,就信了。

我这里想说说印度的宗教节日——大壶节。印度的恒河和亚穆纳河交汇的地方,有一个城市叫阿拉哈巴德。印度人认为,在这里沐浴,死后能够升天。每年一小庆,每六年一大庆,每十二年一超大庆。根据去年(2016年)的报道,来这里沐浴的有七千万人。这个节日还有一个很奇葩的节目,就是几千个赤身裸体的苦行者会在这里表演。印度每到这个节日,政府总要动员很大的力量维持安全。这个时间,沐浴处方圆几公里都搭满了帐篷。人们带着帐篷,有钱的人开着车,没钱的人步行,从印度四面八方赶来,住在那个地方。你想,七千万人,集中在两河的交汇处,交通、吃饭、排泄、住宿、入河沐浴,是多大的问题啊。所以,经常发生践踏、死人事件。政府压力很大。印度的大壶节和我国春节期间的春运很像,都是世界上大规模的民俗性迁徙活动。大壶节也是民俗性迁徙活动,但移动的方向正好与中国的春运相反:春运是人们从工作的地方回家(现在也有很多外出旅游的),回那个原生态家庭,而大壶节人们则是从家里出来,到宗教圣地。是什么力量支配着人的行为?是一种类似基因的东西,一种编码系统在起作用。我们知道,自然界有一种鱼叫大马哈鱼,这种鱼有洄游的习惯。它出生在内河,长到一定的程度,便离开出生地,游向大海。游了几年之后,长大了,该繁殖后代了,就游回到出生的地方,在那里交配产卵,繁衍后代,然后死亡。一代一代都是这样。这种洄游的动力是什么呢?是基因的力量。人类也有类似的行为,一种内在的文化力量,促使人朝着某个方向行走。

有人说中国人的亲属集团回归是一种类似宗教的力量,这是有根据的。清代美国传教士何天爵来中国,发现中国人有一个很重要的特点,就是与家庭的连带很强,对家的眷恋几乎成为一种宗教,一种无论生死的最后回归。这是他在清朝末年总结出来的。你说今天这个特点变化了没有?说没变化,也不是事实。你看现在大批农民工走出家门,到城市里谋生,就知道已经发生了变化。但对亲属集团的回归心理,仍深深地影响到我们现在的行为。中国的春运,跟何天爵当年看到的中国人对家庭的回归是有联系的。印度社会有一种文化理想,就是人与超自然的彻底合一,就是解脱。这是人活着的目标。这是一股强大的精神力量,仍在影响着今日印度人的行为,促使他们在宗教节日走出家门,到宗教圣地寻求宗教超越。

解脱到底是一种怎样的状态?很难说得清,因为谁也没有经历过。说白了,解脱就是死亡。死亡谁能体验呢?只有死亡边缘的体验(叫"濒死体验"),没有真正的死亡体验。所以,解脱是一种什么样的状态,就有无数种说法。印度宗教不同的教派,围绕着什么是解脱、如何才能实现解脱等问题,争执不休。由于谁也没有真正体验过,所以谁都可以说一套。有的说,苦行、节制欲望可以解脱。有的说,控制身体上的某些器官就能解脱。有的说,不需要那么复杂,只要咏读经典就可以解脱。有的说,连经典也不要读,光念念神的名字就能解脱。瑜伽强调对身体的控制,本来是一种接近神明、解脱的实践活动。解脱本身是一个类似于中国道德经中的"道","道可道,非常道",无法描述,无法验证。印度的经典里,对这一最高境界的描述有一套很独特的话语体系,就是用一系列的"不是什么"来肯定。佛教的经典里面有类似的表述方法,譬如,著名佛教经典《心经》,就用一套否定方法来表达终极境界:"不生不灭,不垢不净,不增不减。是故空中无色,无受想行识，无眼耳鼻舌身意，无色声香味触法，无眼界乃至无意识界，无无明亦无无明尽，乃至无老死，亦无老死尽，无苦集灭道，无智亦无得，以无所得故。"既不是这，也不是那，既不是是，也不是不是。印度的教派很多，各派都有自己的一套东西，都相互不服气，永远在辩论，但永远也辩论不出什么东西。用这种否定式表述，把一切都否定了，也等于把大家统一了。

从印度人的行为还可以看出另一个特点，就是"阶序人主义"。阶序人主义体现在社会制度上就是种姓制度。种姓制度的核心是什么？是对人的一种排列方式。其他社会也有类似种姓的等级制度，如中国古代有士、农、工、商的区分，士与庶的分辨。古代西方、埃及、日本也有类似的制度。但不同的是，印度的种姓制度是在宗教上安排人的，它把人的排列看成是通向一个最高目标的长长阶梯，人在这个阶梯上处于不同位置。离神最近的人地位最高，处在阶梯的顶端。离神最远的人地位最低。还有一部分人根本没有资格在这个梯子上占有位置，这些人叫"不可接触者"。世界上其他社会的等级制度，都缺乏印度教种姓制度的神学基础。这一特点使得种姓制度特别有韧性，因为它设计得特别有逻辑性，很难推翻它，到现在仍有影响。在种姓体系下，衡量人与人的距离不是财富，也不是权力，而是宗教上的洁净程度。地位越高的人越洁净，地位越低的人越污秽。洁净与污秽的区分，与信仰的神明、从事的职业以及生活习惯等因素有关，有很大的随意性。

传统上的种姓制度一般把人分为几大类别：婆罗门、刹帝利、吠舍、首陀罗。但事实上，印度的种姓制度要比这复杂得多，同样一个婆罗门，下面就有几千个亚种姓，他们之间也相互排斥，互不通婚。要确定这些种姓的地位是很难的。在印度碰到穿着脏兮兮的衣服、乞丐一样的人，你可别小看他，他可能是地位最高的婆罗门，这从他脖子上挂的圣线可看出来。另外，还可从额头上的标记看出来。还有"哈利真"，就是"不可接触者"。"哈利真"是种姓体制外的人，被认为已经丧失了与最高神明接近的资格，故不是印度教徒。最近几年，这些人很多已经加入了伊斯兰教，还有许多信了佛教。

传统种姓制度有职业世袭、内婚、隔离等特点。不过，现在已经发生了很大的变化。在像新德里、孟买、金奈这些大都市里，种姓制度已很难观察到了。譬如职业世袭这一条，原来村落里的陶工、木匠，到了大都市，没有这样的职业了。在城市里生活，相互隔离也很难坚持。但种姓印度教徒与

"哈利真"之间的区分,还是比较明显的,现在印度村落里也还保持着隔离。印度村落在结构上跟中国村落有所不同,印度村落一般都有一个主村,住着种姓印度教徒,在距离主村大约一公里或半公里的地方,还有一个附属村落,住着"哈利真"。在大城市里,有时候也能看到这样的隔离。

内婚这一特点,直到现在也没有什么变化。虽然现在政府提倡不同种姓之间的通婚,甚至有的规定,不同种姓之间通婚能够获得奖金,但愿意拿这样奖金的人很少。种姓内婚,不是说绝对不通婚,这里有"顺婚"和"逆婚"两种情况。"顺婚"是指低种姓女子上嫁高种姓男子,这虽不提倡,但是被允许的。高种姓女子下嫁低种姓男子叫"逆婚",这是绝对禁止的。有时候我们偶尔在印度媒体上会看到"名誉处决"的报道:因为女子与不同种姓的人通婚,家里人把她砸死了。这种情况,多是"逆婚"现象,即女子家庭地位比较高,却与地位低的种姓男子通婚了,或者私奔了。在这一制度下,女子只能向上流动,造成了高种姓女子和低种姓男子过剩的结果。这些情况类似中国那些经济不发达的地区,女孩子往城市等经济发达地区流动,出现了城市里面的"剩女"多、贫困地区的新娘不足的现象。这也是"顺婚"造成的。

中国社会也有等级,但没有像印度种姓制度那样神学的基础,所以很容易变化。"文化大革命"的时候,某些农村对"地、富、反、坏、右"进行管制,贫下中农不跟他们通婚,后者的交往也受到限制。贫下中农的干部要跟他们交往的话,会被说成是"阶级立场不稳"。这些人类似于印度的"不可接触者"。他们的女孩子能够嫁给贫下中农的男子,而后者女孩子绝不会嫁给他们家的男孩子。这样,他们的女孩子都嫁出去了,男孩子却找不到老婆,家族的延续就成了问题。为了解决这个问题,一些地方就出现了"换亲"和"转亲"现象:你们家是地主,我们家也是地主,每家都有一个男孩,一个女孩,那么,你家女孩嫁给我家男孩,我家女孩嫁给你家男孩,这就叫"换亲"。有的还不是两家直接换,而是三家、四家转换,这叫"转亲"。这就是说,一个时期,中国也出现过类似的"不可接触者"阶层。但由于没有宗教基础,"文化大革命"结束后,这种现象就没有了。

我们中国人去了印度以后,对"不可接触制度"不敏感。我们有兴趣跟"哈利真"交谈,但他们一般不跟你多说话。大学宿舍打扫卫生的人,"哈利真"出身比较多,你跟他说话,他眼睛不正视你,只是恭敬地回答你的问题,不跟你多谈。在南印度农村,有钱人家里雇的民工,是"哈利真",他们在主人家中干活,也是有分寸的,能去什么地方不能去什么地方,说什么样的话,他们都很清楚。

种姓制度的设计,也有一些"好处"。当你周围的人跟你差不多,没有特别富的,生活习惯也一样,你就会少了攀比、羡慕和嫉妒,心里就会很平和。假如说你周围的人,都比你强好多,出入开名车、住豪宅,家里请保姆、用保镖,一掷千金,跟这些人住在一起,就会自然生出不满:凭什么他比我生活得好?现在中国有的地方也出现了富人区、穷人区的问题,我认为这是应当防止的。但事情总有两面:穷人跟富人混住在一起,增加了穷人心里的不平衡,也增加了富人的防范。中国历史上不断有农民起义,还有打土豪、分田地、闹革命;但在印度历史上,大规模的农民起义就比较少,因为印度的种姓制度把人分成一格子一格子的,这格子与那格子,不交往、不通婚、不住一起,是不同道上跑的车。这种设计减少了攀比,使人比较平和,再加上印度教有一套对身份的理论解释,就是因果报应、轮回理论,让人安于现状,减少了反抗。

阶序人之间的关系,是种姓关系。种姓关系下人与人交往有什么特点?这里谈谈阶序人的交换模式。我们知道,一个人的存在,每时每刻都在跟周围进行各式各样的交换,有物的交换、有信息的交换、有情感的交换。不同的基本人际状态下,有不同的交换类型。在阶序人这种基本人际状态下,是一种"单惠型交换"模式。典型的单惠型交换关系就是人与神的关系。人向神祈祷,神会赐给人一切,但人可以不考虑向神还报。神是万能的,神不需要还报。这就是单惠型关系。在阶序人社会,这种类型的交换会广泛影响人与人的关系。从理论上讲,人与人之间的交换需要某种平衡:你到店里买面包,四块钱一个,你付钱,得到面包,遵循等价交换的原理,达到了某种平衡,交换活动完成。这是最简单明了的平衡模式。人类社会还有很多其他类型的交换,都必须达到某种平衡才能完成。那么,"单惠型交换"也有平衡吗?有。但这个平衡,不是人与人之间那种直接的平衡,它是通过超自然的"法"(Dharma)达到平衡的。一个人在这个世界上,有什么权利、要付出什么、获得什么报酬,都不是人的行为本身决定的,而是由超自然的"法"决定。这一点非常重要。在阶序人社会,人与人之间的关系,并不追求投桃报李式的平衡。对中国人来说,是一种相互依赖式的平衡模式:我接受你的好处,我不能欠你的人情,下一次我必须以另外的方式还报你的好处。但是在印度就不是这样。接受他人的好处,不一定要还报,有一个至高的东西,在平衡着交换过程。

这可以理解印度社会中一些难以理解的现象。譬如,印度的乞讨现象十分普遍。去过印度的人,都对印度的乞丐有印象。在金奈海岸,碰到一群可爱的小孩,正要给他们拍照,他们马上就伸手跟你要钱。印度到底有多少乞丐?最新的材料说,有几十万,但这个数字是指以乞丐为业的人,有很多人不是职业乞讨者,有的人是临时起意跟人乞讨,这些人就不包括在这个数字里。有很多乞丐,不是因为穷,而是把乞讨作为一个人精神上超越的手段。有人把财产散尽后乞讨。印度历史的上一些国王,在登基的时候要进行一种象征性乞讨。因为在这个文化语境下,人的财富是接近神明的障碍,而人一无所有、以乞讨为生,更容易接近神。有的乞丐还乞讨有理,他们说,"至高绝对者"是公平的,我们只是拿回了我们应得部分。他不是在向你索要东西,而是在给你做好事的机会。你看,这就是"乞讨有理"。

但在你抱怨印度乞丐多的时候,你是否注意到印度社会的另一种现象,即施舍也比较普遍。我在南印度村落做调查时,村里的村长告诉我,他每年把他赚的一部分钱,捐献给坦焦尔的神庙。这神庙里有许多穷人居住,靠庙里的施舍过日子。印度好多神庙都发挥着国家慈善机构、福利机构、收容机构的作用。过去的中国也这样,好多神庙会给穷人施舍粥饭,收容穷人。

从理论上讲,有多少个乞丐,就必然有多少个同样多的施舍行为。如果人人都不施舍,乞丐能存在下去吗?所以,乞丐多,说明施舍在印度也是一种普遍现象。施舍在印度文化中是一种崇高美德。这一美德通过佛教也影响了中国。佛教里面讲施舍,有财产的要施舍,没财产的也可以施舍,譬如可施舍我们的笑脸、施舍住处、施舍座位等,这叫"无财七施"。这是一种彻底的利他主义的爱,是不求回报的爱。施舍与乞讨是一个问题的两面。一种是不求回报的爱,一种是不需要考虑回报的索取。这就是典型的单惠型人际关系的表现。

我们中国人跟人打交道,是一种相互依赖模式:我在这个事情上帮助你,但是我能预期,你会在别的事情上帮助我,以还报我对你的好意。如果接受了别人的好处,不还报的话,我们一般来说都会内疚,我们常常说我还欠着别人的人情呢,我们会牢牢地记住,不要忘记还别人的人情。而印度人是不是这种模式呢?不是。他们是单惠型模式。所以他向你索要东西,你想给就给,但不要期待对方还报你。你不想给的时候,要明确地拒绝,这不会得罪他,也没有"面子"问题。

我看到一个分析中国与印度腐败的材料,说中国和印度都有腐败,但两个国家腐败有两点不同。一个是,在印度,高官腐败相对较少,地位越低的官员索贿的人越多,那些办事人员,明目张胆地跟你要东西,但高官要好一些。为什么呢?在权力的设计上,印度有反对党,法律、媒体上监督也比较严。有许多人在盯着你,你腐败,容易被人发现。另外,高官收入相对比较高,腐败被发现,付出的成本太高。中国相反,小官贪腐比较少,因为他权力小,想贪也贪不了;越高的官,贪腐越大,因为越是高官,受控制、受监督就越少。另一个特点是,在印度,行了贿也不一定能办事。官员接受了你的东西,你等他办事,大部分是靠不住的。但在中国,你只要行贿成功了,基本上都可以保证他会给你办事。中国许多腐败,是"人情腐败":朋友、熟人托办事,拿了人家的好处,若不替人家办事,内心就会过不去。他要不办事,有时候会通过其他办法,把收到的好处还给你。这种差别,与两个社会的交换模式有关。

三、印度文明与当代世界

印度文明跟中国文明一样,在近代遭遇过源于西方的现代文明,之后都受到很大的冲击。每一种文明都是解决人类问题的一套系统,但重点是不同的。印度文明最大的一个特点,是解决人与超自然之间的关系。在这方面,印度文明可以说是人类的一个极限。由于重点放在这方面,其他的方面,如人际关系方面、人与物质的关系方面,就受影响。印度人生活中重要的东西是精神超越,它对人类的贡献在宗教、哲学方面,而在物质文明方面,简直是乏善可陈。看印度的一些古代遗迹可知,过去皇帝的宫殿和日常生活用品,都非常简单。中国文明重点是在解决人与人之间的关系,在这方面积累了一套经验。在物质方面它也有贡献,因为它的重点不是天天想着怎么超越,而是要怎么好好过日子,所以,中国文明在物质方面的贡献要大于印度。不过,中国也好,印度也好,在物质上的进步方面,都没有很大的贡献。中国和印度,历史上常常发生大规模的饥荒,一发生饥荒,就大批饿死人。另外,还常常有大规模的传染病,也要死好多人。中国与印度文明,都没能解决这个问题。现代文明解决了这个问题。所以,面临现代文明的挑战,这两个文明都要思考本身存在的问题,思考如何与现代文明融合的问题、思考如何接受现代科学知识以摆脱贫穷的问题。既然印度和中国作为人类文明延续了几千年,它们都积累了一些经验。印度文明积累的经验主要在人的精神超越方面,中国文明积累的经验则主要是在人与人关系方面。这些东西对现在社会应该说还是有用的。由于人都是生活在文化传统之中,文明会对两个国家的发展带来明显的影响。中国由于缺少像印度那样根深蒂固的宗教束缚,所以在经济社会发展方面要比印度快得多。有大量的数据表明,中国在经济社会发展方面远超印度。印度由于受宗教的影响,经济发展比中国缓慢。一种认为财富是接近神明的障碍的文明,得为人们的贫穷负一定的责任。但这个文明也给了人们另一种禀赋:不着急,悠然自得,物质生活淡定,表现出较强的文化上的自信。在印度旅游,坐机动三轮车,司机很穷,光着脚丫子开破破烂烂的车子,但他却会给你上课,大谈什么是幸福。有一次,在印度,我们大清早要去火车站,没有公交车,请机动三轮车的司机拉我们到车站,我们愿付双倍的钱。可是司机说,我不敢,因为我早上起来还没祈祷呢。所以像中国这样"经济发展压倒一切"的口号,在印度很难得到民众响应。

印度人对"超自然中心"的生活方式现在也开始有反思了。最近看了一部印度电影,叫 PK,就是对宗教的反思。这部电影对印度教、对伊斯兰教以及其他宗教,都做了批评,这在超自然中心的印度是很难得的。这说明,印度还是有理性思考者,有理性的声音。若是在伊斯兰教社会,这样的电影肯定是不行的。尽管这样,这个电影发行以后,还是遭到了一些民众的抵制,出现了游行。现在的印度总理莫迪,上台后提出一个重要口号是:"修厕所比修庙重要。"印度的厕所简直是一塌糊涂,好多地方没有厕所,现在的新德里大街,一些地方都是臭烘烘的,因为人们随处小便。提出这个口号,也是对印度宗教的一个反思,很了不起。

在物质丰富的今天,印度文明对我们的一个重要启示是:文化上的自信和对物质生活的淡定。当然,印度还有很多人营养不良,挨饿。美国消费的粮食是印度的 6 倍,肉类是印度的 30 倍。印度人消耗的资源比我们少,从这个意义上说,他们对环境的破坏要比我们轻,他们实际上在承担着由于我们过度消费带来的世界环境问题。从历史上看,印度人本来是食肉的,古代婆罗门教是大量杀生祭祀的,但后来,一个食肉民族变成一个吃素民族了,这需要多么大的道德力量呀。我们两天不吃肉,就馋得慌,就控制不住,一个民族要由一个肉食变成素食民族,要有多大的自控力啊。

(本文作者系北京大学国际关系学院教授)

Indian Civilization and the Contemporary World
Shang Huipeng

Abstract: In this article the relationship between Indian civilization and the living system of Indians are analyzed. It explains the main characteristics of Indian civilization by true examples: centering on the supernatural and the Homo Hierarchicus. After encountering the western modern civilization in modern times, the Indian civilization was greatly impacted. Although having been changed a little, the Indian civilization still continued to nowadays. At the same time, some examples are given to compare the differences between Indian civilization and Chinese civilization in this article.

Key words: Indian civilization; Supernatural; Homo Hierarchicus

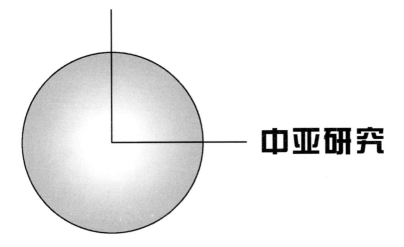

中亚研究

"丝绸之路经济带"在哈萨克斯坦的进展及挑战

甘 露 韩 隽

【内容提要】 哈萨克斯坦是中国产业"走出去"、开展国际产能合作的首站和干道,中哈经济走廊建设对于"丝绸之路经济带"的深入推进至关重要。自"丝绸之路经济带"倡议提出以来,在两国高层的大力支持下,中哈合作不断深化,中哈经济走廊建设取得明显进展,但仍面临着一些挑战:政权安全风险走高、非传统安全威胁上升、"中国威胁论阴影"阻碍民心相通等。这些对中哈经济走廊建设造成直接负面冲击和长期危害,值得关注。

【关键词】 "丝绸之路经济带";中哈经济走廊;哈萨克斯坦;中国

2013年9月习近平主席在访问哈萨克斯坦(本文以下简称"哈国")期间,在纳扎尔巴耶夫大学发表演讲,提出了共建"丝绸之路经济带"的重大倡议,获得了中亚国家的普遍支持。中亚各国纷纷积极参与"丝绸之路经济带"的建设,并提出将本国的国家发展战略与之相对接。在多重因素推动下,中亚五国中经济体量最大、发展程度最高的哈萨克斯坦率先与中国在开展"丝绸之路经济带"方面进行合作,并在多个领域取得显著进展。

2015年5月27日,中共中央政治局常委、国务院副总理张高丽在"一带一路"建设推进工作会议中确定将重点推进六大走廊的建设。① 中国与哈国之间的经济走廊作为新亚欧大陆桥与"中国—中亚—西亚"经济走廊的重要组成部分(以下简称"中哈经济走廊"),涵盖了油气管道的开发、交通运输网络的建设完善以及产能、金融等领域的广泛合作,是"丝绸之路经济带"在哈萨克斯坦推进的直观体现,成果颇丰。2017年2月28日,哈方在哈投资和发展部与中国发展改革委第十一次产能与投资合作对话中表

---

① 即新亚欧大陆桥、中蒙俄经济走廊、中国—中亚—西亚、中国—中南半岛、中巴经济走廊、孟中印缅经济走廊。

示,中哈已形成一份包含 51 个项目的清单,涉及资金 262 亿美元,其中已完成项目 2 个,5 个正在落实,大部分处于设计和前期准备中,计划在未来 5 年内完成。① 哈方将借鉴"中国制造 2025"的成功经验,推进工业化进程。②

截至 2017 年 5 月,中哈已举行 12 次产能与投资合作对话,对重点工作、产能合作规划编制、重点项目清单、签证便利化进程进行安排。

本文旨在梳理"丝绸之路经济带"在哈萨克斯坦建设的进展,同时分析这一进程所面临的政治和非传统安全风险,对其前景进行初步展望,并提出相应的对策建议。

一、"丝绸之路经济带"在哈萨克斯坦的主要进展

中哈在"一带一路"倡议框架下,关系全面升级,在互联互通方面取得显著进展,为沿线其他国家产生积极的示范作用。2015 年 12 月,李克强总理对哈萨克斯坦进行访问,双方签署了《中哈加强产能与投资合作备忘录》,同时就两国开展钢铁、有色金属、炼油、水电等广泛领域进行产能合作达成 11 项协议。中哈产能合作是中国在海外产能合作的样板。在两国政府、企业界、金融机构的共同努力下,双方签署了产能与投资合作政府间框架协议,建立起部门间工作机制,设立了产能合作基金,同时不断探索涵盖投资、生产、销售、服务的一条龙的产能合作模式。

(一)能源合作快速推进

能源合作是中国与中亚国家,尤其是哈萨克斯坦和土库曼斯坦的重点合作领域。其中,中国与哈萨克斯坦的能源合作于 1997 年已正式启动。③中哈原油管道于 2004 年启动,阿塔苏—阿拉山口管道和肯基亚克—库姆

---

① 《哈萨克斯坦投资和发展部与中国发改委召开产能与投资合作对话》,驻哈萨克经商参处,2017 年 2 月 28 日,http://kz.mofcom.gov.cn/article/jmxw/201703/20170302525927.shtml,访问于 2017 年 4 月 15 日。

② 《中国制造 2025》是中国政府实施制造强国战略第一个十年的行动纲领。文件提出,坚持"创新驱动、质量为先、绿色发展、结构优化、人才为本"的基本方针,坚持"市场主导、政府引导,立足当前、着眼长远,整体推进、重点突破,自主发展、开放合作"的基本原则,通过"三步走"实现制造强国的战略目标:第一步,到 2025 年迈入制造强国行列;第二步,到 2035 年中国制造业整体达到世界制造强国阵营中等水平;第三步,到新中国成立一百年时,综合实力进入世界制造强国前列。

③ 哈萨克斯坦油储量在世界排名 12,铬铁矿探明储量居世界第三。

科尔管道先后在 2006 年 7 月和 2009 年 10 月投入商业运营,建成了 1700 多公里的管道和 2000 万吨的原油年输送能力。自 2010 年以来,中哈原油管道进口原油量以年均 20% 的速度递增,成为名副其实的"中国西部能源大动脉"。截至 2017 年 3 月 29 日,已实现累计向中国输油一亿吨。①

在"丝绸之路经济带"倡议提出之后,能源合作被注入新的内涵。其中新建天然气管道 2 条,同时还在石油产品加工、核能及电力领域不断深化合作。

在能源管线建设方面,新建成中亚天然气管道 C 线。2014 年 6 月 15 日,中亚天然气管道 C 线开始向中国境内供气,中亚天然气管道自此实现 A、B、C 三线并行,入境后通过霍尔果斯压气站与西气东输二三线管道相连。中亚 D 线天然气管道业已投入规划建设,截至 2017 年 3 月,中亚天然气管道已累计向国内供应油气当量 2.3 亿吨。② 2017 年 4 月 14 日,哈萨克斯坦阿克秋别州巴佐伊压气站正式投产,标志着由中哈双方共同投资建设的哈萨克斯坦南线天然气管道项目,即别伊涅乌(Beineu)—巴佐伊(Bozoi)—奇姆肯特(Chimkent)天然气管道全线建设完工。该压气站投产后,可将天然气管道的输气量提升到 60 亿方/年。管道连接哈国内外 4 条天然气管道的主干线,完善了哈萨克斯坦干线管网的结构,也提升了中国引进天然气的保障能力。同时该管道也是重要的民生工程之一,为哈国提供了 2000 多个就业岗位,随着分输站的投用,预计将给沿线 500 多个居民点(区)、150 多万居民供应天然气,极大地缓解哈国南部冬季用气紧张的局面。这条管道作为两国能源领域合作的重点项目,除了向哈国南部和沿线地区供气外,未来可实现通过中哈天然气管道,每年向中国供气 50 亿方,开辟了中国与中亚天然气输送的第二条管道,是一带一路上能源设施的典范工程。③

在石油产品加工方面,2016 年 7 月哈萨克斯坦相关企业与中国有色金属建设股份有限公司签订价值 1.7 亿美元的工程总承包合同——对巴甫洛达尔石化厂进行现代化改造,计划于 2017 年年底完工。该项目要更新

---

① 《中国石油中哈原油管道累计输油一亿吨》,网易新闻,2017 年 3 月 29 日,http://news.163.com/17/0329/20/CGNLQN8A00018AOQ.html,访问于 2017 年 4 月 28 日。

② 《中国石油中哈原油管道累计输油一亿吨》,载《中国日报》2017 年 3 月 30 日,http://caijing.chinadaily.com.cn/2017-03/30/content_28737058.htm,访问于 2017 年 5 月 2 日。

③ 哈国南线天然气管道起自曼吉斯套州别伊涅乌,途经阿克秋别州、克孜奥尔达州、南哈州,全长 1452.2 公里。

的硫化装置可将石油炼化过程中经催化、加氢、焦化等过程产生的废水废气进行分离处理,处理后工厂的各项排放物指标将达到发达国家排放标准;同时将分离出的硫化氢和二氧化硫等有害气体转化成硫黄,年产量达6万吨,可谓是额外经济效益。①

在核能领域方面,2016年7月20日,哈萨克斯坦国家原子能工业公司总裁阿斯卡尔·朱玛伽里耶夫(Аскар Жумагалиев)会见了中国中信集团公司董事长常振明。双方就加强合作,以及进一步吸引资金投资哈国核电领域进行讨论;同时就中国允许过境运输哈国天然铀、向中国供应核燃料、联合在哈国建设铀矿场、加工工厂以及核技术在医学方面的应用等领域加强合作进行讨论。之前,哈国国家原子能工业公司已与中国广东核电集团有限公司签署相关协议,根据协议将在哈国修建核燃料生产工厂,该工厂将向中国供应核燃料,其每年的生产能力为200吨。②

2016年以来,中哈在电力合作领域也有突破。2016年12月23日,中国电建集团湖北工程有限公司与哈萨克斯坦莎尔风力发电有限公司(Shar wind turbines LLP)就承建哈萨克斯坦莎尔(Shar)37.5MW风电项目签订协议。③ 哈国境内建有68个发电厂,其中5个为水电厂,75%的电力由火电厂供应。④ 该项目是哈国的第一个风电项目,建成后将有效提高发电效率、减少污染物排放,具有重要意义和深远影响,是促进中国—中亚全面深入合作的切实之举。

(二) 经贸合作进一步深化

哈萨克斯坦是中国在中亚第一大、独联体地区第二大贸易伙伴。面对国际金融经济危机,两国紧密协作,努力调整双边贸易结构,全面拓展非资源领域合作,大力支持中、小企业投身中哈务实合作,取得显著成效。

---

① 《中哈产能合作带来发展新契机》,人民网,2016年10月29日,http://world.people.com.cn/n1/2016/1029/c1002-28817305.html,访问于2017年4月15日。

② "Kazakh atomic company and China strengthen nuclear cooperation", Times of Central Asia, July 20, 2016, http://www.timesca.com/index.php/news/16901-kazakh-atomic-company-and-chinese-companies-strengthen-nuclear-cooperation,访问于2017年3月18日。

③ 《中国电建湖北工程公司签约哈萨克斯坦风电EPC项目》,哈萨克国际通讯社,2016年12月27日,http://www.inform.kz/cn/epc_a2983819,访问于2017年4月15日。

④ "Electric Power Generation", Export, May 27, 2015, http://export.gov/kazakhstan/doingbusinessinkazakhstan/leadingsectorsinkazakhstan/electricpowergeneration/,访问于2017年5月5日。

除能源合作外,中哈企业在农业、食品等领域的合作稳步推进。2016年3月,陕西省爱菊集团计划在北哈萨克斯坦州兴建面粉及油脂生产厂项目,并在哈国租赁土地进行原料种植。① 2016年12月6日,中哈爱菊农产品加工园区一期工程建设完成并顺利投产,设计产能为年处理菜籽30万吨(产油脂16万吨)。

两国企业在其他领域的合作也不断深化。2015年3月,江淮集团与哈萨克斯坦阿鲁尔集团(AllurAuto)签署汽车产品组装授权协议。2015年底,江淮汽车首批产品在哈国各大城市同步上市,当年即成功进入品牌销量排行榜前15名。2016年7月25日,新疆三宝实业集团向哈方出口92辆压缩天然气公交汽车中的40辆运抵霍尔果斯口岸。这些车辆将用于哈萨克斯坦克孜勒奥尔达市城市公共交通的民生项目。项目合同总标的近1800万美元。这也是新疆首批出口的、获取欧亚这个联盟认证的、由中国制造的压缩天然气公交汽车车型。②

目前已有多达2600余家中资企业赴哈投资兴业。③ 哈萨克斯坦成为中国在欧亚地区第一大对外投资对象国。

(三)交通运输网络持续完善

中哈两国在道路建设和升级、新建铁路、增加两国间航班方面成效显著,快捷、畅通的道路运输网络初见雏形。这有助于提升货运量,进而实现经济发展。

在升级公路方面,自2014年起,哈萨克斯坦对国内超过2000公里的公路进行翻修和重建。截至2016年年底,长达2787公里的"西欧—中国西部"交通走廊(4车道)(Western Europe-Western China International Transit Corridor)已开通投入使用。④ 2017年,哈国将继续重建公路约2000公

---

① 《中哈产能合作迈出新步伐》,中国商务新闻网,2016年3月26日,http://epaper.com-news.cn/news-1134008.html,访问于2017年4月12日。
② 《新疆向哈萨克斯坦出口压缩天然气公交汽车》,凤凰资讯,2016年7月26日,http://news.ifeng.com/a/20160726/4966641_0.shtml,访问于2016年12月10日。
③ 《中国驻哈萨克斯坦大使撰文高度评价两国关系》,中国驻哈大使馆,2016年11月2日,http://www.fmprc.gov.cn/ce/ceka/chn/dszc/dshd/t1412304.htm,访问于2017年2月10日。
④ 《工业化发展年度总结会议在首都召开》,2016年12月6日,http://www.kazinform.kz/cn/article_a2977188

里,新建公路 555 公里。①

在完善铁路网络方面,2017 年 2 月 8 日,东哈州州长表示,中哈双方在已有的两条跨境铁路(多斯特克—阿拉山口铁路和阿勒腾阔勒—霍尔果斯铁路)的基础上正就修建第三条跨境铁路的可行性进行商榷。该铁路将以克拉玛依市为起点,经塔城最终到达哈国阿亚古兹市。而 2014 年,中方境内克拉玛依—塔城路段已开工,计划于 2019 年竣工。② 哈萨克斯坦是中欧班列过境运输的境外首站,截至 2016 年 12 月,中国向欧洲开行包括"长安号"和渝—新—欧、郑—新—欧、汉—新—欧、连—新—欧、义—新—欧等在内的多条中欧列车。③ 通过哈国,往返于中国和欧洲的集装箱运输也将增加。据悉,2016 年 2 月到 9 月,经过哈国的从中国到欧洲的集装箱运输车辆共 62816 辆。纳扎尔巴耶夫总统在 2 月末对国民的讲话中称,到 2020 年,将把运输集装箱的数量增加到 7 倍。④ 中哈高效合作,既有力促进了丝绸之路现代化进程,也为欧亚大陆跨区域合作发挥着越来越重要的作用。

在增加中哈间航班频率方面,2017 年 2 月 28 日,哈萨克斯坦投资与发展部部长称,每周从阿拉木图到北京的航班将由 5 次增加至 7 次,从阿斯塔纳到北京的航班将由 2 次增加到 4 次。此外,还将在阿斯塔纳到乌鲁木齐以及阿拉木图到乌鲁木齐的航线上增加更多航班。⑤

中哈物流基地自建成以来充分发挥哈萨克斯坦国有铁路公司的优势,不断扩大中亚、中欧列车开行范围和数量,努力打造物流运输大通道。目前,中亚班列抵达阿拉木图只需 6 天,基本覆盖中亚 5 国主要站点,每周最多开行 9 列。中哈国际物流公司已经形成上合组织(连云港)国际物流园和哈国"霍尔果斯—东门"经济特区、新疆霍尔果斯物流场区、连云港核心

---

① "A. Mamin: road infrastructure significantly modernized in 2016", Kazinform, November 4, 2016, http://www.inform.kz/en/a-mamin-road-infrastructure-significantly-modernized-in-2016_a2966357, 访问于 2017 年 3 月 18 日。

② 《哈中两国或将开通第三条跨境铁路》,哈萨克国际通讯社,2017 年 2 月 8 日,https://mp.weixin.qq.com/s/nY7g3xLemXaFL_idQdKlWQ,访问于 2017 年 3 月 26 日。

③ 长安号,即西安—鹿特丹铁路;渝新欧铁路,即重庆—阿拉山口—杜伊斯堡铁路;郑新欧铁路,即郑州—阿拉山口—汉堡铁路;汉新欧铁路,即武汉—阿拉山口—梅林克铁路;连新欧铁路,即连云港—阿拉山口—杜伊斯堡铁路;义新欧铁路,即义乌—阿拉山口—马德里、义乌—阿拉山口—德黑兰、义乌—阿拉山口—阿拉木图铁路。

④ 《中国驻哈萨克斯坦大使撰文高度评价两国关系》,中国驻哈大使馆,2016 年 11 月 2 日,http://www.fmprc.gov.cn/ce/ceka/chn/dszc/dshd/t1412304.htm,访问于 2017 年 4 月 20 日。

⑤ "Kazakhstan-China to increase flights frequency in 2017", Trend, February 28, 2017, http://en.trend.az/casia/kazakhstan/2726699.html,访问于 2017 年 3 月 20 日。

区(一园三区)的布局,为中亚5国过境运输、仓储物流、往来贸易打造国际经济平台。2017年2月5日,哈国首批过境小麦搭乘班列顺利抵达连云港,并通过海运换装发往越南,连云港作为哈国粮食过境中国唯一指定口岸的政策正式落地。2017年内,基地将乘势推进哈国小麦过境中转业务常态化运作,打造跨境电商市场服务平台,引导中哈货物逐渐形成双向运能匹配的对流运输模式,促进场站量效双增。2017年1—2月份,中哈物流基地货物进出库量达到66.6万吨,同比增长79%;集装箱空、重箱进出场量3.6万标箱,同比增长137%。①

综上所述,中哈产能合作自2014年开展以来取得了一系列重要成果。可以看出,中哈产能合作模式是以投资建厂为切入点,探索建立涵盖投资、生产、销售、配套服务的一条龙产能合作模式。采取部门间对接的政府磋商机制,以丝路基金对接哈萨克斯坦投资和出口局,共同建立中哈产能合作基金,为合作项目提供资金来源。中哈产能合作的开展丰富了"丝绸之路经济带"建设和哈萨克斯坦"光明之路"新经济政策对接合作的内涵,也把两国发展战略对接落实到具体和实实在在的合作项目上。

二、"丝绸之路经济带"在哈萨克斯坦推进的现实基础

近年来,中哈双方政治共识、安全互信不断增强,产业互补合作空间大,且"丝绸之路经济带"倡议与哈国国家发展战略目标高度契合,这为"丝绸之路经济带"在哈深入推进奠定了坚实的基础。

(一)"丝绸之路经济带"倡议契合哈国国家战略利益

综观哈国国家战略,诸多内容可与"丝绸之路经济带"倡议相对接。1997年,哈国推出《哈萨克斯坦2030》发展战略,将国家安全、经济发展、交

---

① 《"中哈"品牌增色"一带一路"贸易大通道》,江苏省交通运输厅,2017年4月8日,http://www.moc.gov.cn/st2010/jiangsu/js_jiaotongxw/jtxw_wenzibd/201704/t20170405_2185380.html,访问于2017年4月19日。

通及通信基础设施建设等 7 项事务作为优先发展事项。① 随后又在 2012 年对发展战略进行调整，推出《哈萨克斯坦 2050》战略，进一步提出以全新的理念发展基础设施建设、推进工业创新计划、实现农业现代化等，试图以此实现产业结构升级，促进产业结构多元化。2014 年，纳扎尔巴耶夫总统提出"光明之路"计划，致力于在哈国国内推进基础设施建设，激发经济活力，确保经济和就业增长。"光明之路"计划中提出加强基础设施建设，包括 7 个方向：交通物流基础设施、工业基础设施、电力基础设施、旅游基础设施、教育基础设施、住宅物业现代化、支持经营主体的发展。② 纳扎尔巴耶夫在这些战略中均提出应大力发展基础设施，并特别强调了要尽快完成包括连接西欧—中国西部在内的一系列交通建设项目。

而基础设施互联互通是"一带一路"建设的优先领域。2015 年 3 月 28 日，国家发展改革委、外交部、商务部联合发布《推动共建丝绸之路经济带和 21 世纪海上丝绸之路的愿景与行动》。其中将完善关键通道、关键节点和重点工程的交通基础设施作为工作重点，优先打通缺失路段、畅通瓶颈路段，配套完善道路安全防护设施和交通管理设施设备，提升道路通达水平；推进建立统一的全程运输协调机制，实现国际运输便利化；推动口岸基础设施建设；加强能源基础设施互联互通合作，共同维护输油、输气管道等运输通道安全；等等。③

有鉴于此，2016 年 9 月 2 日，在习近平主席、哈国总统纳扎尔巴耶夫共同见证下，国家发展改革委主任徐绍史在杭州同哈萨克斯坦国民经济部部长比希姆巴耶夫共同签署中哈政府间《"丝绸之路经济带"建设与"光明之路"新经济政策对接合作规划》。该规划明确了中哈双方在推进"丝绸之路经济带"建设与"光明之路"新经济政策对接合作中的重点工作，为深入推进"丝绸之路经济带"建设奠定了良好基础。

---

① "The Strategy for development of the Republic of Kazakhstan until the year 2030", Official Site of the President of the Republic of Kazakhstan, http://www.akorda.kz/en/official_documents/strategies_and_programs, 访问于 2017 年 4 月 6 日。

② 《哈萨克斯坦加大力度实施"光明大道"新经济政策》，中国驻哈萨克斯坦经济商务参赞处网站, 2015 年 4 月 9 日, http://kz.mofcom.gov.cn/article/jmxw/201504/20150400937003.shtml, 访问于 2017 年 5 月 2 日。

③ 《推动共建丝绸之路经济带和 21 世纪海上丝绸之路的愿景与行动》发布，新华网, 2015 年 6 月 8 日, http://news.xinhuanet.com/gangao/2015-06/08/c_127890670.htm, 访问于 2017 年 3 月 25 日。

(二) 政治共识、安全互信不断增强

共建"丝绸之路经济带"的宏伟构想提出后,中哈双边高层互访日益频繁,两国在多个领域都取得了重大进展。

2014年12月,李克强总理到访哈国,与哈国总理举行会谈期间,双方讨论了扩大和巩固两国在能源、农业、石油天然气及其他经济领域的伙伴关系,以及进一步深化地区和边境合作、共同开发利用两国跨境运输潜力的问题和途径。会后,双方签署了价值140亿美元的合作协议。① 2015年3月,在哈国总理马西莫夫访华期间,中哈再次签署了价值240亿美元的协议。② 2015年5月,纳扎尔巴耶夫再次当选总统后,中国国家主席习近平对哈萨克斯坦进行国事访问,中哈在经济、货币等方面开展了更多合作。2015年8月,在纳扎尔巴耶夫总统访华期间,中哈签署了25项价值230亿美元的协议,另外还有20个协议正在讨论中。③ 2015年12月,马西莫夫再次访华,双方表示将共同努力推动"丝绸之路经济带"倡议和"光明之路"新经济政策,开展对接合作,共同推进新亚欧大陆桥经济走廊建设。④ 三年来,面对国际和地区形势的复杂局面,中哈并肩携手,共克时艰,全面开展"一带一路"和"光明之路"战略对接,积极推进产能和投资合作,战略互信日益加深,相互支持不断增强,各领域互利合作如火如荼。

(三) 产业互补合作空间大

哈国属于典型的资源型产业结构,主要将矿产、石油、天然气的开采及加工作为支柱产业,结构较为单一。其支柱产业主要是油气、矿产的开采和加工。这导致哈国极易受到大宗商品价格周期性波动的影响,且面临着可持续发展问题。哈国的工业化水平相对较低,科技发展水平也较为有限,机械设备的加工制造、纺织、日常用品制造等产业不发达。2014年,在

---

① 《李克强访哈萨克斯坦签百亿美元大单》,和讯网,2014年12月15日,http://news.hexun.com/2014-12-15/171434936.html,访问于2017年4月17日。
② 《中国与哈萨克斯坦签署236亿美元产能合作协议》,东方财富网,2015年3月27日,http://finance.eastmoney.com/news/1350,20150327491051686.html,访问于2017年4月16日。
③ 《哈萨克斯坦总统称中哈签署25项协议 合同总额230亿美元》,新浪财经,2015年9月2日,http://finance.sina.com.cn/world/20150902/094623147386.shtml,访问于2017年4月17日。
④ 《中哈高层互访 共谱丝绸之路经济带光明篇》,21CN新闻,2015年5月7日,http://news.21cn.com/domestic/yaowen/a/2015/0507/19/29512042.shtml,访问于2017年4月16日。

国际经济形势复苏乏力、大宗商品价格大幅下跌、俄罗斯经济不景气的背景下,哈国经济受到明显冲击,经济增长率由 2013 年的 6% 直降至 4.2%,2015 年再次降至 1.2%,工业自 2000 年以来首次出现负增长。①

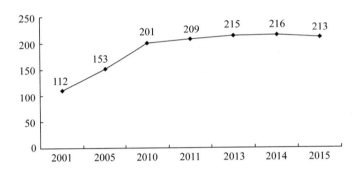

哈萨克斯坦工业总产值变化(以 2000 年为 100)
数据来源:哈萨克斯坦统计局 http://www.stat.gov.kz/

2016 年哈萨克斯坦商品进出口构成

出口商品构成	占比(%)	进口商品构成	占比(%)
矿物、石油、精馏产品	61	机械、核反应堆、锅炉	17
钢铁	7.5	电力、电力设备	9.6
无机化工原料、贵金属化合物、同位素	6.6	钢铁产品	7.8
铜及其制品	5.2	矿物、石油、精馏产品	6.0
矿渣与矿灰	3.2	火车、电车以外的车辆	4.4
谷类食品	2.2	塑料制品	3.9
珍珠、宝石、金属	1.8	药品	3.8

数据来源:http://www.tradingeconomics.com/kazakhstan/exports-by-category
http://www.tradingeconomics.com/kazakhstan/imports-by-category

对中国而言,哈国丰富的能源和便利的地理条件可缓解中国因经济发展迅猛而不断加大的能源需求。据中国国土资源部、中国社会科学院和美国能源部(EIA)预测,到 2020 年,中国石油对外依存度将达到 60%—70%,每天石油消费量大概为 1050 万桶。②

---

① 数据来源:世界银行,http://www.worldbank.org/en/country/kazakhstan
② 《石油:中国能源的阿喀琉斯之踵》,《第一财经日报》2011 年 6 月 20 日,http://www.chinaero.com.cn/yjgc/nyzc/06/105657.shtml,访问于 2017 年 4 月 26 日。

对哈国而言,中国可在技术、设备和人员素质方面为哈提供支持。例如,哈工业创新发展缺乏合格的高质量人才,这影响了机械制造业、金属加工业等行业的工业现代化升级。① 而中国在人力资源和设备方面,已经有了相当的积累,有些方面已达到世界先进水平,完全可为哈国解决相关问题。

通过国际产能合作,可充分发挥中国制造业和高端技术优势,为哈萨克斯坦提供配套装备,帮助其加速工业化进程,以供给创新、推动强劲增长,最终实现互利共赢。

三、"丝绸之路经济带"在哈建设所面临的风险

随着"丝绸之路经济带"在哈国步入正轨,中哈关系更加密切,产能合作进一步深化;但应看到这一过程仍存在政治风险和安全风险。哈国政权安全风险走高、非传统安全风险持续上升趋势、"中国威胁论"阻碍民心相通以及大国因素的干预都是"丝绸之路经济带"建设所面临的现实风险。

(一) 政权安全风险走高

哈国开国总统纳扎尔巴耶夫长期牢牢地掌握着最高权力,被誉为该国政坛的常青树。但随着总统年岁的增长,当前哈国面临着非常紧迫的政权交接问题,而继任者和交接方式都还不得而知,这也使得其政局走势出现较大的不确定性。一旦政权交接过程出现精英内斗引发国内甚至地区局势动荡,进而阻碍"丝绸之路经济带"的推进,后果不堪设想。

从近年来的举措来看,纳扎尔巴耶夫总统似乎倾向通过扩大议会权力,削减总统权限,巩固政党在政治生活中的作用等制度性安排,顺利完成权力交接。2016 年 11 月哈国总统纳扎尔巴耶夫公开表示,不打算将政权移交给子女。2017 年 3 月 6 日,哈国议会正式通过宪法改革修正案,该修正案旨在促进社会民主化进程,加强议会权威,巩固政府独立和责任,完善

---

① A. T. Omarova, G. N. Nakipova, "Human Resource in the Innovation Activity In the Republic of Kazakhstan", World Academy of Science, Engineering and Technology *International Journal of Social, Education, Economics and Management Engineering* Vol. 8, No. 1, 2014, p. 196.

宪法监督制度。① 这在一定程度上有利于减弱未来总统大位之争的"烈度",但制度变革需要有相应的政治文化、主流社会价值共识与之相辅相成。显然在这一方面,哈国有较大进步空间。迄今为止,哈国强总统弱议会、强领袖弱政党的政治生态始终没有得到改变。整个国家政治系统的运转和政治生态的塑造带有强烈的总统个人色彩,在"接班人"尚不明确的情况下,哈国未来的发展之路充满不确定性。

值得关注的是,2016年借助转型期社会分配不公、腐败等敏感议题,反对派再度活跃。4、5月份围绕《土地法(修正案)》出台的抗议游行可以理解为哈国政治反对派的"试探"。这原本是因为一项土地改革政策引发的不满,但随后演变成对纳扎尔巴耶夫总统统治的抗议。数千民众上街游行,多数参与者对即将生效的《土地法》修正案的内容却知之甚少。抗议以总统下令冻结《土地法》修正案告一段落。此次事件表明,哈国近年来社会经济发展遭遇严重危机已经导致内部社会矛盾不断积聚,民众对政府不满情绪有所增加,这成为反对派甚至极端主义者可利用的社会资源。精英内部围绕最高权力展开的激烈博弈则有可能令政府无法有效积极应对这些问题。鉴于目前哈国在中亚的影响力,其国内的内乱将产生地区性的后果。

美国等西方国家在2005年"安集延事件"后认为哈国是最稳定的中亚国家,而在2016年年底乌兹别克斯坦政权顺利交接后,哈国的政权安全风险上升至中亚五国前列。② 2015年2月9日,国际信用评级机构标准普尔(Standard & Poor)将哈国的主权评级由BBB+下调至BBB,理由是哈国的决策"高度中央集权",缺少明确的领导人继任规划。③

---

① "President Nazarbayev would like to hand over power peacefully to continue the country's development-interview", AKIpress, July 5, 2013, http://en.ca-news.org/news:525517/,访问于2016年2月20日。

② 2016年,拉赫蒙总统通过实施宪法公投进一步加强个人权力,其接班人呼之欲出。塔吉克斯坦伊斯兰复兴党(Islamic Renaissance Party of Tajikistan)的合法活动空间完全消失,其他塔吉克斯坦政治反对派也几乎销声匿迹。总统拉赫蒙及其政党对国家政权的掌控能力达到新的顶峰,成为中亚又一位由宪法所确定的国家民族英雄和终身总统。塔吉克斯坦进入超级总统时代。

③ 信用评级变动意味着哈国的政权风险直接影响其经济发展。
参:"Research Update: Kazakhstan Long-term Rating Lowered to 'BBB' From 'BBB+' Following Oil Price Decline; Outlook Negative", S&P Global, February 9, 2015, https://www.standardandpoors.com/en_US/web/guest/article/-/view/sourceId/9027824,访问于2016年5月25日。

(二)非传统安全威胁持续上升

随着大部分美军撤出阿富汗,国际恐怖势力伺机渗透中亚,本土"三股势力"趋于活跃,毒品犯罪猖獗直接威胁哈国甚至中亚地区的安全与稳定,严重干扰该地区各类项目的推进。

"伊斯兰国"自成立初期便持续通过各种途径渗透中亚,且力度不断加强。2015年1月,"伊斯兰国"宣布成立"伊斯兰国呼罗珊省",并在阿富汗楠格哈尔省获得立足点,吸引了当地的萨拉菲网络,并与跨境武装组织结成战略联盟。这使其渗透中亚更加便利。"伊斯兰国"通过分发或传播宣传册、在互联网上发布宣传视频等途径吸纳成员。在哈国采取严密管控措施的背景下,其宣传和招募活动仍十分猖獗。2014年,哈国法院共宣布取缔703家非法网站,查获198份极端主义材料。① 2016年,哈国已经屏蔽2384个含有恐怖主义内容的网站。② 而其招募对象的范围也在不断扩大,除将青年作为主要招募对象外,政府部门雇员、妇女、儿童也成为其招募目标。"伊斯兰国"曾在2014年发布的视频中显示,约20名哈国儿童在训练营受训。③ 据不完全统计,2014年年末,赴叙利亚及伊拉克参战的哈国籍武装分子约300人,而2016年人数上升至400人左右。④"伊斯兰国"的大肆渗透致使本土"三股势力"蠢蠢欲动,进而使中亚国家的安全问题面临更为严重的威胁。2016年6月和7月,哈国阿克托别市和阿拉木图市分别爆发恐怖袭击,造成多人伤亡。⑤ 事后调查显示,这两起袭击与"伊斯兰国"有密切的联系,袭击者曾观看过"伊斯兰国"所发布的宣传视频。⑥ 这表明"伊斯兰国"的宣传攻势对本土"三股势力"的影响正在不断增强。

---

① "Over 700 websites declared illegal in Kazakhstan", Trend, January 24, 2015, http://en.trend.az/casia/kazakhstan/2356512.htm,访问于2017年4月26日。
② "More than 26,000 websites, mainly with porn content, blocked in Kazakhstan", AKIpress, August 4, 2016, http://akipress.com/news/580792/,访问于2017年3月26日。
③ 《"伊斯兰国"发布训练娃娃兵视频 最小的刚会走路》,新华网,2014年11月26日,http://www.cq.xinhuanet.com/2014-11/26/c_1113408741.htm,访问于2017年2月25日。
④ Nodirbek Soliev,"Kazakhstan, Kyrgyzstan, Tajikistan, Turkmenistan, and Uzbekistan",Counter Terrorist Trends and Analysis, Vol.7, No.1, February 1, 2015, p.50.
⑤ "Kazakh police kill 4 criminals, detain 7 in anti-terrorist raid in Aktobe", Trend, June 6, 2016, http://en.trend.az/casia/kazakhstan/2542535.html,访问于2016年7月1日。
⑥ 《哈萨克斯坦一警局遭袭致4人死亡 袭击者被抓获》,环球网,2016年7月19日,http://mil.huanqiu.com/world/2016-07/9194584.html?referer=huanqiu,访问于2017年5月2日。

此外，毒品犯罪仍是威胁哈萨克斯坦非传统安全的主导型因素之一。阿富汗是世界最大的毒品产地，中亚地区是阿富汗毒品的输出通道，每年有大量毒品经中亚国家转运至欧洲和俄罗斯，甚至中国。近年阿富汗毒品产量增加，哈国南部地区、吉尔吉斯斯坦北部的楚河山谷也出现了大量的罂粟田，致使禁毒形势日益严峻。① 据哈萨克斯坦国家安全委员会边防局消息，在"罂粟—2016"特别行动框架下，2016年6月至10月，哈国边防局共查获6.2吨走私毒品。② 行动过程中共逮捕156名贩毒嫌疑人，其中有87名哈国公民。③ 参与毒品走私活动是恐怖极端组织获取资金的重要途径。其非法所得可以支持宗教极端组织活动、招募新人员、购买军备。目前，塔利班、"真主卫士"均参与从阿富汗向中亚国家走私毒品的活动。④ "乌伊运"不断对毒品走私通道进行开拓。⑤ "以毒养恐、以恐护毒"渐趋常态化，恐怖势力和贩毒势力以此实现互利互惠，严重威胁地区安全和稳定。

面对严峻的非传统安全威胁，哈萨克斯坦当局继续加大反恐力度，结合司法手段与媒体宣传等手段，多措并举维护国家安全稳定。

一是完善司法体系，加大惩治力度。哈当局非常重视打击恐怖主义与极端主义的机制建设与顶层设计。纳扎尔巴耶夫分别签署：新《反恐法》(2014)、《对部分涉及哈萨克斯坦共和国内务部队法规进行修改和补充的法令》(2013)、《关于国家相关机构对恐怖主义行为进行信息监管并提醒公众的规定》(2013)等法律，同时着手制定《2017—2020年打击极端主义宗教和恐怖主义的国家规划》并提交哈政府和议会审议。⑥ 二是加强前端预防。2013年10月，哈国积极进行预防性的媒体宣传。哈国广播公司则借助电视和互联网等多媒体手段激发人们的爱国主义热情，以抵御极端主义思

---

① "Over the years more heroin is imported into Kazakhstn Ministry of Internal Affairss"，BNews，May 16，2016，http://bnews.kz/en/news/proisshestviya/over_the_years_more_heroin_is_imported_into_kazakhstan_ministry_of_internal_affairs-2016_05_16-1271537，访问于2017年4月21日。

② 据悉，走私毒品中有：7.23千克海洛因、12.89千克哈希什、185.74千克大麻、6.76吨干大麻、50片精神药物、121.5克大麻种子、100克罂粟种子、4克合成毒品、3.31毫克油树脂等。

③ 《哈萨克斯坦海关查获6吨走私毒品》，哈萨克斯坦国际通讯社，2016年10月14日，http://mp.weixin.qq.com/s/qFK3gBPgQV06qyOJ8dYnbw，访问于2017年4月12日。

④ 《塔国内政部长总结2014年塔国执法部门工作》，中亚在线，2015年1月16日，http://centralasiaonline.com/en_GB/articles/caii/newsbriefs/2015/01/16/newsbrief-12，访问于2017年4月26日。

⑤ 杨恕、宛程：《阿富汗毒品与地区安全》，北京：时事出版社2015年版，第187页。

⑥ 《哈萨克斯坦2016年阻止12起恐袭图谋》，《凤凰财经》2017年4月5日，http://finance.ifeng.com/a/20170405/15284008_0.shtml，访问于2017年4月30日。

想。此外,哈国金融监管委员会已与一些国家的金融监管委员会签署合作备忘录以共同打击恐怖融资。三是加大宣传力度,提高公众辨别力。哈国安全与执法部门官员通过讲座、研讨会等形式向民众介绍各种极端主义的特点与危害。11月13日,"电子伊斯兰"(E-Islam)网站正式上线,该网站主要提供传统伊斯兰教育,旨在提升人们对伊斯兰文化价值的兴趣,扩大公众对宗教的认知。① 哈当局还注重从传统民族特性出发,积极引导公众的宗教信仰。哈宗教事务管理局称,哈国是一个世俗国家,政府的各项决定——包括不同地区人民生活的管理制度都建立在整个社会利益最大化的基础之上,而绝不是建立在任何一种宗教的基础上。哈萨克妇女从来不戴伊斯兰头巾(hijab)。纳扎尔巴耶夫也表示:"戴阿拉伯风格的头巾使我们的妇女回到中世纪,这不是我们该走的路。"②

(三)"中国威胁论"阻滞民心相通

由于"丝绸之路经济带"倡议缺乏具体的细节以及详细的解释说明,加之受"中国威胁论"的影响,中亚国家精英普遍倾向于负面解读"丝绸之路经济带"建设的意图。近年来,随着中国在中亚投资规模与商品贸易额的扩大,中亚国家精英与民众愈发显现出对中国经济"吞并"的担心。值得注意的是,从目前来看,沿线国家距中国距离的远近与其参与"丝绸之路经济带"建设的积极性恰好呈负相关关系。中亚地区参与"丝绸之路经济带"建设积极性最高的是乌兹别克斯坦,而非哈萨克斯坦、吉尔吉斯斯坦与塔吉克斯坦等中国的邻国。

"反华"和"恐华论"的阴影仍不时在中哈合作间"游荡"。英国埃克塞特大学中亚专家大卫·刘易斯(David Lewis)表示,中亚国家对于来自中国的移民十分关注。中国的公司倾向于任用本国的劳工来完成工作,这虽然能够提高工作效率,但减少了当地民众的工作机会,且也未任用当地的专家。这使任用中国雇员的公司纠纷不断。有谣言称中国的雇员获得的薪水更

---

① 该网站非常独特,将介绍伊斯兰教的发展、原则以及世界范围内伊斯兰教的情况等。"E-Islam"网站包括7个主要类别,例如哈萨克斯坦的伊斯兰教、伊斯兰教与世俗国家、伊斯兰教与社会、伊斯兰教——良好的宗教、宗教与多媒体对话等。在该网站上将可以用阿拉伯文、哈萨克文和俄罗斯文阅读《古兰经》并收听《古兰经》。目前,该网站将提供哈萨克文版和俄罗斯文版,将来还会提供英文版。

② "'Kazakh people wear black only for mourning,' Nazarbayev says suggesting to ban beards and all-black clothes",AKIpress,April 20,2017,http://akipress.com/news/591514/,访问于2017年4月27日。

高,而因此引发纠纷。工人之间有时会因缺乏沟通而发生冲突。① 2014年5月13日,300名"西欧—中国西部"公路项目的工人因不满工资低、工作条件恶劣以及雇主违反劳动合同进行罢工。此前,南哈萨克斯坦州工人也因不满工资低和变质的食物而举行罢工反对他们的雇主。② 2015年7月14日,哈国中国有色集团承建的铜矿工程服务项目工地发生哈中工人恶性群殴事件,超过100人卷入斗殴当中。在哈政府的协调之下,事件才得以平息。③

(四)大国因素增加"丝绸之路经济带"推进的不确定性

由于哈国的特殊地缘位置,中国在哈推进"丝绸之路经济带"的过程中可能会受到来自俄罗斯、美国、欧盟等各方的影响。而诸多外部因素中,俄罗斯的影响力较为突出,其态度可对"丝绸之路经济带"的推进产生重大影响。

中亚地区是俄罗斯的传统利益区,俄罗斯长期以来一直致力于巩固和强化其在中亚地区的影响力,积极主导地区经济一体化进程。2014年5月29日,俄罗斯、白俄罗斯和哈萨克斯坦三国总统在哈首都阿斯塔纳签署《欧亚经济联盟条约》,宣布欧亚经济联盟将于2015年1月1日正式启动。④ 根据条约,成员国间将实现商品、服务、资本和劳动力的自由流动。俄罗斯可因此获得更大的出口市场,同时增加其在联盟中的影响力。尽管俄罗斯与中国在2015年5月9日就丝绸之路经济带建设和欧亚经济联盟建设对接合作达成一致,但并无实质性进展。长期以来,俄罗斯由于担心本国商品的竞争力有限——联盟外国家与中亚国家加强合作可能挤占俄罗斯的利益——而保持高度紧张心理。⑤

---

① Bruce Pannier, "What Does China's One Belt, One Road Project Mean For Central Asia?", RFERL, November 12, 2016, https://gandhara.rferl.org/a/china-central-asia-obor/28112086.html,访问于2017年3月23日。
② 《300名"中国西部—欧洲西部"公路项目的工人罢工》,腾格里新闻网,2014年5月13日,http://en.tengrinews.kz/unrest/300-workers-strike-out-at-Western-Europe—Western-China-highway-253495/,访问于2017年4月20日。
③ 《哈萨克斯坦发生中哈工人百人群殴事件》,网易新闻,2015年7月14日,http://news.163.com/15/0714/06/AUFEN3ML00014JB6.html,访问于2017年3月28日。
④ 欧亚经济联盟成员国目前包括俄罗斯、白俄罗斯和哈萨克斯坦三国。2015年1月2日,亚美尼亚正式加入欧亚经济联盟,同年8月12日,吉尔吉斯斯坦加入欧亚经济联盟。参见《欧亚经济联盟正式启动》,搜狐网,2015年1月2日,http://news.sohu.com/20150102/n407476588.shtml,访问于2017年4月15日。
⑤ 赵会荣:《建设"丝绸之路经济带"的有利条件与不利因素》,吴宏伟、张宁编:《中亚国家发展报告(2014)》,社会科学文献出版社2015年版,第233页。

美国在中亚地区主导的"新丝绸之路计划"也在缓慢推进,旨在牵制中俄两国的地缘政治优势,为美国在该地区的利益服务。[①] 在此背景下,中亚目前存在多个涵盖多领域的合作框架,且在不同的框架下各国的侧重点有所不同。为此,各国在开发地区资源、扩大市场占有份额等方面难免会形成竞争关系,甚至产生摩擦,进而对中国推进"丝绸之路经济带"增加不确定性。

结论:推进"丝绸之路经济带"的建议

在一定程度上可以说,当前中哈两国产能合作的成果为丝绸之路经济带建设开了个好局。但国家内政外交总是在持续变化的,已有的成效不一定确保未来的顺利。中国还需要继续努力,重点在赢得哈国人心。不能简单地将战略分解为仅仅估算经济效益的项目,而应该共同构建两国民众认可的互利共赢的长效合作机制。为此,笔者建议:

第一,推进与中亚国家构建利益共同体,加大对中国西部周边国家地区的有效投入,以平等、相互尊重彼此核心利益为前提,切实支持中亚国家维护政权安全、社会稳定和发展经济的努力;积极发展中国新疆与中亚国家地方政府间次国家层面的交往与合作,建立多层次合作机制和密切的联系,着力培养地方知华派和对华友好派,及时掌握周边国家地方层面的发展变化。

第二,进一步加强在双边和上海合作组织框架下与中亚国家的非传统安全合作,尤其是情报合作。加强边境管控合作、出入境人员联合监控协查机制,尽快建立上合组织反恐合作框架下情报数据库和共享机制,并切实探索与独联体集体安全条约组织对接合作的可行性长效机制。

第三,中方项目和工程责任方应该更加注重承担保护当地环境、提供就业岗位、履行社会责任等方面的义务。我驻外企业在开展贸易和经济合作的时候应尽可能多雇佣本地劳动力,并注重对当地环境的保护,避免急功近利的短期行为。另外,我驻外企业还应妥善处理与当地在风俗习惯、价值观、宗教信仰等方面的差异,加速与当地的文化、利益相融合,将企业

---

① 美国"新丝绸之路"计划的目标是:巩固阿富汗战果,规制地区局势走向;以经济合作为手段,与俄罗斯争夺中亚地区;遏制伊朗;包抄中国。

经营管理和当地社会发展结合起来。在企业获益的同时,更加注重回馈当地社会。

积极探索发展与哈国间二轨、三轨合作交流模式和机制,深耕细作,扩大人文合作交流,加强与民间机构、公民组织、学术机构、媒体的交流合作,运用多重手段坚决把反华宣传的声调降下去。

第四,密切关注域外大国在中亚地区的活动,采取多重手段避免域外大国在本地区培植反华势力或制造针对中国的"可控的混乱",重点应关注西方背景下的非政府组织在中亚的活动;同时,有条件地发展与其他国家在维护本地区安全领域的内合作机制。

(本文作者甘露系新疆大学马克思主义学院2015级博士研究生;韩隽是新疆大学政治与公共管理学院教授)

Constructing the Silk Road Economic Belt in Kazakhstan: Progress and Challenges

Gan Lu and Han Jun

Abstract: Kazakhstan, where President Xi promoted the Silk Road Economic Belt initiative in 2013, is the first station of the westward cooperation for China. During the past four years, China and Kazakhstan have deepened their bilateral relationships in various fields. Particularly the construction of China-Kazakhstan economic corridor has achieved remarkable progress. But there are still some challenges in the process, such as the rising risks of transition of power and non-traditional security threats, the barrier caused by shadow of the so-called China threat to People-to-people bond and so on. These negative elements need more attention because they are testing the further construction of not only the China-Kazakhstan economic corridor but also the Belt initiative.

Key words: Silk Road Economic Belt; China-Kazakhstan economic corridor; Kazakhstan; China

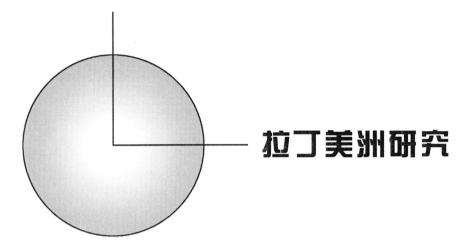
拉丁美洲研究

回顾萨尔瓦多和平协议,展望哥伦比亚和平之路

陈敬忠

【内容提要】 1992年1月16日,中美洲萨尔瓦多左派武装游击队"马蒂解放阵线"首领,与克里斯蒂安尼总统领导的政府,在联合国斡旋下达成协议结束12年的内战。多年来,学者专家咸认萨尔瓦多从兵连祸结的内战,经过谈判签订和平协议,将左派游击队转型为合法政党,进而能通过民主程序与右派轮流执政,迈向国家重建之路,是联合国历来调停个别国家内部武装冲突难得成功的个案。

南美洲的哥伦比亚承受内战苦难更长达52年之久,历经三十多年的打打谈谈,前后7任总统的不断努力,终于在2016年由现任桑多斯政府与"哥伦比亚革命武装力量"于8月25日签订和平协议,此和平协议却在10月公投中以些微差距遭否决。桑多斯总统听取反对意见后与左派革命组织再经协商谈判,于11月2日宣称达成新的协议送交国会审查,并于11月30日获得通过,桑多斯于次日起算,哥伦比亚的武装冲突将在180天后正式结束。

世人多以为哥伦比亚从此进入国家重建阶段,其实哥伦比亚政府只是和国内最大的武装游击队达成和平协议而已,该游击队员尚未完成缴械解编,而与第二大武装组织"民族解放军"的和平谈判才刚开始,双方何时能达成协议还是未知数。然而国内盘根错节的毒品问题,和由来已久的暴力文化,以及哥国特有的自然与政治环境,使得哥国的和平之路充满变数。或许同属拉丁美洲的萨尔瓦多的经验,可以提供一些观察上的参考。

【关键词】 内战原因;谈判过程;和平协议;法拉本多·马蒂民族解放阵线;哥伦比亚革命武装力量;民族解放军

萨尔瓦多和平协议的过程

一、内战原因

面积两万一千平方公里、人口五百万的萨尔瓦多,是美洲大陆上面积最小但人口密度最大的国家①。由于地小人稠又加之人民勤奋,在 20 世纪五六十年代,经济成长率长居中美洲各国之冠,唯长久以来土地高度集中以及贫富差距日益严重②,广大平民的基本需求被忽视,参政之路也被垄断,尖锐的阶级对立累积社会冲突的动能,到 80 年代终于爆发武装革命③。

(一) 政治出路遭垄断

萨尔瓦多如同其他中南美洲国家,在 20 世纪的前四分之三世纪,都经过漫长时间的军事强人执政。1931 年 12 月少壮军官发动政变推翻文人政府,将马丁尼斯将军(General Maximiliano Hernández Martínez)拱上总统宝座。此后 45 年的萨国总统都是将校军官。期间 1948 年由一群少壮军官发动政变后,所订定的 1950 年宪法中明文规定国家武装部队的"护国任务"。这部宪法得以让执政的军方与保守势力组成合法政党,名为国家协同党(Partido de Conciliación Nacional,PCN)。军方与既得利益阶级合作,这种枪杆子与金钱结盟的政权,具有强烈的排他性与国家机器的暴力本质。一直到 80 年代初,萨国政坛表面上都由军人主导国家发展的方向和执行社会秩序的维护,而实际上幕后真正操控一切的,是地主资产阶级既得利益集团④。

1972 年萨国的总统大选,左派政党基督民主党(Partido Democrático

---

① 1983 年统计数据显示,中美洲地区每平方公里平均 47 人,而萨尔瓦多高达 222 人。见杨建平:《尼加拉瓜桑定主义》,台湾"商务印书馆"1990 年版,第 266 页。

② 只有 11% 的农民不是佃农,其中 6.1% 的地主拥有全国 74% 可耕地。见 *Tenencia de la Tierra y Desarrollo Rural en Centroamérica*,Editorial Universidaria Centroamericana,Costa Rica,1980,p. 48.

③ Max G. Manwaring & Court Prisk,*El Salvador at War:An Oral History*,National Defense University Press,p. 5.

④ Mariano Castro Morán,*Función Política del Ejército Salvaoreño en el Presente Siglo*,UCA Editores,1989,pp. 23—35. Raúl Benítez Manaut,*La teoría Militar y la Guerra Civil en El Salvador*,UCA Editores,San Salvador,1989,p. 237.

Cristiano，PDC)、全国民主联盟(Unión Democrática Nacional，UDN)、全国革命运动(Movimiento Nacional Revolucionario，MNR)组成全国反对联盟(Unión Nacional Opositora，UNO)并推出杜华德(José Napoleón Duarte)为候选人，与执政党候选人莫林纳(Arturo Armando Molina)上校竞争①。经过激烈的竞选活动和反对联盟指控执政党国家协同党在开票过程中明显的作弊行为，最后仍由中央选委会宣布执政党候选人当选。在次月的国会议员和地方首长选举中，执政党与军方的种种舞弊行径，甚至引起军中少部分正义之士的不满而发动政变。但是政变因未得到关键部队的支持而失败，杜华德在政变之初曾透过广播呼吁军队支持而被捕、被殴、被放逐海外②，莫林纳则成了正当性受质疑的总统。

估计自己仍然受到广大基层拥护而仍未死心的反对党联盟，在接下来的1977年总统选举时，推出一个退役上校为候选人，以消除军方的疑虑同时争取军中开明派的支持。这次为执政党领军的则是以强硬著称的国防部长罗美洛(Carlos Humberto Romero)将军。当开票结果显示执政党得票数竟然是十年前的两倍半时，举国哗然，愤怒的民众在首都连日示威，政府公安部队强力镇压，血腥染红道路广场，也将政治反对力量本来要透过选票表达意志的希望完全封杀，转而走向暴力革命武装夺权之途③。

(二) 土地改革失败

莫林纳总统于1972年7月就职，虽然他带有执政党作弊才得以当选的"原罪"，但具有较为开明的思想与改革勇气，于1973年推出颇有理想性的土地改革方案。他告诉地主资产阶级：进行土地重新分配、活化农村经济，缩小贫富差距让大家都有饭吃，整个社会才会安定。这是为有钱人"买保险"，假如再不改革，一旦穷人掀起革命必然遍地烽火，届时不但国将不国，有钱人也将失去生命财产的安全。但是地主资产阶级认为，现在政府用公权力将它们赖以生财的土地分给佃农，根本上就已经是革他们的命了，还用等着将来农民来革命吗？④

---

① 执政的全国协同党 PCN 是军方与保守力量结合的政党，莫林纳上校则是由当时总统桑切斯将军指定为总统候选人。

② José Napoleón Duarte，*My Story*，G. P. Putman's Sons，pp. 70—84.

③ Alastair White，*El Savador*，Impreso en El Salvador por talleres Gráficos UCA，1992，pp. 281—286.

Raúl Benítez Manaut，*La teoría Militar y la Guerra Civil en El Salvador*，UCA Editores，San Salvador，1989，pp. 34—38.

④ *Historia de El Salvador*，Ministerio de Educación，El Savador，1994，pp. 238—240.

1973年莫林纳政府首先成立农渔银行（Banco de Fomento Agropecuario），为中小农民提供低利贷款，也为佃农将来购买农田提供资金做好准备。1974年政府宣布提高农村基本工资；1975年成立土地改革执行机构（Instituto Salvadoreño de Transformación Agraria）；1976年6月在东部圣米盖尔省推出土地改革实验区，将60700亩原属大地主的棉花田分给12000家佃农，土地改革进入运行时间。地主阶级原先将信将疑，现在开始感受切肤之痛。以全国私营企业协会（Asociación Nacional de la Empresa Privada, ANEP）为首的反对力量立即强力反扑，军中也出现反对的声音，莫林纳最后渐渐不敌右派势力而退缩，背负众多农民期望的土地改革在他执政最后一年黯然收场①。

　　1977年右派强硬的罗美洛总统上台，由于强力镇压反对运动，社会更加动荡不安。1979年10月，一群具有社会改革理想的少壮军官发动政变推翻了罗美洛政府，带头军官与文人共组执政团队，宣称要贯彻土地改革。到了1980年1月3日，该执政团因无法控制全国更趋激烈的左右冲突，也就无法推动向人民承诺的土地改革方案，文人成员辞职而**第一次执政团**就被迫解散②。军方旋即与基督民主党达成协议于1月12日再组军官和文人执政团，并于该年3月就推出土地改革及银行国有化的法令③。这次比莫林纳时代更激进的改革，当然再次引来右派既得利益者的强烈反扑。在政府要推动改革的土地集中最严重的省，此时已经有左派游击队公开作乱，政府军正与之激烈火并，所以推动起来也十分困难④。在此改革成败的关键时刻，军方内部出现两种不同的主张：第一种是坚定支持土地改革向第二阶段推进，抢回游击队号召土改的正义旗帜；第二种声音是以军队强力扫荡，将武装游击队完全消灭。随着鹰派逐渐胜出，土地改革计划最后

---

　　① *Historia de El Salvador*, Ministerio de Educación, El Savador, 1994, pp. 238—240.
　　② 根据当时执政团队之首Jaime Abdul Gutiérrez将军的说法，执政团队中三位文人是奉古巴卡斯特罗之命而辞职。见Max G. Manwaring & Court Prisk, *El Salvador at War: An Oral History*, National Defense University Press, p. 44.
　　③ 土地改革计划分两阶段进行，第一阶段将私人持有超过500亩的土地收归合作社，佃农可透过政府低利贷款购买。第二阶段则更进一步将超过150亩的私人土地没收为国有。除土改及银行国有化之外，执政团还准备将输出咖啡棉花蔗糖等农产品所得的外汇也收归国有，作为彻底进行土改的资金。
　　④ 根据当时执政团队之首领Jaime Abdul Gutiérrez将军的说法，土改失败的关键因素是缺乏足够的资金。见Max G. Manwaring & Court Prisk, *El Salvador at War: An Oral History*, National Defense University Press, pp. 42—46.

当然成为纸空文,而已经开打的内战也停不下来了①。

(三)社会极化对立,左翼力量整合成功

在全国反对联盟一再试图经过民选程序取得政权而失望之时,其中早有部分激进分子反对民主模式而主张进行武装夺权。激进左派组织从1970年开始,以城市游击战结合群众街头运动,在萨国各地进行激烈的抗争行动,包括马蒂人民解放力量(Fuerzas Populares de Liberación Farabundo-Martí)、人民革命军(Ejército Revolucionaio del Pueblo)、全国反抗武装力量(Fuerzas Armadas de la Resistencia Nacional)、中美洲工人革命党(Partido de los Trabajadores Centroamericanos)等组织陆续出现。而且它们的队伍,随着历次选举对民主制度的愈趋失望及政府的镇压而壮大,初期成员多为学生、工会领袖及知识分子。最引人注目的手段是绑架知名人士、勒索巨额赎款并加以杀害,这造成了社会恐慌,政府威信也大受打击②。

右派中当然也不乏极端分子主张以地下行动暗杀可疑共产党人以绝后患。如1966年起就在乡间存在的准保安组织(Organización Democrática Nacionalista,ORDEN),1977年出现的主张以暴制暴的白色游击联盟(Unión Guerrera Blanca),以及后来恶名昭彰的"死亡中队"(escuadrones de la muerte)。这些极右组织成员并非全都是军警,其中也有极端右翼的资产阶级人物。左右派极端分子互相攻击杀红了眼,许多无辜百姓在他们的杀戮中也遭受池鱼之殃③。

萨尔瓦多社会的极化使得天主教会呈现分裂。原先给人保守印象的天主教会,从20世纪60年代起,对造成社会不公义的结构性因素越来越关注,也对贫苦大众展现更积极的关怀。圣萨尔瓦多主教查维斯(Luís Chávez)及其继任主教罗美洛(óscar Arnulfo Romero)遂与军人政府及保守力量渐行渐远,也不可避免地渐渐卷入左右斗争,罗美洛主教甚至因此招致杀身之祸④。处于如此动荡时代的萨国两所大学当然不会遗世独立于风暴之外,起先是国立大学偏左而天主教大学偏右,在土地改革失败后连

---

① Historia de El Salvador,pp. 246—249.
② Mario Menéndez Rodríguez,El Salvador:Una Autética Guerra Civil,Editoral Universitaria Centroamericana,1984,pp. 14—15;Historia de El Salvador,pp. 240—241.
③ Ibid.
④ 罗美洛主教之死及其葬礼时发生的枪击和群众死伤事件造成更多失望民众加入武装游击队。

后者也向左转了。

1980年8月,萨尔瓦多五个成员理念、战术、目标皆有差异的左派武装组织,在古巴的指导命令下整合成法拉本多马蒂全国解放阵线(Frente Farbundo Martí para la Liberación Nacional, FMLN)①,成为所有左翼武装力量的共同领导中心,并在1981年1月10日发动"最后攻势"(Ofensiva Final),蓄势已久的内战终于爆发。

二、签订过程

1984年基督民主党的杜华德,在法拉本多·马蒂民族解放阵线破坏阻挠中通过选举成为1931年以来第一位民选的文人总统,并于就任之初就开始寻求停止内战的可能。从1984年至1987年,萨国政府与法拉本多·马蒂民族解放阵线在阿图罗·里维拉(Arturo Rivera)主教斡旋下双方曾有四次接触,并在最后一次接触结束时双方发表公报,表示寻求停火的意愿及愿意接受"康塔多拉集团"的决议②。事后看来当时双方都还处于接触试探阶段。

1989年7月,联合国秘书长应萨国新任总统克里斯蒂安尼(Alfredo Cristiani)及法拉本多·马蒂民族解放阵线之请,出面调停双方和平谈判事宜。秘书长哈维尔·佩雷斯(Javiér Pérez de Cuéllar)接受此请并指派阿尔凡·罗德索托(Alvaro de Soto)为其个人代表,居中安排双方在墨西哥市展开第一轮谈判。然而当年11月,法拉本多·马蒂民族解放阵线却发动了内战以来规模最大的攻势,谈判当然也就停顿。这一仗在双方和战定夺考虑上是个转折点。法拉本多·马蒂民族解放阵线集中全力在首都圣萨尔瓦多市区进行的最后一搏,发觉不论民众的政治支持或军事战果都未如预期;相对的,军方部分干部经此一役,也不免动摇了一向坚持可以军事手段消灭游击队的信心。根本关键是,那些一直安稳住在首都高级小区深宅大院内"几曾识干戈"的有钱人,这次受到极大的惊吓。经此一役,左右双方决策阶层都意识到,该是认真严肃谈判以结束这场内战的时候了③。

---

① Agustin Farabundo Martí 是萨尔瓦多一党派创始人,因策划1932年农民革命事泄被捕,被军政府枪毙,后来被萨国该党派奉为烈士,武装解放阵线也以他为名。
② 墨西哥、委内瑞拉、哥伦比亚、巴拿马等四国外交部部长于1983年在巴拿马康塔多拉(Contatora)岛上会商如何推动中美洲和平,后被称为康塔多拉集团 Gurpo Contadora。
③ Vicenc, Fisas, Procesos de Paz Comparados, *Quaderns de Construcio de Pau*, No. 14, pp. 5—6.

1990年4月,在联合国秘书长亲自主持协商下,双方在瑞士日内瓦签订谈判框架议定书,内容包括:1. 确认尔后谈判的规范和程序并且不得半方面中途退出;2. 决定谈判目标是以政治方式结束武装冲突,以实践政治民主化保证尊重人权,并重新整合萨国分裂的社会;3. 双方同意谈判先有结果再停火,也就是说,边打边谈;4. 保证在完成前述事项后,法拉本多·马蒂民族解放阵线成员将成为完全受法律保障的公民并得到政治参与的合法权利①。谈判自此才有了具体的进展。

9月,萨国政府由总统亲自领队,与法拉本多·马蒂民族解放阵线五大首领在纽约联合国总部谈判,接下来三个月中双方几经折冲,终于在1991年12月31日,在联合国总部签订《纽约协议》,宣布已经完成所有谈判内容并达成所有协议。最后于1992年1月16日,在全程参与的联合国代表阿尔瓦罗·德索托(álvaro de Soto)及多国元首见证下,萨尔瓦多政府与法拉本多·马蒂民族解放阵线在墨西哥首都的查普特佩克(Chapultepec)城堡,签订各方企盼的和平协议(Acuerdo de Paz),结束了长达十二年、牺牲了七万五千人性命、迫使百万人流离失所的内战②。

三、主要内涵

(一)关于武装部队(Fuerzas Armadas)

在宪法中明文规定武装部队必须服从文人指挥,改变武装部队的定义,将其任务定位在维护国家主权与领土完整,永远效忠服务人民,武装部队必须服从文人政府、致力军事专业、不干涉政治,且不得独断专为。具体措施有:

1. 改进武装部队的教育体系与内涵,并邀文人参与课程设计、军校招生审查。

2. 裁军,减少三分之二员额,并优先将最有战力的三个立即反应营裁撤。

3. 成立"项目委员会",调查武装部队违反人权案件。

4. 成立"真相委员会",调查公布内战期间政府军所犯下伤害人权的几个重大案件,涉案人员必须勒令退伍。

5. 解散原属国防部的三支公安部队:国民兵、警察及税警,在乡间运作

---

① *Historia de El Salvador*, pp. 263—264.
② Ibid., pp. 263—265.

的民兵组织一并裁撤。

6. 撤销军事情报局,成立直属总统府的国家安全局。

7. 停止强迫征兵。

(二) 关于成立新的公安体系(Policía Nacional Civil)

1. 规定进入新警察单位成员的比例为从军队复员的士兵和前游击队员各占 20%,其他未曾涉及武装斗争的中立人士 60%。

2. 成立国家公安学校,所有成员均需重新接受强调尊重人权的警察训练。

(三) 司法体系改革

1. 成立司法人员职训学校,使法官、检察官能适应国家现况。

2. 改组司法委员会及司法官之任命与评鉴制度。

3. 改革大法官选举与任期制度。

4. 成立独立的人权维护署(Procuraduría para la Defensa de los Derechos Humano),监督公部门之施政与执法不得违反人权。

(四) 关于选举制度

1. 成立最高选举法庭。

2. 有关选举登记、组织、宣传、投票统计等规定,保障各政党在选举过程中都受到公平待遇。

3. 政府保证法拉本多·马蒂民族解放阵线成员获得完全的公民权利,恢复正常公民生活,法拉本多·马蒂民族解放阵线同意在联合国组织监督下缴械、解散游击队组织。政府依法让法拉本多·马蒂民族解放阵线成为合法政党并参加 1994 年总统大选及国会选举。

(五) 关于社会民生

1. 成立包括工会代表、企业界及政府部门的经济与社会协作论坛(Foro de Concertación Económica y Social),共商国家经济政策。

2. 将原先法拉本多·马蒂民族解放阵线占领区的土地分配给解散后的前游击队员。

3. 凡私人持有超过 245 亩的土地及所有非保护区的国有土地,均应分配给没有土地的佃农及小农[1]。

---

[1] Acuerdo de Paz de Chapultepec, en 1992: Implicaiones y Cumplimiento para la Consolidación del Sistema Democrático, Fuente: Pe? ate, Oscar Martínez "El Salvador del Conflicto a la Negociación", Editorial *Nuevo Enfoque*, 1997. www.walte.edu.sv/index.php?option=com_edocman...id...

回顾萨尔瓦多和平协议,展望哥伦比亚和平之路 177

四、执行情形

(一)和平协议签订生效后政府军与法拉本多·马蒂民族解放阵线均能确实遵守停火,尔后也未再发生任何武装冲突。

(二)法拉本多·马蒂民族解放阵线缴械解除了武装,政府军裁减了三分之二兵力[①]。

(三)从宪法中限缩国防武装部队的权与责,政府在真相委员会(Comisión de la Verdad)公布调查报告后,将近 200 位被点名违反人权的军官遭免职[②]。

(四)国会通过赦免法,将在内战期间所有犯下有争议行为的人员,包括政府军、游击队员的法律责任一笔勾销不再追究[③]。

(五)强调保护人权的国家警察(Policia Nacional Civil)迅速成立完成部署[④]。

(六)法拉本多·马蒂民族解放阵线转型成合法政党后,萨尔瓦多政治出现前所未有的多元现象。新成立的最高选举法院(Tribunal Supremo Electoral),加上 1995 年的一些改善措施,使萨国选举公正,也得到了国际国

---

① 1992 年 12 月 15 日联合国发出保证书表示法拉本多·马蒂民族解放阵线已经缴交所有武器弹药,因此可以转变为合法政党。但不到半年时间就在尼加拉瓜首都附近发现属于法拉本多·马蒂民族解放阵线的武器弹药库,联合国秘书长指出这是严重违反和平协议的行为,要求法拉本多·马蒂民族解放阵线缴出所有隐瞒未报的武器装备。到 1993 年中为止,法拉本多·马蒂民族解放阵线承认了在尼加拉瓜 9 处、洪都拉斯 2 处、萨尔多 109 处被发现的武器弹药为其所有,联合国乃表示法拉本多·马蒂民族解放阵线已完全达到解除武装的要求,至于是否仍有藏匿未被发现之处则不得而知。见 Ricardo Cordova Macia, "Demilitarizing and Democratizing Salvadoran Politics," *El Salvador: Implementation of Peace Accords*, Edited by Margarita S. Studemeister, United States Institute of Peace, 2001, p. 29。从 1992 年 1 月到 1993 年 2 月政府军员额从 63175 人减少到 31000 人,之后再陆续减到 10000 人。

② 真相委员会主要成员为哥伦比亚前总统贝利萨里奥·贝坦库尔,委内瑞拉前外长 Reinaldo Figueredo 和泛美人权法庭庭长 Thomas Buergenthal,主要任务是负责调查 1980 年 1 月至 1991 年 6 月间发生的重大违反人权和屠杀百姓事件。1993 年 3 月委员会公布调查结果《从疯狂到希望》,宣称近 95%的屠杀无辜事件由政府军所为,萨国国防部长公开指责该调查报告不公平、不完整、不合法、不道德、不公正,萨国总统也宣称该报告无法满足萨国人民要忘掉痛苦过往的愿望。

③ 1993 年 3 月 20 日。萨国国会在真相委员会公布调查结果后五天通过高度争议的 486 号法案—赦免法案。由于此法案让内战期间所有屠杀平民惨案中的嫌犯不必面对法律审判,使受害家属愤恨难平,真相也难大白。国际人权组织至今仍在追究此法案对萨国战后转型正义产生的副作用。2016 年,萨国最高法院判决该法案违宪,萨国政府得追诉该等人权罪犯。

④ 将原属国防部的三个公安单位:警察(Policia Nacional)、国民警卫(Guardia Nacional)和税警(Policia de Hacienda)撤销,并成立警察学校(Academia de Policia Nacional Civil)。

内人士肯定①。

五、成功背景

(一) 国内因素：战场僵局与人民厌战

从 1981 年法拉本多·马蒂民族解放阵线第一次发动武装攻势开始，萨尔瓦多武装部队在美国支持下与法拉本多·马蒂民族解放阵线奋战周旋②，在全国各地拉锯攻防互有斩获，但均无法获致决定性战果，内战就这样拖拖拉拉地进行到 1989 年。1989 年 11 月法拉本多·马蒂民族解放阵线使出洪荒之力发起最后一搏，开战当天政府军因被突袭而显慌张，等到稳住阵脚展开反击后，法拉本多·马蒂民族解放阵线就只能撤回乡间根据地。但是军方却在被突袭后的紧急反应中，做出影响深远的错误行动，即下令杀害了中美洲大学(UCA)里包括校长在内的六名神父。这起明显且严重危害人权的事件，经媒体报道后喧腾国际，美国国会也因此减少了对萨军的援助，萨国国防部饱受各方指责，严重影响士气。此时的萨国政府军和法拉本多·马蒂民族解放阵线，犹如擂台上两个筋疲力尽但都无法将对方击倒的拳击手，内战成了难分胜负的僵局。

总之，经过十二年的打打谈谈，证明了法拉本多·马蒂民族解放阵线的存在及其背后的支持力量，已非政府单靠武力所能消灭根除，而萨尔瓦多要成为一个真正民主的国家，也无法将法拉本多·马蒂民族解放阵线所代表的人民意志排除在外③，加以多年战乱导致百姓厌战，经济也面临崩溃，政治谈判成了政府军和法拉本多·马蒂民族解放阵线不得不接受的出路。

(二) 国际因素

1. 冷战结束改变全球战略环境

苏联解体后，使得法拉本多·马蒂民族解放阵线原来透过古巴及尼加

---

① 和平协议签订后 17 年，法拉本多·马蒂民族解放阵线候选人毛里西奥·富内斯(Mauricio Funes)终于在 1999 年选上总统，萨国第一次出现左派政府。
② 从 1984 年到 1988 年，萨国接受 23 亿美元的军经援助。见杨建平：《尼加拉瓜桑定主义》，台湾"商务印书馆"1990 年版，第 267 页。
③ Terry Karl, *Alarms and Responses: A Comparative Study of Contemporary International Efforts to Anticipate and Prevent Violent Conflicts, The Case of El Salvador*, Stanford University Press, p. 3.

拉瓜获得的支持,变得越来越困难且似乎无以为继①。1990年2月邻国尼加拉瓜左派桑地诺政府也在大选中失去政权,法拉本多·马蒂民族解放阵线原先颇具道德高度的政治号召变得更加无力,整个国际大环境对法拉本多·马蒂民族解放阵线要持续在萨尔瓦多进行武装革命非常不利②。如何能够在谈判桌上争取到战场上无法获得的政治利益,似乎已是法拉本多·马蒂民族解放阵线当时唯一的选项。

冷战结束也同样改变了美国政府援助萨尔瓦多的政策。从里根时期担心中美洲赤化的骨牌效应会从尼加拉瓜向萨尔瓦多延续冲击,因而提供给萨军装备与训练上的直接或间接的军事援助,到布什政府时已逐渐减少③,随着法拉本多·马蒂民族解放阵线从国际上所获支持的减少而萨国军方在人权问题上屡屡引发批评,使美国国会及政府对萨国以和平谈判结束内战的态度,从怀疑逐渐转为观望,最后不但支持甚至施压,使得萨国军方被迫在相当不利的条件下接受谈判协议④。

2. 联合国的积极作为

联合国在萨尔瓦多内战从谈判走向和平协议的签订与执行过程中,成功扮演媒介与监督的角色,这当然也是因为冷战结束后的国际大环境,让联合国在当下有可以发挥的空间。前述1990年4月在日内瓦由联合国秘书长亲自主持达成的协议大纲,所提出的程序、内涵与规范,成为尔后谈判的指导纲领;1992年1月在墨西哥签订的终极版和平协议,其实就是日内瓦版的细节详述与实践要领⑤。

不仅如此,联合国还通过派驻萨尔瓦多的观察团(United Nations Observer Mission in El Salvador, ONUSAL),监督和平协议签订后的执行过程。举凡监督双方停火、国防部的兵力裁减复员、违反人权军官的清理、法

---

① 1990年尼加拉瓜左派的桑定政府在大选中失利交出政权,古巴在少了苏联的军经援助后已经自顾不暇。
② Roberto Regalado,"Los Acuerdos de Paz en El Salvador y la Demovilizacion de FMLN", pp. 1—2. http://www.contextolatinamericano.com/documentos/los-acuerdos-de-paz-en-el-salvador
③ Tom Barry and Deb Preusch,*The Central America Fact Book*,Grove Press,Inc./New York,1986,p. 41.
④ William D. Stanley,*The Protection Racket State*:*Elite Politics*,*Military Extortion and Civil War in El Salvador*,Philadelphia:Temple University Press,1996,p. 246.
⑤ Teresa Whitfield,"The UN's Role in Peace-building in El Salvador", see *El Salvador*:*Implementation of Peace Accords*,Edited by Margarita S. Studemeister,United States Institute of Peace,2001,pp. 33—35.

拉本多·马蒂民族解放阵线武器弹药的缴交和销毁的验证、前游击队员是否得到协助从而更好地融入社会、甚至萨国成立本国的和平协议执行监督单位(Comisión de la Consolidación de Paz, COPAZ)的过程,及1994年战后第一次大选公平与否的监督,联合国派驻萨尔瓦多观察团都成功扮演了仲裁者的角色,在萨国战后进入和平重建的转型期间发挥了重要作用①。

总的说来,萨尔瓦多内战能够成功地以谈判收场,是因为在冷战结束的国际形势下,萨国左右两派都认知到无法以军事手段歼灭对方而产生了握手言和的意愿,又遇上历来联合国第一次最成功调停行动,"一切条件犹如实验室般完备",最后才有如此经典之作②。

哥伦比亚和平协议的进程

一、内战原因

哥伦比亚面积达 114 万 2 千平方公里,但地形崎岖、交通不便,造成区域性阻隔,政府的统治力松散,统治精英高高在上,中央政令常常不出首都波哥大。如同其他以庄园制农业经济为主的拉美国家,哥伦比亚农村的土地集中在少数地主手中,贫富差距问题无法解决。哥伦比亚的内战,就是肇因于哥国传统的两党政治斗争与精英主义,少数人掌控国家大部分资源,一般民众在两党对立的政治文化下,长期深受精英阶层剥削;此外哥国贫富差距明显,在缺乏合法的改革管道下,受压迫的民众阶层只有诉诸暴力抗争③。

20世纪40年代哥国保守党与自由党政争时期,地方上出现自由党农民组成的自卫队,以阻止保守党地主来抢夺他们的土地,当时的自卫队是单纯为保护自己财产而形成的农民组织。1959年年底古巴革命成功,给哥

---

① Terry Karl, *Alarms and Responses*: *A Comparative Study of Contemporary International Efforts to Anticipate and Prevent Violent Conflicts*, *The Case of El Salvador*, Stanford University Press, p. 4.

② Teresa Whitfield, "The Role of the United Nations in El Salvador and Guatemala: A Preliminary Comparison," in *Comparative Peace Processes in Latin America*, Cynthia J. Arnson ed., Stanford: Woodrow Wilson Center Press and Stanford University Press, 1999, p. 258.

③ BBC News, "Q&A Colombia's Civil Conflict", BBC News, Nov. 11, 2008. http://news.bbc.co.uk/2/hi/americas/1738963.stm

国农民带来示范与鼓舞作用。20世纪60年代哥伦比亚有鉴于土地集中的问题严重,而进行一系列的改革措施。但是在哥国,高官、国会议员本身就是地主资产阶级,他们怎么会去真的通过或执行剥夺自己的既得利益的法律呢①?哥伦比亚的土地改革注定以失败收场。在这样的环境下,在边境地方所组成的农民自卫队,在对政府改革不抱希望且外有古巴革命成功的激励下和哥国共产党相结合,逐渐转变为对抗政府体制的武装游击队,其中最活跃的有两大武装组织②。

二、武装组织

最著名的是"哥伦比亚革命武装力量"(Fuerzas Armadas Revolucionarias de Colombia,FARC),成立于1964年,核心领导是传奇人物马鲁兰达(Manuel Marulanda),主要要求是土地改革与社会正义,成员多为农村男女,战士曾多达三万人,通过在占领区制毒、贩毒、绑架、勒索、收保护税甚至投资商业,哥伦比亚革命武装力量财源广进,成为全球最富有的反政府游击队。

另一支是"民族解放军"(Ejército de Liberación Nacional,ELN),也成立于1964年,以天主教解放神学为信仰基础,人数约3500—5000人,初期领导人物是卡米略·托雷斯(Camilo Torres)神父,现在五人领导小组的头目是尼古拉斯·罗德里格斯(Nicolás Rodríguez)。主要收入来自勒索外国石油公司、绑架与收保护税。ELN与毒品产业也脱不了关系③。

此外,比较著名的"左"派武装组织还有成立于1965年、走人民战争长期革命路线的"人民解放军"(Ejército Popular de Liberación,EPL);在1974年出现的"四月十九日运动"(Movimiento 19 de Abril,M-19),该组织的特色是以恐怖行动引人注目及善用媒体宣传④。

近半个世纪以来哥伦比亚社会的不安,除了上述哥伦比亚革命武装力量与ELN等在全国各地进行暗杀、绑架、贩毒等勾当外,另一个被称为准

---

① 许伟君:《哥伦比亚和平进程之研究》,淡江大学拉丁美洲研究所硕士论文,2009年6月,第26—27页。
② 刘怡琳:《国际调停之研究——以1994年海地调停及2007年哥伦比亚调停为例》,淡江大学拉丁美洲研究所硕士学位论文,2010年1月,第66—69页。
③ 许伟君,前揭注,第35—40页。
④ Erique Neira, "Un caso intrincado de violencia: Colombia", *Nueva Sociedad*, No. 105, enero-febrero 1990, pp. 141—152.

军事组织(paramilitares)的右翼暴力集团,所起的动乱作用也不遑多让。所谓 paramilitar 的西班牙文就是非正规军或准军队之意,其始作俑者是美国。20 世纪 60 年代美国军方与哥国政府合作,在农村组织民兵,以防止来自古巴的共产主义思想在乡间传播。后来在复杂的政治环境与巨额金钱诱惑下,paramilitares 逐渐演变为农村大地主的私人武力及毒枭的保镖,涉入贩毒、政治暗杀等非法活动①,逐渐脱离哥国政府的控制而自成独立体系,在边陲偏乡为非作歹,甚至扰乱哥国政府和哥伦比亚革命武装力量及 ELN 的停火谈判进程,使全国动乱拖延不得解决,哥国政府对之束手无策②。

三、谈判历程

(一)哥国政府与游击队谈判始于贝利萨里奥·贝坦库尔(Belisario Betamcur,1982—1986)总统任内,政府与三大游击组织哥伦比亚革命武装力量、ELN、M-19 曾经在 1984 年达成共识要展开停火谈判,准备进一步针对哥国贫穷、不公义、缺乏政治参与管道等问题展开全国性对话,但同时间政府军与游击队仍然冲突不断,相互指控对方破坏协议。1985 年 11 月 6 日,M-19 攻占哥国司法大厦,军方强行攻坚,造成包括 11 名大法官在内的数百人伤亡③。事实上哥国政府与游击队签署停火协议后,既未按约定展开全国性对话,军方也未停止攻击行动。在司法大厦血腥事件后,贝利萨里奥·贝坦库尔政府的和平政策宣告失败,造成双方严重的不信任,更影响往后的和平谈判。

(二)1986 年巴尔科总统(Vigilio Barco,1986—1990)上任之初,对游击组织的态度相当强硬,他否定游击队的政治地位,将其归类为叛乱团体,认为哥伦比亚要达到和平,必须对游击队采取铁腕措施和军事手段。由于政府的强力扫荡及右翼 paramilitares 对游击队频繁的攻击,哥国所有左派武装组织于 1987 年 2 月宣布退出停火协议并重新与政府开战。后来巴尔科有鉴于当时国内政治、经济和社会治安各种状况近于失控,在听取各方意见后,于 1988 年 9 月重新与武装游击组织谈判。出人意料的成果是,原

---

① Winifred Tate,"Paramilitaries in Colombia", *The Brown Journal of World Affairs*, Vol. Ⅷ, issue 1,(spring 2001),pp. 164—166.
② Ibid.
③ Harvey F. Klein, *Chronicle of a Failure Foretold: The Peace Process of Colombian President Andrés Pastrana*, Tuscaloosa: University of Alabama Press, 2007,p. 17.

先最会采取戏剧性暴力行动引人注目的 M-19,在 1989 年 7 月与政府达成协议,愿意放弃武装斗争、回归民主体制①。但是巴尔科政府与最大的游击组织哥伦比亚革命武装力量之间的谈判则无进展。

(三)1990 年加维里亚(César Gaviria,1990—1994)上任,他认为哥伦比亚已经到了面临必须转型的关键时刻,因此立即召开制宪会议,此时哥伦比亚革命武装力量新任领袖卡诺(Alfonso Cano)也认为有必要循政治途径解决冲突,双方遂达成"如果和平谈判有进展,政府将让游击组织参与制宪过程"的共识。可惜哥伦比亚革命武装力量的善意回应带来的和平希望,却被当年 12 月 9 日政府军对米塔(Meta)省的哥伦比亚革命武装力量指挥所发动攻击。后来 1991—1992 年间双方在委内瑞拉及墨西哥的谈判,也都因各自坚持自身立场而没有进展②。同时因为游击队绑架政府官员而导致谈判中止。加维里亚在军方建议下,对国内所有武装叛乱组织发起"全面战争"(La Guerra Integral)③。到 1994 年加维里亚交差时,政府与哥伦比亚革命武装力量、ELN 的谈判没有进展,但对毒枭及右翼准军事团体的招降政策获得一些正面成果,解散了国内几个小型武装游击队④。

(四)1994—1998 年桑佩尔(Ernesto Samper)总统任内,因爆发总统及多位阁员收受毒枭和政治献金丑闻,哥伦比亚革命武装力量拒绝承认桑佩尔为合法的对谈者,双方毫无和平进展。桑佩尔执政末期,哥伦比亚革命武装力量活动频繁,右翼准军事团体为保护其在偏远地区的经济利益,整合成"哥伦比亚联合自卫队"(Autodefensa Unida de Colombia,AUC)与之抗衡,哥国内部武装冲突更加严重。

(五)1998—2002 年间帕斯特拉纳(Andrés Pastrana)执政,他以解决国内冲突为首要任务,曾亲赴山区与马鲁兰达会晤商讨和平谈判事宜。在 1998 年年底就先宣布要在哥国南部划出一块瑞士大小的非军事区,以示会谈的诚意。1999 年开始的谈判进程非但没有进展更不时发生流血冲突,军

---

① Erique Neira, "Un caso intrincado de violencia: Colombia", *Nueva Sociedad*, No. 105, enero-febrero 1990. pp.141—152.

② 谈判的前置作业为停火、遣散区设立。正式谈判议题包括:停火、参与制宪会议、确保不受准军事团体伤害、协助转型为合法政党、国家主权问题、经济社会民主议题、如何监督协议执行。

③ Harvey F. Klein, *Chronicle of a Failure Foretold: The Peace Process of Colombian President Andrés Pastrana*, Tuscaloosa: University of Alabama Press, 2007, p.19.

④ 例如人民解放军(Ejército Popular de Liberación)、劳工革命党(Partido Revolucionario de los Trabajadores)、社会革新潮流(Corriente de Renovación Socialist)、昆丁拉姆集团(Quintin Lame Grupo)等组织分别在 1991 年至 1994 年间,与政府达成协议:解除武装,转型成民主政党。

方认为总统让步太多,延长非军事区的决定使国防部长宣布辞职。2001 年虽有"促进国团体"介入①,6 月双方签订了人道协议,哥伦比亚革命武装力量释放了 242 名士兵与警察,10 月签署协议宣布停火,但协议流于形式,哥伦比亚革命武装力量依然不断进行绑架、杀害官员、劫机等暴行,政府遂于 2002 年 2 月宣布停止协商谈判,收回非军事区,并下令军方对该区展开攻击,帕斯特拉纳政府的和平进程至此结束②。

帕斯特拉纳政府任内与美国合作而产生的"哥伦比亚计划"(Plan Colombia),因美国政府以扫毒为主要目标,将 16 亿美元的援助过度集中在军事装备的采购上,明显地忽略了该计划振兴经济与社会发展的需求,这样不仅无法解决问题,反而扩大了冲突。此外,执行该计划时不少金额流入官员私囊,出现严重的贪腐问题③。

(六) 乌里韦(Alvaro Uribe,2002—2010)执政长达八年,任内剿抚并用的作为,在对付哥伦比亚内乱团体上,发挥了较大的作用与效果。乌里韦主张政府必须要真正能够掌控哥伦比亚的领土,才能保护所有公民的安全。为此乌里韦政府制定并实施了一个长程国家安全战略——"民主安全政策"(Política de Seguridad Democrática)。该政策以建立并恢复法治、保护公民权利、激励公民团结合作以共同捍卫民主价值为目标。政策目的是透过各种政治、经济、军事力量以及谈判手段,削弱毒品问题和非法武装力量,恢复失去已久的民主与和平。

民主安全政策实施后,在打击非法武装团体上立见成效④。在强力军事攻击下,2002 年 12 月"哥伦比亚联合自卫队"单方面宣布无限期停火,表明愿意与政府进行和谈。2003 年 7 月与政府达成和平遣散协议,将所有武

---

① 促进国团体(Group of Facilitating Countries)由加拿大、古巴、法国、意大利、墨西哥、挪威、西班牙、瑞典、瑞士、委内瑞拉组成。
② Marc Chernick, "Negotiating Peace amid Multiple Forms of Violence: The Protracted Search for a Settlement to the Armed Conflicts in Colombia", in Cynthia J. Arnson (ed.), *Comparative Peace Processes in Latin America*, Washington, D. C.: Woodrow Wilson Center Press, 1999, pp. 182—184.
③ Luis E. Nagle, *Plan Colombia: Reality of Colombian Crisis and Implications for Hemispheric Security*, Strategic Studies Institute, December, 2002, pp. 15—16.
④ 根据哥伦比亚军方资料,2002 年 8 月至 2003 年 7 月,军警击毙 1211 名哥伦比亚革命武装力量、379 名 ELN、236 名 paramilitares,逮捕 2363 名哥伦比亚革命武装力量、556 名 ELE,1202 名 paramilitares。一年之内,非法武装团体成员少了四分之一。见 International Crisis Group, "Colombia: President Uribe's Democratic Security Policy," *Latin America Report*, No. 6, Nov. 13, 2003, p. 7.

装成员集中在"指定区"(Zona de Ubicación，ZDU)①。"哥伦比亚联合自卫队"以两年半时间，在全国各地的指定区完成对所有成员缴械后的遣散工作，政府协助回归社会，也取消对其领导人的通缉。从2003年至2006年，政府将30944名哥伦比亚"联合自卫队员"解除武装，瓦解哥国内乱三个源头之一，确实是哥国和平进程上的重要里程碑②。

相对于政府给予右翼武装团体宽厚的法律条件让他们解散回归社会③，乌里韦对左翼武装组织，一直以强力军事行动给予压力，直到2006年年底政府才表示愿意和哥伦比亚革命武装力量进行人道问题的接触并考虑和平谈判的可能。2007年12月乌里韦允许天主教会居中协调成立150平方公里的一个"接触区"，但随着2008年哥伦比亚革命武装力量领导人马鲁兰达的死亡，及哥国军队越界进入厄瓜多尔击毙哥伦比亚革命武装力量重要头目劳尔·雷耶斯(Raúl Reyes)，上述谈判接触也就行不通了。饱受压力的哥伦比亚革命武装力量直到2009年，由其最高领导卡诺(Alfonso Cano)宣布，愿意和乌里韦政府谈判④。

(七)桑多斯(Juan Manuel Santos，2010—)曾在乌里韦政府担任国防部长，因允诺当选后要延续前任政策，所以持续对哥伦比亚革命武装力量施以军事压力而得到乌里韦支持而高票当选。桑多斯上任后，在前任的基础上，灵活展现软硬兼施的手段，终于与哥伦比亚革命武装力量完成和平协议的签订。上任之初，桑多斯先以强势军事行动压迫哥伦比亚革命武装力量，击毙其首领卡诺，2011年桑多斯宣布将与哥伦比亚革命武装力量进行谈判，经两年秘密谈判后，双方先谈妥议程内容及谈判框架，并于2012年8月双方达成"全盘协议定书"(Global Agreement for the Termination of the Armed Conflict)。两个月后，正式谈判在奥斯陆登场，之后再移往哈瓦那⑤。

---

① International Crisis Group，"Demobilizing the Paramilitares: An Achievable Goal?"，*Latin America Report* No. 8，Brussel，5 August 2004，p. 1.
② Alto Comisionado para la Paz，"Proceso de paz con Autodefensas: Informe Ejecutivo"，Presidencia de la República，2006.
③ Uprimny, M.，"La verdad de la ley de justicia y paz"，Revista *Semana*，2005. 右翼武装团体所犯违反人权的罪行都未被追究。
④ Vicenc, Fisas，"El proceso de paz en Colombia"，*Quaderns de Construccio de Pau*，Noviembre de 2010，pp. 7—8.
⑤ 全般协议定书中双方同意谈判分三大步骤阶段：准备、停止武装冲突、国家转型。两个谈判原则：谈判期间不停火、在最后协议签订之前所有先前谈过的初步成果都可以修改。双方也同意了谈判的五个中心议题。

四、和平协议公投及后续发展

哥国政府与哥伦比亚革命武装力量经过四年的漫长谈判，终于在2016年8月24日，由哥国桑多斯总统与叛军首领罗德里格·朗多诺（Rodrigo Lodoño）在古巴首都哈瓦那签订号称"最后版本"的和平协议，双方宣称要"结束冲突并建设稳定持久的和平"，举世都给予掌声。协议主要包括五个议题：

- 农村之建设发展
- 政治参与
- 非法栽种之可制毒作物处理
- 受害家属之补偿与终结武装冲突
- 协议实践程序

可是这纸好不容易达成的协议，却被10月2日的全民公投以些微差距否决，①和平曙光顿时蒙上阴影。为何哥国人民多年期待的和平协议竟然出乎意外地以些微差距被否决呢？学者认为主要原因如下：

（一）桑多斯的政治姿态太高调，在哈瓦那举行的签订和平协议典礼过于招摇，引起政治反对人士反感。人民觉得他太急于和哥伦比亚革命武装力量达成和解，付出代价过多。

（二）前右派总统乌里韦带头反对，主要要求是协议对为乱多年、犯下诸多罪行的游击队太过宽厚，例如哥伦比亚革命武装力量可以保有过去经由绑架勒索走私贩毒所得的不法利益，其首领只要对特别法庭认罪就不须入监服刑，而只是代以8年行动受限的软禁即可；又如哥伦比亚革命武装力量在转变为和平政党后，将在2018年及2022年的两次选举中，获得国会参众两院共10席保障名额。如果称兵作乱52年，造成22万人死亡，700万人流离失所的武装叛乱分子可以这么轻松过关，受害家属情何以堪？

（三）协议中接受同性恋并可收养子女等过于开放的态度，冲击家庭与宗教价值观，招致天主教会及保守人士的反对抵制②。

和平协议遭哥伦比亚全民公投否决后，桑多斯总统很快地与乌里韦为

---

① 50.2% VS 49.8%。

② Boris Miranda, "Las razones por las que el No se impuso en el plebiscito en Colombia", BBC Mundo, Oct. 3, 2016.；"Las razones por las que el NO ganó en el plebiscito", *EL TIEMPO EXPRESS*, Oct. 2, 2016.

代表的保守势力会商,针对协议列出五百余条修正意见,然后政府代表带着修正版本再飞往哈瓦那,与哥伦比亚革命武装力量代表不眠不休谈判了两周,11月12日宣布达成新版协议,14日即公布协议内容。新协议基本上保留了旧版的精神,但也做了一些修正①。

1. 哥伦比亚革命武装力量必须要申报并缴交所有不法所得资产,用以补偿受害者家属。

2. 外国代表在判定哥伦比亚革命武装力量成员是否有罪的特别法庭中,只能以观察员的身份出席。政府或哥伦比亚革命武装力量成员对该庭判决不服时,可上诉至宪法法庭。

3. 哥伦比亚革命武装力量成员在特别法庭认罪后还是不须入监服刑,但更明确地限定其自由住所的条件。

4. 将协议执行的期程从10年延长至15年,使政府因时间压力减轻得以集中更多经费加速农村建设。另订下10年为期来进行司法系统的转型正义。

5. 哥伦比亚革命武装力量头目必须为其手下所犯之罪行负责,因为他们应该知情(Should have known)。

6. 哥伦比亚革命武装力量成员必须和盘托出与毒品相关的所有情资,特别法庭将一人一案一审,个别审查当年制毒贩毒所得金钱流向,若有中饱私囊者即以毒品罪惩罚。

7. 在2018年及2022年的选举中还是在众议院、参议院各保留5个保障名额给哥伦比亚革命武装力量,但哥伦比亚革命武装力量不得参加在其原占领区的地方选举,同时也减少哥伦比亚革命武装力量成为合法政党后政府给予的补助经费额度。

8. 只对协议中有关人权及国际人道部分承认其视同宪法的位阶高度,而非原版将全部和平协议视同宪法,使哥伦比亚革命武装力量成员不得因和平协议获得绝对的法律保障。

9. 教会对原先协议中破坏家庭价值的忧虑获得一定程度的处理②。

---

① "Colombia's Revised Peace Accord", The editorial Board, Nov. 14, 2016, *The New York Times*.; Ana Marcos, "Las modificaciones del nuev acuerdo de paz en Colombia", *EL PAIS*, Nov. 24, 2016.

② "If at first you don't succeed…" *The Economist*, Nov. 19, 2016, From the print edition. http://www.economist.com/node/21710312/print; Juan Forero, "Colombia, FARC Rebel Group Announce New Peace Accord", *The Wall Street Journal*, Nov. 12, 2016.

桑多斯政府与哥伦比亚革命武装力量达成第二次协议后，为免再次节外生枝乃将协议交国会审查而非举行第二次公投。2016 年 11 月 30 日，执政党联盟以压倒性的多数在国会参、众两院通过和平协议。桑多斯在次日开始起算，从当日起哥伦比亚革命武装力量有 5 天时间将其成员集中到"过渡区"（Zonas Transitorias Veredales），30 天后开始缴械，再过 150 天后，所有武器都应完全交给联合国人员，至此哥伦比亚革命武装力量就不再是非法武装集团，哥伦比亚的武装冲突也就此结束了①。

哥伦比亚和平之路的展望

哥伦比亚和平协议中勾勒的愿景能否如愿顺利达成，我们试就萨尔瓦多重建经验与哥伦比亚特有的环境来分析观察。

一、萨尔瓦多经验

（一）第三方的功能不可或缺

萨尔瓦多内战之达成和平协议看似水到渠成，其实如果缺少一个能够协助双方调整观念、定义协商内涵，并监督协议执行的公正第三方，和平协议难以奠下成功的基石。联合国成功扮演了这个关键角色。首先它担任双方谈判的媒介，接着监督双方忠实执行和平协议的规范，最后透过协调国际经费和技术协助，又扮演了建制建构者（institution-builder）和重建代理人（reconstruction-agent）的角色②。

哥伦比亚在与哥伦比亚革命武装力量长期的谈判过程中，一直都有促进国团体、联合国、教会等扮演值得信赖的第三方的功能。依萨尔瓦多经验，哥国在往后与 ELN 的谈判及和平重建过程中，诸如游击队成员从各地向集中区运输过程的安全保障，武器装备是否完全缴交，及 2018 年选举公正性验证，甚至协助争取国际支持重建经费等，都还需要这第三方的角色

---

① Nicholas Casey, "Colombia's Congress Approves Peace Accord with FARC", *The New York Times*, Dec. 1, 2016.; Javier Lafuente, "El Congreso de Colombia referenda el acuerdo de paz con las FARC", *EL PAIS*, 1 de diciembre, 2016.

② Charles T. Call, "assessing El Salvador's Transition from Civil War to Peace." Chapter 14 in Stephen John Stedman, Donald Rothchild, and Elizabeth Cousens, eds., *Ending Civil Wars: The Implementation of Peace Agreements*, Boulder: Lynne Reinner, 2002. www.reinner.com.

持续发挥中立监督的功能。

(二) 治安败坏影响政经发展

萨尔瓦多内战结束后治安问题每况愈下,2012年治安件数是20世纪90年代末期的两倍,目前一年当中每10万人就有70人被杀死亡,高居世界前三名。治安败坏主要表现于凶狠的不良少年帮派及组织的犯罪。萨国效率不彰的司法系统及战后成立的文人警察几乎对之束手无策,而近年从南美洲通往美国的毒品改道经过中美洲,强大的黑金腐蚀力道,更使萨尔瓦多的治安状况雪上加霜。美国联邦众议员詹姆斯·麦克加(James McGovern)更直指萨国检察总署的失职不作为与包庇行为,是萨国政治、经济、公安领导精英被黑金腐化的根本原因,而执法单位失能的结果就是帮派占据街头与小区,毒贩与暴力挂钩,勒索谋杀殃及无辜,治安败坏成为萨国民主化进程中最大的障碍①。到了今年(2017),经济学人在纪念萨尔瓦多和平协议签订25周年的专文中甚至写道:其实萨尔瓦多内战尚未结束,只是目前换成是帮派与政府在对着干②。

内战结束后萨尔瓦多治安反而败坏的潜在因素及现象,在哥伦比亚样样不少,令人对哥伦比亚和平进程的未来忧虑。其实哥伦比亚还存在着更独特的、不利于和平重建的负面因子等待解决。

二、哥伦比亚独特状况

(一) 盘根错节的毒品问题

自从20世纪60年代末起,哥伦比亚就被认定与世界毒品问题有牵扯关系。毒品问题之所以复杂难解,是因为它的种植、制作提炼、运输、销售和吸食,样样都牵涉了手段的违法、暴力的滥用与公部门的贪腐。四十年来哥伦比亚政府花费在扫毒、戒毒的经费不计其数,许多官员军警被贿赂污染,社会充斥暴力,公权力沉沦,毒枭如巴勃罗·埃斯科巴(Pablo Escobar)之辈更公然挑战国家威信使哥国贻笑国际③。哥国和平协议五大议题的第三题,就是"非法栽种的可制毒作物处理",可见毒品是哥国一个牵涉到政治、经济、社会,甚至国家安全的核心而又独特的问题。

---

① "Public Security Challenge in El Salvador Today", Washington Office for Latin America, Apr. 19, 2012.

② "El Salvador Commemorates 25 years of Peace", *The Economist*, Jan. 21, 2017.

③ César Paez, "Cuatro décadas de Guerra contra las drogas ilícitas: un balance costo-beneficio", *Centro de Pensamiento Estratégico*, Ministerio de Relaciones Exteriores. p. 24.

毒品在哥国又被称作"战争的燃料"①。尽管哥伦比亚革命武装力量曾经有过崇高的意识形态,但其主要资金来源是毒枭所缴的包含保护费、丛林实验室使用费,及飞机跑道使用费的"毒品贸易税"。哥伦比亚革命武装力量从20世纪80年代开始插手毒品贸易,1995年从事毒品活动的卡特尔集团瓦解后更接收了毒品贩卖的活动,一手掌控从种植到制成海洛因并外销的全过程,在20世纪90年代末,被美国及哥国政府指认与毒品关系密切②。操控毒品使哥国左派游击组织在资金方面可以不待外援,与萨尔瓦多的法拉本多·马蒂民族解放阵线在国际援助减少后便无以为继大不相同。

很难期望因为签订了和平协议而执行缴械解散之后,原来哥伦比亚革命武装力量成员与毒品间千丝万缕的关系也能够跟着蒸发,事实上哥国存在了几十年的毒品产业结构并未萎缩,就像当年哥伦比亚革命武装力量填补了卡特尔集团在毒品产业链的工作,面对毒品的暴利,一定有别的较小的帮派组织出现,重新取代填补哥伦比亚革命武装力量留下的空间。知情人士多认为哥伦比亚革命武装力量组织中原先就跟毒品有牵扯的那些人,在不具游击队身份后,仍将重操旧业做他们熟门熟路的毒品生意。由于欧美市场需求量大,甚至会有新的毒枭、新的卡特尔很快应运而生,演出争夺地盘的戏码。在内战结束之后一段时间,哥伦比亚将会有治安上的大问题③。毒品曾经是哥伦比亚内战的一大特色,更将是内战结束后哥国社会最难解决的问题。

(二) 政治文化充斥暴力社会对立缺乏互信

哥伦比亚政治文化中的暴力传统由来已久,1948年自由党魅力领袖盖坦(Jorge Gaitán)在波哥大街头遭枪击身亡引发群众暴力事件,并从首都向外扩散演变成全国性暴动④,从此哥国政坛再无宁日,暴力成了哥国政治文化的特征。1989—1990年哥国总统大选期间,居然有三位总统候选人先后被暗杀⑤,20世纪80年代的贝坦库尔政府与哥伦比亚革命武装力量达成

---

① "Las múltiple caras de las drogas ilicitas", verdadabierta.com, Sep. 30, 2016.
② César Paez, p. 16.
③ Russel Crandall & Margaret Haley Rhodes, "After Peace", *The American Interest*, http://www.the-american-interest.com/2016/04/22/after-the-peace/
④ David Bushnell, *The Making of Modern Colombia: A Nation in Spite of Itself*, California: University of California Press, 1993, p. 202.
⑤ "Violencia Politica", *Semana*, Apr. 28, 1997. Semana 是哥伦比亚著名政论周刊。

初步和平协议,左派人士成立了"爱国联盟"(Unión Patriótica)参加中央及地方各种选举①。哥国保守势力结合地方武力,甚至勾结军警,对左派政治人士进行全国性的政治暗杀,约有 3000 名左派政党头面人物、工会领袖、社运分子被杀,成为哥国政治史上最黑暗的一页。右派自始否认参与其事,但政府未能善尽保护公民安全,致使几千人丧命是不争事实。此事在哥国左右两派间划下一条互不信任的鸿沟,负面影响至今②。

到了 21 世纪类此事件依然发生。2015 年 10 月 25 日的地方选举前后,全国各地又出现超过 100 件的政治暗杀、死亡威胁及绑架事件,受害者多为左派人士。③。就在 2016 年年底政府与哥伦比亚革命武装力量签订修正版和平协议,确定左派可参与民主选举及保有在国会的保障名额后,又有数十名社运领袖、环保人士及向政府控告土地被侵占的农民被杀或被威胁。政府相关单位对此事的关心,远远不及当时热腾腾的"和平重建"④。

长久以来,哥国左派各武装组织都曾以绑架勒索国内外人士以筹措资金来源,手段残暴狠毒让广大受害家属愤恨难消,我们从哥伦比亚充满暴力的政治文化与缺乏互信的社会传统可以预见,在内战结束前后的哥伦比亚,特别是在前哥伦比亚革命武装力量占领区,政治暴力与暗杀报复仍将是重建和平的障碍。

(三) 政府与"民族解放军"(ELN)的谈判前途未卜

在世人都为哥国政府与哥伦比亚革命武装力量达成和平协议并经国会通过额手称庆,以为哥国人民此后将可安居乐业免于恐惧时,其实哥国第二大武装游击组织 ELN,还在国内继续进行着绑架勒索等活动。事实上哥国政府与哥伦比亚革命武装力量在哈瓦那进行谈判的同时,也持续和 ELN 进行了三年的接触试探,但是直到 2017 年 2 月 7 日,哥国政府与 ELN 才在厄瓜多尔首都基多近郊举行的一个公开典礼上,宣布双方将展开为期 45 天的第一轮正式谈判。本来双方在 2016 年 3 月就说定要在当年 10 月开始正式谈判,但是 ELN 在 4 月间又绑架了一位国会议员,于是桑多斯要求先释放国会议员才能进行正式谈判,ELN 则要求政府释放两名被捕的头目,另要求增加两位指定的谈判代表,政府也加码要对方多释放两名

---

① 该党候选人在 23 个省市首长选举中获胜,另在 125 省市中透过与其他政党联盟获胜。
② Ariel ávila, "Otra Guerra Sucia en Colombia?", *EL PAIS*, Nov. 21, 2016.
③ Jorge A. Restrepo, "Violencia Política en Colombia: Creciente y cada vez más selective", *Centro de Recursos para el Análisis de Colombia*, marzo 23, 2016.
④ Ariel ávila, "Otra Guerra Sucia en Colombia?", *EL PAIS*, Nov. 21, 2016.

被俘军人。这样你来我往在双方达到各自要求后 5 天,才有正式谈判的开幕①。以如此这般的尔诈我虞拉开和平谈判的序幕,亦可见双方互信之薄弱。

在厄瓜多尔的谈判开始两个星期后的 2 月 20 日,首都波哥大发生爆炸事件,有三十多人受伤,其中大部分是警察,事后 ELN 承认是他们所为。6 月 17 日,首都某商场又发生爆炸,三死九伤,市长指控凶手就是 ELN。② 不论此事究竟是 ELN 以"爆"逼和的策略,或是其他别有用心的组织要制造不利于谈判的氛围,经此事件后,本来双方互信就不足的哥国政府与 ELN 间的谈判,看来短期之内难见具体成效。

(四)政治反对势力的掣肘

众所周知,2016 年 10 月哥国的和平协议公投以些微差距被否决,要拜前总统乌里韦领导的右派反对势力"中央民主党"(Centro Democrático)的强力动员所赐。后来桑多斯总统技术性地将修订过的和平协议交给国会通过,而不是重新举行全民公投,哥国右派的反对势力并未善罢甘休。2017 年 5 月 17 日,由于"中央民主党"议员的提案,哥国宪法法庭以 5 比 3 否决了"快速途径"(fast track)的关键部分③,驳回国会不得修改和平协议执行计划的规定,使反对党在国会中得以运用方法牵制总统的行政权,亦即 2016 年 11 月国会通过的和平协议的效力受到部分限制。桑多斯总统及哥伦比亚革命武装力量首领都对此表示失望与无奈。④

2017 年 4 月,乌里韦亲自寄信给美国国会及总统,信中大肆抨击桑多斯政府的和平协议,指责政府被哥伦比亚革命武装力量牵着鼻子走,哥伦比亚革命武装力量未缴交出收藏的精良武器、政府对前游击队头目的政治待遇过于宽大、政府为了取悦哥伦比亚革命武装力量而蓄意忽视扫毒工作,甚至将桑多斯政府与委内瑞拉的马杜罗(Nicolás Maduro)政府相比拟。桑多斯总统指称,乌里韦此举是要让美国国会不通过美国前总统奥巴马任内编列的 4 亿 5 千万美元协助执行和平协议的援助款,这将对哥伦比亚和

---

① *El Espectador*,10 de Feb. 2017.
② cnnespanol.cnn.com/2017/06/17/explosion-en-centro-comercial-andino-en-bogota-deja-al-menos-un-muerto/
③ 2016 年 6 月哥国国会通过的方便行政权执行和平协议的法令。
④ Cnnespanol. cnn. com/2017/05/18/corte-constitutional-de Colombia-dicta-nuevas-reglas-para-implementar-acuerdos-de-paz-con-las-farc/

平协议进程造成重大伤害。[①]

当年萨尔瓦多是由右派政府对左派游击队谈判结束内战的和平协议，全国人民期望和平心切，中间政治势力几无置喙余地，和平协议通过之后举国支持，协议内容得以逐步进行。反观哥国有前总统领导的反和平协议势力持续在扯执政者的后腿，造成社会分裂形成和平进程的障碍，两国氛围差异甚大。

（五）哥国左派组织未经整合

如前所述，1980 年萨尔瓦多主要的五个左派组织整合成法拉本多·马蒂民族解放阵线后发动攻势，内战期间的指挥调度、宣传及对外关系等都由中央小组统一指挥，最后与右派政府的谈判，也是先经过内部辩论整合及决定方针后一致对外。一旦与政府达成和平协议后内部就不再有杂音，内战也就画下句号，尔后萨国国内除了街头帮派之外，已不复见其他武装组织作乱。哥伦比亚国家幅员广阔，左派武装组织山头林立，各有斗争路线及生存空间，谁也当不成共主。历届哥国政府面对众多在信念、要求、生存方式、组成分子上各不相同的谈判对象，实在不容易。1989 年 M-19 愿意谈判并放下武器回归社会，当时有点出人意料。其他比较小的左派武装组织在 1991—1994 年加维里亚总统任内缴械解散，乌里韦也改编了遍布全国的右派"哥伦比亚联合自卫队"，都属不易的成就。

桑多斯政府能够与哥伦比亚革命武装力量达成和平协议当然是不容易的成就，但是付出的代价条件是否恰当合理，不仅国内百姓有意见，想必 ELN 也在冷眼旁观、暗自盘算可以和政府讨价还价的空间。现在哥国政府与哥伦比亚革命武装力量之间的和平协议看来走得并不平顺，这时候在所有武装组织中意识形态成分较高、最后才坐上谈判桌的 ELN，为了让自己获得更多安全保障与政治利益，会使出什么招数不得而知，设若谈判触礁或拖延时日，在哥国与 ELN 的谈判尚未有成果之前，在境内先冒出新的左派或右翼武装组织让政府应接不暇，也不是完全没有可能。

（六）哥伦比亚的地理环境与政府治理能力

不同于萨尔瓦多的幅员小、人口少、地形单调、植被率低，哥伦比亚人口近五千万，国土面积超过 114 万平方公里。北方濒临加勒比海和太平洋的沿海地带潮湿炎热；安第斯山脉高耸在中部和西北地区，山间谷地是农

---

① "la carta que Uribe envió al Congreso de EE. UU." *El Espectador*，Martes 20 de junio 2017.

业区也是人口较密集所在；东南部是亚马孙河的上游,密布不易通行的热带丛林。交通建设要通过高山或热带雨林,都需要庞大的资金、技术与安定的社会秩序,这些条件长久以来在哥伦比亚都十分欠缺。由于基础建设落后,哥国政府的管理能量就一直被限制在城市及其周边,在广大的乡村与边区,实际上是由地主土豪藉着私人武力圈成许多国中之国,而左派武装组织要在政府鞭长莫及隐蔽良好的森林间种植毒品作物甚至开挖金矿玉石,自给自足地建立基地生存发展并非难事,中央政府想要单靠军队进剿消灭他们谈何容易。

有学者形容哥伦比亚国内长年武装冲突的根本原因,就是在一个基础建设与统治能力不足、贫富极端化的落后国家,中央与边陲间存在严重的发展差距及立场对立,城市精英既不了解边陲乡间的需求,也拿不出有效的政策,更缺乏整合的凝聚工具,整个国家从管理松散变成地方割据,社会尖锐对立加上暴力相向的文化,终至爆发武装冲突①。哥伦比亚与萨尔瓦多另有不同之处在于,萨尔瓦多的政治暴力主要来自军人与地主资产阶级结合的国家机器,而哥国主要的政治暴力并非来自政府,反而是因为弱势的中央政府使国家变成类似诸侯割据的无政府状态,在地方上由大庄园的地主制定法规掌握生杀大权甚至拥兵自重。恰恰是因为政府无力保护人民的基本安全与维持社会正义,人民才以自己的方式寻求自保②,这就使国家长期处于纷乱状况。

哥伦比亚若无法尽快进行交通建设发展经济、拉近贫富差距并强化政府的治理能力,从根本上解决社会问题,否则要在哥国富饶又易于生存的土地上,滋养既存的或新生的武装游击队,难度真的不高。

结语

严格说来,哥伦比亚的和平进程还处于努力"结束改武装冲突",而尚未进入"国家转型重建"阶段,因为哥伦比亚革命武装力量尚未完全缴械解

---

① Guillermo Pérez Florez,"Colombia se Asoma a la Paz",*Politica Exterior*,marzo/abril 2014,pp.81—82.

② Harvey F. Kline,*State building and Conflict Resolution in Colombia1986—1994*,Tuscaloosa:University of Alabama Press,p.11.

编,而与 ELN 的谈判前途未卜。有了上次与哥伦比亚革命武装力量交手的经验,桑多斯政府在应付 ELN 时理应更得心应手,大家都期望谈判能顺利有成果,不要受到 2018 年总统大选的影响而节外生枝。但是衡诸上述哥伦比亚各方面的特殊情况,我们可以发现哥伦比亚国内政治、地理环境,较之于萨尔瓦多、危地马拉、秘鲁、乌拉圭等曾经出现过左派武装游击组织的拉美国家,都要更复杂难解,这是哥伦比亚内部动乱了五十多年、经历七任总统前后三十多年的努力,和平的果实都还未成熟的原因。看来哥伦比亚的和平进程并不容过度乐观,未来几年哥伦比亚能否和萨尔瓦多那样适逢因缘俱足的好运气——顺利地从签订和平协议迈向落实民生建设,让老百姓享受安居乐业的日子,可能我们还要有些耐性继续等待。

（作者陈敬忠系中国台湾致理科技大学副教授,兼拉丁美洲经贸研究中心研究员。）

Reviewing the Peace Treaty of El Salvador and Forecasting the Process of Peace of Columbia

Chen Jingzhong

Abstract：The 12-year civil war in El Salvador has ended on January 16th, 1992 when the leader of Salvadoran guerrilla organization "Frente Farbundo Martí para la Liberación Nacional" and the Alfredo Cristiani Government reached an agreement with the mediation by the United Nations. For many years, scholars believed that, El Salvador could go through the phases of ending civil war, negotiating into signing the Peace Agreement, transforming the left-wing guerrilla organization to a legal political party, and thus rebuilding the nation through democracy process and party alternation, which is a rare successful case of ending an internal armed conflict mediated by the United Nations.

Columbia in South America has suffered from its civil war for even 52 years. During more than 30 years of fighting and negotiation, the past seven presidents have made constant efforts. The incumbent Manuel Santos Government, after 4 years of negotiation, finally entered into the

Peace Agreement with "Fuerzas Armadas Revolucionarias de Colombia" on August 25, 2016. However, this Agreement was voted downed later in a plebiscite held in October. President Santos listened to the arguments of the opposing, and renegotiated with FARC, and claimed on November 2 that a new agreement was to be reviewed by the Congress. The new agreement was passed on November 30, and Santos proclaimed the start of "D-Day" the next day, and that "armed conflict in Columbia is to be end after 180 days."

It is commonly believed that Columbia has entered the phase of the nation's rebuilding, but the Columbian government merely reached a Peace Agreement with the largest armed guerrilla organization, of which the members have not completely disarmed and disassembled. Meanwhile, the peace negotiation with the second largest armed organization "Ejército de Liberación Nacional" has just initiated, and the time for any agreement still remains in doubt. Nevertheless, the complicated drug and violence issues in the nation as well as the unique natural and political environment bring Columbia's path to peace full of uncertainties. As El Salvador and Columbia both are Latin American nations, perhaps the El Salvadorian experience can be taken as a lesson and reference.

Key words: Cause of civil war; Negotiation process; Peace Agreement; FMLN; FARC; ELN

比较视野下的拉丁美洲发展观

魏　然

【内容提要】　从最初挪用欧洲观察者的人文/自然二元论,到联合国拉美经济委员会提出本土的现代化理论,再到"拉美世界模式""人文发展"和"后发展"等新发展观的构想,拉美社会科学界逐渐走向发展理论的自觉,总体上形成了一种朝向人文维度的、可持续的生态理性。持批判立场的拉美发展理念往往具有反霸权性质,质疑知识的殖民性,进而提倡全球性的经济结构改革。在比较视野下,相较于当代中国的发展理论与实践,拉美主要国家之间明显缺乏一套拥有文化领导权的发展理论共识,理论贡献主要来自公民社会与基层运动,呈现出"自下而上"的特征,具有较强的内生性和原创性。

【关键词】　发展观;美洲资源论;拉美经委会;人文维度的发展;后发展

18世纪以降,"文明""进步"等现代性理念逐渐进入世界各国人民的思维体系,这套宏大叙事逐步成为塑造世界观的重要力量。① 文明观进入拉丁美洲要早于亚洲,从19世纪初去殖民运动开始,日渐居于拉美社会科学思想的主流。拉美的文明话语,假若说具有一定的地方特色,那就是永远直接伴随着对"野蛮"的扫荡。以阿根廷文人总统萨缅托的《文明与野蛮》为代表,"文明开化"的使者们总是号召将这片次大陆的"地方性恶疾"(males endémicos)驱逐殆尽,而所谓恶疾,往往联系着原住民社群、西班牙—天主教传统等地方性经验。

第二次世界大战之后,"进步""文明"等语汇被"发展"话语所替换,发

---

① 关于"文明论"如何逐步在世界各民族话语充当"政治无意识"的角色,参看刘禾:《全球史研究的新路径》,收入刘禾主编:《世界秩序与文明等级:全球史研究的新路径》,生活·读书·新知三联书店2016年版。

展观、发展逐渐成了现代性的霸权话语,成为一种"全球信仰"。① 在世界各地也出现了表达更加清晰的发展观。所谓发展观,主要是从社会学意义上来说,就是人们关于发展的根本观点、根本看法,以及指导人们观察、思考、解决重大社会发展问题并自觉进行社会发展实践的基本原则。联合国便将 20 世纪 60 年代定义为"发展的十年"。在欧美传统发展观看来,发展与进步,意味着无限制增长和经济中心主义。直到 20 世纪 70 年代以前,无限制增长在拉美都很少遭遇挑战。进入 70 年代之后,针对主流发展观,拉美经委会的经济学家提出了结合拉美特性的新发展观,给"发展"一词赋予了新的含义,那就是推动全球经济的结构性变革。针对罗马俱乐部的《增长的极限报告》,阿根廷学者提出了"拉丁美洲世界模式论"等另类发展理论。新世纪以来,结合愈加丰富的基层生态运动,众多知识分子开始考虑生态系统与文明未来的关系,提出了"人文发展""后发展"等新理论,从本土经验出发,丰富了"可持续发展"的理念。我国"十三五"规划中,制定了 2020 年全面建成小康社会的发展规划,其中最重要的发展方针之一就是针对我国现有发展中"不可持续问题"。为此,拉美各国针对西方主流学界的"可持续发展观"的改造与创新可以为我国提供有益的参考与借鉴。

一、拉丁美洲传统的自然观与发展观

在中国,人们可以从大量古典文献中,找到关于自然资源合理开发、采取"永续利用"态度的语句,例如在《论语》《孟子》这些中华文明最核心的文献当中,不难找到某种"可持续发展观"的滥觞。《论语·述而》主张"钓而不纲,弋不射宿",希望人们钓鱼而不拉大网,不猎取归巢的鸟儿。《孟子·梁惠王上》也有"不违农时,谷不可胜食也;数罟不入洿池,鱼鳖不可胜食也;斧斤以时入山林,材木不可胜用也"的表达。古代中国人看待人与自然的共生关系时,往往怀有一种悲悯而圆融的态度,可以说,中国的可持续发展观相较于前现代的拉丁美洲,具有更强大的原生性。

---

① 李斯特认为,以杜鲁门为代表的美式发展学说,"建立在得到基督教世界认同,而且得到宣扬拯救学说的宗教信奉者的某种认同的基础上","对于'发展'的新信仰利用这种与宗教话语的结构的类同性,保证了其可信性,而长期以来盘踞在西方意识(或者说无意识)中的自然化隐喻又进一步强化了这一点。"吉尔贝·李斯特:《发展史:从西方的起源到全球的信仰》,陆象淦译,社会科学文献出版社 2017 年版,第 112—113 页。

16世纪以来,长时间被欧洲思想主导的拉美社会观念往往赞同为人类发展而榨取、剥削自然资源。受此影响,在历史上,拉美政治决策者也经常把自然资源出口认定是拉美的"比较优势"。直到20世纪70年代之后,一些主流知识分子才逐渐从美洲原住民思想资源汲取并习得了尊重自然即是维护人类自身的理念。

殖民史开启之后,拉美土生白人知识分子一度接受了西欧、北美学术界的看法,"地理的限制"(Constricciones geograficas)即是其中一例。所谓"地理的限制",就是将新大陆过于广袤而多变的地理状况视为发展的障碍。尤其是南美,在探险家和殖民者看起来幅员辽阔、道阻且长,空间距离遥远,很多地方难以企及。总之,不利于从事对外开放和贸易,反而有助于滋生封闭的割据势力。①

但欧洲移民和移民后裔看待拉丁美洲自然的方式也不全然是负面的。对拉丁美洲自然与地理的描述在两极之间摇摆:一方面是自然资源富饶得令人炫目;另一方面则认为拉丁美洲物种和土生人种在进化链条上还不成熟,因而地位卑微。

对丰饶的自然资源的描述,集中体现在"黄金国"传说当中,殖民时期波托西的高产银矿是这一传说的物质载体。波托西模式最早出现在秘鲁、玻利维亚、巴西和智利,之后在美洲各地被复制,19世纪下半期出现在加利福尼亚和加拿大的淘金热是一种变相的波托西开发模式。②

但貌似美妙的"黄金国之梦"的另一面,其实是伴随着全球经济周期,无节制地掠夺美洲土地和资源。可以说,殖民主义的拉美发展观是一个双面恶神:一张面孔呈现出进步幻象、投资与价值积累,另一张面孔则给拉丁美洲带来贫困、饥荒、农村凋敝和大批量人命的牺牲。但美洲原初的自然资源实在过于丰饶了,这让旅行家和实业家盲目相信,自然能给经济周期带来无穷尽的可能性。譬如秘鲁经济史就是这种经济周期变换的极好说明:拉美的经济开发周期往往被人们称作"爆炸"(el Boom),最早出现在秘鲁的是"白银爆炸",随后是19世纪的"橡胶爆炸""鸟粪爆炸""硝石爆炸",

---

① Cunil Grau, "La geohistoria", en Carmagnani, Hernández Chávez, y Ruggierro (coords.), *Para una historia de América*, *I. Las estructuras*, México, FCE, 1999.

② 参见贡德·弗兰克:《白银资本:重视经济全球化中的东方》,刘北成译,中央编译出版社2013年版,134—140页。

甚至目前还处在"矿产爆炸"的阶段。①

对丰饶矿业的正面描述之外,是对美洲不成熟的负面判断。欧洲思想家和受到他们影响的拉美土生白人普遍相信美洲是年轻的大陆,拉美人是不成熟的人种。18世纪下半期,法国植物学家布封对美洲地理做了体系化描述。以布封为代表的博物志传统,把生物变种视为衰败的象征。他们观察到羊驼即美洲骆驼的身材远小于亚洲骆驼,美洲狮的体魄也远不及非洲狮,因此是不成熟的变种;白人和美洲原住民混血的结果,也是一种人种衰败的象征。②

黑格尔在布封的基础上继续向前推论。黑格尔将美洲看成纯粹自然,进而把布封对动植物的框架分析泛化到美洲的一切现实。他强调两点,一是美洲的人与世界都是崭新的,不成熟的;二是美洲是不运动、无发展的,因此欧洲与美洲形成对立。在他看来,欧洲人是有历史的人,而美洲人则是没有历史的人。黑格尔思想给拉丁美洲的发展观留下了深刻的印记。

黑格尔对美洲的判断与西班牙的殖民经验结合在一起,就形成了一种传统的美洲资源论。美洲资源论认为,既然欧洲博物学和地理学都证明了拉美是孱弱、不成熟的大陆,是纯粹地理的、没有历史的区域,所以欧洲与美洲之间就构成了文明和自然的二元对立。与此同时,拉丁美洲的物质丰富性被过分夸大了,人们相信这一地区拥有永不枯竭的能源。上述两点结合起来,让人们得出了拉丁美洲的自然应该为以欧洲为代表的人类文明发展做出贡献的判断。从16世纪到19世纪初,西班牙殖民政府把上述观点当做殖民开发的理据,在他们看来,西语美洲的全部自然要素都可以还原成初级产品。即便是19世纪独立运动之后,拉美本土的经济、政治精英也在相当程度上也继承了这一视角,"美洲资源论"持续影响着人们对各种经济周期和国际劳动分工当中,拉丁美洲所处位置的看法。③

---

① Maristella Svampa, *Debates Latinoamericanos*: *Indianismo*, *desarrollo*, *Dependencia y populismo*, Buenos Aires: edhasa, 2016, p.151.

② Antonello Gerbi, *La disputa del nuevo mundo*, Mexico-Buenos Aires, Siglo XXI, 1982, pp.392—393.

③ Enrique Düssel, *1492 el encubrimiento del otro*: *hacia el origen del "mito de la modernidad"*, Quito, Abya-Yala, 1994.

二、拉美经济委员会的发展思想

20世纪以来,欧洲各国的决策者逐渐把经济增长和国家收益看成了民族国家的目标和期待,用一套量化标准来衡量国家提供产品和服务的能力,同时习惯于把增长的外部性和不良后果排除于考量之外:只用货币和数据这些抽象概念来计算增长的积极面,而同时掩盖了增长对环境、社会、文化等方面的消极作用。在这种经典的发展观看来,生产不再是改善人们生活的手段,其自身已经变成了目的,因而可将这种观念称为"经济增长的神话"。

第二次世界大战之后,伴随着美国霸权的确立和亚非去殖民化运动,经济增长的神话被普及到了全球层面。从1944年开始,世界各地出现了很多以促进发展为研究对象和最终目标的国际组织。联合国本身就带有这种色彩,其他例证还包括世界粮农组织(FAO)、成立于1944年的国际复兴与开发银行(BIRD)、国际货币基金组织以及一系列地区经济委员会,例如亚洲远东经济委员会(CEAEO),这一机构成立于1947年。对于拉美及加勒比地区发展最为关键的联合国拉美经委会,成立于1948年。① 在这样的语境下,才能够理解杜鲁门的著名讲话:"旧帝国结束了,现在的目标是在公正和民主的基础上,谋求共同发展,致力于欠发达地区的改善与增长。"②杜鲁门一方面肯定了二战之后涌现的机构化的发展研究,另一方面,他引入了"欠发达"(subdesarrollo)的概念,来替换所谓落后国家的概念。在当时的经济与政治学语汇中,这是一个崭新的新概念。经过修辞的转换,二战后国家间的意识形态对峙,就转变成了发达国家和不发达国家之间的对峙。"欠发达"本身,就变成了一种亚非拉亿万人民不得不尽力脱身的"可耻处境"。至此,美国主导的这套经过"乔装打扮"的发展话语,便成了西方世界最大的"普世价值",成了二战之后西方世界制造的最大的神话。

---

① 参见阿图罗·埃斯科瓦尔:《遭遇发展:第三世界的形成与瓦解》一书的第二章"贫困的问题化:三个世界与发展的故事",叶敬忠等译,社会科学文献出版社2011年版。
② 吉尔贝·李斯特:《发展史:从西方的起源到全球的信仰》,陆象淦译,社会科学文献出版社2017年版,第101—109页。

联合国还倡议把 20 世纪 60 年代定义为"发展的十年",不论穷国、富国都要致力于技术革新和发展。正是在这种语境下,出现了发展经济学这门重要的经济学亚学科。发展经济学认为,经济的起飞和发展有一定步骤,为此,罗斯托撰写了《经济增长的阶段:非共产党宣言》。增长阶段论认为,欠发达国家必将重复发达国家已经走过的路。假如欠发达国家重复得好,学习得好,就能实现起飞,缩短与发达国家的差距。

拉丁美洲的知识精英面对这种话语,却提出了一种新的经济与社会关注来质疑、制衡这套具有进化论色彩的霸权性理论。他们不仅归纳出了一套后来被统称为"依附论"的发展理论,还提出了一系列配套性的克服欠发达处境的公共政策。这套发展理论的创立者包括劳尔·普列维什、塞尔索·富尔塔多(Celso Furtado)、阿尼瓦尔·平托(Aníbal Pinto)、胡安·诺约拉(Juan Noyola)等人。他们的经济思想是围绕着拉美经委会这一机构而构造出来的。这套新发展观有一组新关键词:中心和外围。

1948 年,阿根廷经济学家普列维什发表了《拉美发展及其主要问题》一文。这不仅是一篇经济学论文,也是一篇政治理论宣言。在这篇文章里,普列维什提出了一种理解拉美经济的新结构主义范式,但实际上,他的理论雄心不止在于处理拉美问题,也期待诉诸世界其他地区。他阐释了中心经济与外围经济有何种差异的问题,在商业交换的过程里,中心经济总是损伤外围经济,这是作为外围经济之代表的拉丁美洲所面临的主要问题。普列维什认为中心拥有丰富而多元的结构,能自主技术革新,而外围的发展模式是单一的,只能在中心默许的前提下才能实现技术进步。通过"中心""边缘""结构异质性"等概念组,他给读者展现了一种可以解释拉美不发达处境的历史性结构,这种处境就是技术和资源都向中心/发达国家聚集,却从来不会轻易流向欠发达地区。外围地带缺乏生产力,工资低廉,无法形成发达的国内市场。初级产品价格的涨幅永远赶不上工业品价格的涨幅。①

普列维什领导下的联合国拉美经委会由此推出了一种以拉美经验为基础的非正统经济学说。他们拒绝古典经济学给出的套路,例如拉美应该以初级产品生产与出口作为自身比较优势。与主流经济学不同,拉美经委

---

① Raúl Prebisch, "El desarrollo económico de la América Latina y algunos de sus principales problemas", CEPAL. Disponible en pdf en http://repositorio.cepal.org/bitstream/handle/11362/40010/1/prebisch_desarrollo_problemas.pdf.

会学者更重视历史结构的分析,他们不仅分析外围的经济状况,也重视造成外围处境的关于中心的历史分析。同时他们还强调没有什么统一的发展模式,边缘国家的增长动力早已不同于早期发达国家。为了扭转在国际劳动分工当中的处境,他们提出了两条道路:第一条道路是替换过去以初级产品出口为导向的"外向型增长",转而推动"内向型增长",以实现进口替代工业化(简称 ISI)。第二条道路是主张政府应该突出"观念力",传统民族经济角色的实力较弱,故此政府应该主导发展进程,全局发展规划非常关键。经济理论需要公共政策来贯彻,为此,1962 年,在智利,经委会推动设立了拉美经济社会规划研究所(ILPES),以提出与理论相配套的公共政策建议。我们发现,拉美经委会对"发展"一词赋予了新的含义,那就是推动全球经济的结构性变革。

拉美经委会的另一个重要理论家是塞尔索·富尔塔多,这位巴西经济学家在经委会的初创时期(1949—1957)加入,为拉美经委会思想在拉美各国的传播发挥了重要作用。普列维什把年资尚浅的富尔塔多任命为经济发展部的负责人。此后,富尔塔多将普列维什的许多文章翻译成葡语,发表在《巴西经济杂志》,这些文章引起了巴西学界对普列维什思想的讨论。实际上,发展主义这种思潮在巴西的影响力胜过南美其他国家,为此,拉美经委会思想特别受到重视,许多政策得到瓦加斯总统的直接推动。富尔塔多 1958 年离开智利拉美经委会,返回巴西,担任巴西经济开发银行负责人。这一时期,他的经济思想距离正统经济学更远。他结合巴西发展当中的特性,从结构主义的社会经济思想切入,对现代化和发展做出了区分:富尔塔多认为,只有经济部门先具有了应对现代化潮流的需求,这一部门才能出现发展;而其他部门由于没有出现这种需求,将仍处于滞后状态。

1964 年巴西发生政变,富尔塔多再次离开祖国,回到智利,到另一所重要智库——拉美经济社会规划研究所工作。这一实际的成果汇成专著《拉丁美洲的欠发达与停滞》。该书指出,拉美的进口替代工业化的实验在一段时间成了另类发展渠道,但往往趋于垄断,制约了需求结构。这就造成了进口替代工业化到一定时期就会失去动力,当较为"容易的"替代工业建成之后,发展就会陷入停滞。因此,在拉丁美洲,发展不可能是市场自由发展的结果。为此,富尔塔多指出了他的洞见:由于掌权阶级不知道发展的问题出在哪里,为此他们就倾向于保持现状;更为关键的是,"在拉丁美洲为发展而积极斗争的人们,不管出于有意还是无意,他们往往扮演了革命者的角色。"①

在普列维什的领导和富尔塔多等追随者的努力下,拉美经委会在20世纪50年代到70年代中期,获得了相当的政策影响力及在知识界的号召力。在这一阶段,他们保持了很强的理论独立性,排除了美国影响,成为一个对南美各国政府颇有影响的思想与公共政策的"加工厂"。为此,1951年美国曾试图强制关闭拉美经委会,但终于在巴西总统瓦加斯的支持和斡旋下,拉美经委会赢得了思想战并延续下来。

拉美经委会所主张的这套在资本主义体系外围进行工业化的思想,被称为"发展主义",但实际上,拉美经委会思想只是广义的拉美发展主义(desarrollismo)当中的一种,而且也并不意味着他们自己对发展这一概念毫无保留地认同。此外,阿根廷的庇隆时代、巴西的瓦加斯时代也被认为有很强的发展主义色彩,因此有些著述将其称为"民粹主义发展主义"。民粹主义的发展观主张推动内需和消费,扩大国内市场。后来的库比契克时代的巴西和弗朗迪西时代的阿根廷,政府更加主张"发展主义模式"(modelo desarrollista),但与此前的瓦加斯时期和庇隆时期不同,库比契克和弗朗迪西更强调投资和外资的重要性。巴西发展模式由于得到国内精英群体的普遍认可,取得了更明显的成效,但阿根廷的精英群体由于受到庇隆主义和反庇隆主义两大阵营之间的意识形态阻隔没能形成发展共识。其后,只有形成了70年代军政府主导的权威体制,也即奥唐奈提出的"官僚威权主义",才最终实现了工业化过程。②但阿根廷官僚威权主义之下的发展主义也被压缩成了单面的工业化,而缺少现代化和发展的其他面向。

三、环境议题在拉美的突显

1972年,由丹尼斯·麦多斯(Dennis Meadows)主笔的罗马俱乐部研究报告《增长的极限》(The Limits to Growth)在华盛顿的史密森研究所公之于世。这份报告的发表轰动世界,被西方媒体称为"70年代的爆炸性杰

---

① Celso Furtado, *Subdesarrollo y estancamiento en América Latina*, Buenos Aires, Eudeba, 1966. pp.48—49.
② 吉列尔莫·奥唐奈:《现代化和官僚威权主义:南美政治研究》,王欢等译,北京大学出版社2008年版,第75—83页。

作"。简而言之,报告用大量数据证明,人类向自然的扩张是有限的,因此号召各国采取"零增长"模式。这份报告在拉美各国也引发了激烈争论。

首先值得注意的是,拉美各国主流政治和思想精英对报告多持批判立场。这是因为拉美的政治精英和思想精英有一种印象,即将环保问题视为发达国家强加给欠发达地区的理论概念,甚至是一种制衡后发现代化国家的阴谋论。在新世纪以来的南美左翼政府当中,例如在厄瓜多尔总统科雷亚、阿根廷前总统克里斯蒂娜的言论中,我们还能听到类似表达。1972年《麦多斯报告》公布之后,富尔塔多在一部短篇著作《经济增长的神话和第三世界的未来》(1974)当中批判罗马俱乐部的立场,认为麻省理工学院的课题小组不了解欠发达地区的特性。富尔塔多认为,所谓增长极限的前提是,发达国家执意把欧美生活方式推广到全部的第三世界国家,但实际上一旦这种"示范效用"被到处普及,那么资本主义体系已然宣告崩溃。①

但对《麦多斯报告》的批判并不意味着拉美政界和学界无视环境问题,而是说,来自拉美的思想者更加重视环境恶化与经济不平等之间的关联。例如南北对话之中形成的"生态发展"(ecodesarrollo)概念,相较于罗马俱乐部推广的发展观,具有更丰富的社会、政治层次。1974年,在墨西哥举行科科约克会议(Conferencia Cocoyoc)对这一概念的形成相当关键。在会议之后形成的宣言中,突出了环境问题和全球危机的结构特征,强调了环境恶化是现有经济制度下社会经济的不平等造成的;为了改变这一趋势,就需要打造另类发展模式和新的国际秩序。科科约克会议的价值在于,把生态议题引向了全球财富分配不平等这一更深刻的问题。这种发展观显然受到拉美依附论的影响。当时的墨西哥总统埃切维利亚(Luis Echeverria)曾在最后一天参会,也提出了他对"生态发展"概念的理解。② 在其后的斯德哥尔摩环境会议上,"生态发展"概念被联合国环境问题顾问波兰裔法国经济学家萨斯(Ignacy Sachs)进行了再解释,他将这个概念归纳为"社会层面可欲、经济层面可行,生态层面明智"的发展观。但令人惋惜的是,这一来自拉丁美洲的强调不同增长理性的理论术语后来未获得进一步阐释。此后,时任美国国务卿的基辛格为了在国际场域挪用绿色话语权,强势推

———

① Celso Furtado, *El mito del desarrollo económico y el futuro del tercer mundo*, Buenos Aires: Periferia, 1974. p.23.
② Maristella Svampa, *Debates Latinoamericanos: Indianismo, desarrollo, Dependencia y populismo*, Buenos Aires: edhasa, 2016, p.166.

动了"可持续发展"这一概念。

与"生态发展"平行发展的,还有另一种主要来自阿根廷的发展观,称为"拉丁美洲世界模式论"(Modelo Mundial Latinoamericano,缩写为MML)。1975年,以一些阿根廷学者为主要成员的巴里洛切基金会(Fundación Bariloche)提出了一篇主张另类替代模式的重要论文《灾难还是新社会?拉丁美洲世界模式》。"拉美世界模式论"首先是针对罗马俱乐部报告而出现的,它将后者批判其为霸权话语、一种新马尔萨斯主义,因为罗马俱乐部把生态的衰替和未来发展空间的匮乏,跟去殖民运动后第三世界人口的增长建立了直接的逻辑联系。故此,麦多斯提出的建议是发达国家零增长,欠发达地区控制人口。"世界模式论"认为环境衰退与人口增长无关,而是由于富国的高消费造成的,为此应缩减消耗,减轻环境与自然资源的压力。"拉美世界模式论"还认为,发展的障碍不是物质性,而是政策和社会性的,为此,应突出对消费社会的批判。《拉丁美洲世界模式》这篇报告中构想的社会,拒绝以消费为主导,也不以谋求利润为目标,而是按照基本社会需求而设计。① 撰写报告的阿根廷学者显然相信科学理性,认为科学理性不可能导致生态灾难。可以说,拉美世界模式论是一份主张社会政治变革的文件,其作者呼吁世界权力格局的改变并以此实现良性变化。令人惋惜的是,《拉丁美洲世界模式》这份重要的文献,虽然被译成英文和法文,但未及充分阐发,就被阿根廷1976年政变之后更为严峻的独裁政治所中断。

四、从人文发展观到后发展观

当代主流发展理论与发展观兴起于中心国家,原本是作为制衡世界社会主义运动的"非共产党宣言"(罗斯托语)而出现的,但拉丁美洲的思想者对上述理论进行了自觉的理论改造。可以说,当代拉丁美洲的可持续发展观是高度内生性的,而且经常与左翼批判话语结合在一起。

20世纪80年代,由于国际社会主义运动的低潮,革命话语在拉丁美洲式微,新自由主义广泛获胜,华盛顿共识逐渐获得了合法性。拉美主要国

---

① Fundación Bariloche, "Modelo mundial latinoamericano", *Nueva Sociedad*, Número, 22, Enero-Febrero 1976, pp. 16—29.

家都进行了结构调整,加速推进私有化。但由于私有化在社会层面的负面影响,80 年代在拉美也被称作"失去的十年"。值得注意的是,正是在 80 年代,"发展"作为地区性的同质性的大叙事逐步消退。与此同时发生的是,拉美社会科学出现了转向,原先处于领军地位的政治经济学、政治社会学的衰落,不能充任社会科学引跑者的角色。进而出现了一系列学术转型:经济学转向新古典主义,偏重生产领域和提高宏观经济指数,社会学转向更温和的社会知识的生产,人类学转向民族志风格,主张从旁观察后独裁时期的民主转向——这种学术新动向与 20 世纪六七十年代的革命激进的学术风尚有很大距离。

沿着这种思路,许多拉美社会科学研究者批判过于集中的宏观发展规划,提出了社会包容、参与式发展这些概念,社会学家和人类学家则喜好强调农村社会发展、原住民发展等另类发展模式。因此到 80 年代末,拉丁美洲出现了"人文维度的发展"(desarrollo a escala humana)这一概念。

"人文维度的发展"理论主要创造者是智利经济学家马克斯—内夫(Mandref Max-Neef)以及埃利萨尔德(Antonio Elizalde)和奥佩尼亚因(Martin Hopenhayn)。这套理论参照社会学和生态学框架,强调从人的基本需求出发重新定义经济体系。他们依据以人为尺度的发展观质疑经济中心主义的发展观。发展主义在 80 年代的失败,并不是它没有创造力,而是因为经济与金融失衡造成的错误。特别是古巴革命之后,拉美各国强调经济的高速发展,但不重视社会和政治方面的需要。

与上述发展观相反,人文维度的发展观强调建立可量化的人的发展指数。马克斯—内夫认为人的基本需求在历史各阶段大同小异,不同的经济、社会、政治体系以不同方式来满足人的基本需求。只为创造财富而创造,此时人的生命其实就成了为财富服务的工具。人文主义经济学呼吁重新思考需求、满足的供应和财富三个要素之间的辩证关系。这是一种批判性的人文主义观点,它在一方面反对生产中心主义,另一方面也反对日益巩固的消费社会。过分强调财富生产,或过分偏重满足人的需求,都可能产生不可持续的社会样态。拉丁美洲的一个突出特征是,长时期的失业问题、高通货膨胀,在这种情况下的治疗方式不应该是夸大需求,而是创造满足需求的不同方案,有质量地满足基本需求。①

---

① Manfred A. Max-Neef, *Human Scale Development*: *Conception*, *Application and Further Reflections*, New York and London: The Apex Press, 1991. pp.13—54.

人文维度的发展观还是一种对主流发展观的温和批判。马克斯—内夫的观点后来也被吸纳到联合国提出的"人文发展"(Human Development)的概念当中,更为激进的批判来自拉丁美洲的后结构主义者(pose-structuralismo)。

1992年波兰裔法国经济学家萨斯编辑了广有影响的《发展词典》,其中最重要的"发展"词条,交给了墨西哥社会学家古斯塔沃·艾斯特瓦(Gustavo Esteva)来撰写。古斯塔沃·艾斯特瓦本人著有《发展的未来》一书,是"后发展"理论最重要的理论家和倡导者之一。他在著作中,揭示了发展及其隐秘面孔即欠发达,是一套冷战时代美国的理论发明。艾斯特瓦强调,这套发展观实质上是要贯彻单一文化的社会方式,以西方主流方式强加到所有异文化民众的头上。发展观前面可以冠上种种修饰词,如"内生性发展""可持续发展"到联合国近期开始倡导的"人文发展",但归根结底,它们都是一套文化殖民模式下的柔和版本。

艾斯特瓦的批判思考被哥伦比亚学者阿尔图罗·埃斯科巴(Arturo Escobar)所深化,他在代表作《遭遇发展:第三世界的形成和瓦解》一书中,强调20世纪60年代的发展观怎样从一套权力话语逐渐生成了一套制度。现代发展概念的两面——发达与欠发达——逐渐被制度化,拉美各种各样的问题,均被视为欠发达问题,并且很快涌现了一批处理这些欠发达问题的专家、学者,西方社会、联合国加上发展中国家政府,联合催生了一批处理各种发展问题的机构。发展话语和发展机构倾向于低估地方性经验和知识。作为后结构主义思潮的一种,后发展的发展观力图解构将亚非拉诸多国家视为"第三世界"的机制,不是设问"我们怎么找到更优的发展方案?"而是反诘"亚非拉怎样被发展话语和实践定义为第三世界了呢?"所以说,后发展的要点之一是批判和解构传统发展观,认为发展不应该继续成为社会生活的主导性框架了。另一要点是不应再依靠所谓专家的知识,而要重估地方性知识和文化,借此建立一个真正的可持续的后发展世界。①

可以想见,这套后发展的发展观一方面受到新自由主义阵营的批判,另一方面遭遇马克思主义者的批评。马克思主义者认为,这种发展观主要落在话语层面上,忽略了真正的贫困和社会问题,甚至忽略了资本主义的根本性问题。同时指责后发展理论对基层经验和社会运动过分浪漫化,因

---

① 参看阿图罗·埃斯科瓦尔:《遭遇发展:第三世界的形成与瓦解》,叶敬忠等译,社会科学文献出版社2011年版。

为只要仔细观察就不难发现,基层社会运动也是权力关系运作的空间。埃斯科巴在其后的写作中接受了部分批判意见,但他同时强调,后发展要批判的是那样相信知识是现实的真实再现的主流观点,错认为存在本质主义的发达或欠发达的现实;后发展的发展观是一套建构主义的认知立场,其基础是对历史的深入研究,而不仅仅是话语游戏。

不管如何评价埃斯科巴的发展理论,都需承认后发展理论对拉美生态思想和政治生态学很有影响,特别是与原住民运动和非洲裔拉美人(特别是哥伦比亚)运动相关的社会运动当中。这套理论能与地方运动结合在一起并不奇怪,因为它突出强调地方性知识体系,主张另类发展道路(Alternativas al desarrollo)。

五、拉美社会运动当中的发展观

20世纪以来的西方政治史上,集体性的社会运动往往和工人阶级结合得最紧密,因为在马克思主义的框架下,无产阶级被视为促进历史变革的主要角色。但在拉丁美洲,自60年代开始,社会斗争走向多样化,西班牙语里"民众阶级"或"大众阶级"(clases populares)的内涵扩大了。在这一新形势下,社会斗争时常以生态运动的面貌出现,以提出自己的政治化诉求。

在全球范围内,生态运动的政治光谱非常宽泛,从保守主义到激进主义,几乎无所不包。在拉丁美洲,50年代就出现了相当多的生态组织。成名于90年代的墨西哥生态社会学家恩里克·莱夫(Enrique Leff)和乌拉生态圭思想家爱德华多·古蒂纳斯(Eduardo Gudynas)被认为是拉美最重要的生态思想家。古蒂纳斯还是将安第斯地区的"美好生活"(Buen vivir)概念进行理论化的重要人物,现今还担任乌拉圭的拉美社会生态中心的执行秘书。①

莱夫和古蒂纳斯都强调当代拉美生态运动的异质性(参与者分属不同阶层,相当多数的人属于所谓中产阶级),运动内部的统一性和延续性都偏弱。即便如此,也应注意到,在拉美主要国家,独立自主的环保运动仍在增强,例如在阿根廷,最有影响力的环保思想界领袖是米盖尔·格林伯格

---

① 参看古蒂纳斯的个人主页 http://www.gudynas.com

(Miguel Grinberg)。格林伯格经常在国际重要生态会议上做主旨发言,与其他跨国非政府组织保持密切联系,但同时他也不断批判跨国公司和国际势力抢占"绿色"话语权为国际大资本服务。

20 世纪七八十年代以来,拉美生态运动逐步实现制度化,例如巴西橡胶人运动(los seringueiros)是其中最为著名的,特别是这一组织的环保行动者门德斯(Chico Mendes)在 1988 年遇害之后,这一机构在国际上有了更多的同情者与支持者。此外,著名的巴西无地农民运动(MST)部分分支也有生态运动色彩,它们从生态角度提出了土改要求。此外,在拉美中产阶级当中,还存在着众多与食品安全、健康、学生运动相结合的生态运动组织。

一些生态组织如智利的拉美环境冲突观察者(Observatorio Latinoamericano de Conflictos Ambientales,缩写为 OLCA)和巴西的环境正义联络组织(Red de Justicia Ambiental)特别强调"生态债务"(deuda ecológica)和环境正义等概念。他们认为之所以会出现环境不公正,是因为在环境成本的分配上缺乏民主参与,例如拉丁美洲普遍存在的生态种族主义,即将生态债务转嫁给原住民社群。① 类似于上述两个机构,能做到理论与实践相结合的生态组织还有很多。

结语

从最初挪用欧洲思想家的人文/自然二元论,到联合国拉美经委会提出本土的现代化理论,再到"拉美世界模式""人文发展"和"后发展"等新发展观的构想,拉美社科界逐渐走向理论自觉,并朝向形成一种新的生态理性迈进。

从历时性来看,拉美学者和环保行动者的思考往往具有反霸权性质,从共识性来看,它们大都是来自外围国家的独立思想的产物,往往质疑知识的殖民性,提倡社会结构改革。拉美发展观不止倡导平等社会,还反对过度消费,谋求以人的基本需求为依据设立社会模式。

最后,相较于当代中国的可持续发展的理论与实践,拉美主要国家明

---

① Henri Acselrad, "ambientalização das lutas sociais—o caso do movimento por justiça ambiental", *Estudos Avançados* 24 (68), 2010, pp. 103—119.

显缺乏发展理论共识,政府也难以提供令各阶层满意的统一的可持续发展规划。拉美发展观的理论贡献主要来自民间社科研究界和基层运动,呈现出"自下而上"的特征,具有较强的内生性和理论原创性。

(作者系中国社会科学院拉丁美洲研究所助理研究员)

The Concept of Development of Latin America in Comparative Perspective

Wei Ran

Abstract: From the binary opposition of the human/natural, adopted from European thinking, to CEPAL's local version of modernization theory, "Latin American World Model", "Human Scale Development" and "Post-development", Latin American thinkers has gradually formed a series of more self-conscious development theories and more sustainable ecological rationality. The critical Latin American development thinking usually takes an anti-hegemonic attitude, questions the coloniality of knowledge and then advocates radical reforms of global economic structure. Compared with the development theory and practices of contemporary China, we cannot find a clear consensus of development in Latin America. Meanwhile, the most original theoretical contribution comes from the civil society and grass-roots movement, showing the character of "bottom-up".

Key words: Concepts of Development; Reflections on Latin American Natural Resources; CEPAL; Human Scale Development; Post-development

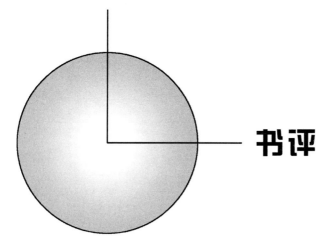

书评

考察日本政府机构及其外交运作的路线图
——评王蕾的《日本政府与外交体制》

宋成有

在1972年中日邦交正常化之后的第一个20年间，为适应中国读者急需认识日本的需要，我国出版界先后出版了谭健的《日本政府体制与官员制度》(1982)、蒋立峰主编的《日本政治概论》以及吴学文的《日本外交轨迹》(1990)、冯昭奎等的《战后日本外交史》(1996)等涉及第二次世界大战后日本政府体制与外交的著作。在第二个建交的20年期间，又有吴纪南的《新世纪日本的行政改革》(2003)、徐万胜的《日本政治与对外关系》(2006)等中国学者的研究成果以及增岛俊之的《日本行政改革的理论与实践》(2005)、五百旗头真的《战后日本外交史 1945—2010》(2013)等论题相似的译作出版。与第一个20年相比较，中国学者的作品数量有所减少，但学术质量有所提高。2016年，由世界知识出版社推出的四川大学历史文化学院王蕾副教授的《日本政府与外交体制》(以下简称王著)，就是其中一部颇具特色的新作。

王著的书名有两个关键词，一为"日本政府"，二为"外交体制"。在作者的布局安排中，并非将日本政府与外交体制等量齐观，而是重点介绍日本政府的组织机构的演化与现状，再论及各自涉猎的外交事务。换言之，王著是通过分析各级政府机构的运作，来观察日本的外交全过程。例如，第一编《日本的行政》设"内阁""行政组织方式与特点""政策协调""决策方式与过程"等4节，评价了行政各部门的构成、运作方式和决策过程，为理解日本外交机制预作铺垫。第二编《首相及其权力支持》的第1章"首相的外交权能"在"内阁的权限""首相的权限"之后，涉及首相提交外交政策，强调首相是外交政策的最高决策者；第2章侧重介绍内阁官房、内阁法制局、国家安全保障会议、内阁的其他政策对策本部等机构；第3章介绍内阁府的职能、组织机制、对外事务；第 4 章着重介绍了民主党执政时期内阁行政机制的变化。第三编《外务省》与日本外交体制的关系最为直接。在共计 6 章的篇幅中，依次介绍外务省的概貌、省总部、驻外机构、大臣和政务次官、外务官僚、日常运营与政策形成等课题，勾勒了外务省上下内外的组织机构和人员构成概貌。第四编《防卫省》共计 5 章，除第 3 章对防卫省与外交的关系有所涉及之外，其他各章分别介绍了防卫省的权限、组织机构、日美安保体制、防卫政策与宪法第九条等，均与外交涉猎不多。第五编《参与外交的其他行政部门》分别说明了经济产业省、农林水产省、文部科学省、国土交通省、环境省、厚生劳动省、总务省、法务省等诸省的职权、构成、对外交往的基本情况。总之，虽然着墨不多，但不难看出外交体制为全书点睛的一条线，为观察日本政府机构提供了视角。这样，就与其他有关日本政府机构的专著相区别开来，构成王著的第一个特色。

一般认为，外交即一个国家为了实现其对外政策，通过互相在对方首都设立使馆，派遣或者接受特别使团，领导人访问，参加联合国等国际组织，参加政府间国际会议，用谈判、通信和缔结条约等方法，处理其国际关系的活动。通常意义上的外交，强调以和平手段对外行使国家主权，主要指由国家元首、政府首脑、外交部部长和外交机关代表国家进行的对外交往活动。[①] 在这里，使领馆、使节团、首脑、外交部部长、联合国等国际组织，政府间的国际会议等，构成外交研究所必然涉及的关节点。王著分别涉及日本政府的行政概貌、首相及其支持机构、外务省、防卫省与其他诸省主持或参与外交事务的职能和过程，对日本外交活动的主体进行了更加具体的分类，尤其是作者跟踪考察了各行政部门主导或参与外交决策的原则、程序和实施等环节，从而有助于读者把握日本外交台前与幕后的运作过程。这是王著的第二个特色，也是其学术价值和实际意义所在。正如作者所言，起初想以外务省和首相为中心，写一本日本政府与外交的小册子。后来，为了使读者在了解日本外交机制的基础上把握其外交活动，作者对著述布局进行了调整，先概述日本政府的组织机制，再具体评述各行政部门的组织机构及其外交参与。作者用了相当的篇幅，重点突出了内阁首相、外务省和防卫省的设置经纬、内部构成和外交活动，辅之以其他省厅的外

---

① 参看《百度百科·外交》。

考察日本政府机构及其外交运作的路线图　　217

交活动。在论述结构上点与面结合,动与静兼顾,勾勒了《日本国宪法》框架下当代日本外交流程的全景图,为读者了解和把握日本外交运行的政府机构环境和背景提供帮助。

或许正因如此谋篇,构成了王著的第三个特点:知识性和普及性。在中国读者的日常生活中,有关日本政府的新闻几乎每天都会在中国电视、广播、网络等媒体中的新闻报道中出现。但若问起日本政府各行政部门的由来、结构、职权、演进,特别是最近20年间的政府机构调整及其对外交的影响,恐怕就说不大清楚了。有鉴于此,王著从第二次世界大战后《日本国宪法》主权在民、三权分立的立国建政原则说起,依次记述了由1府12省厅组成的内阁,论及府省厅内由官房、局、课、室、系等构成的内部部局,以及由厅和委员会构成的外局;还对这些中央政府部门的行政组织方式、政策制定与协调、决策的方式与过程等分别加以论述,有助于认识和把握日本政府运作,包括外交运作的流程及不同时期的特点。作者还对日本的半官方机构也进行了评介。其中,如学人熟知的国际交流基金(JF),在世界各国设有20多个分支机构,扮演了国际文化交流与合作的重要角色;日本贸易振兴机构(JETRO)则活跃于经济外交舞台,在54个国家中设置了海外事务所或中心,规模庞大。这些具有官方背景但以民间姿态现身的机构秉承了战前的传统,在开展民间交流和遂行国策等方面发挥的作用,不容小觑。王著的上述知识性和普及性,特别适合外交人员、涉外干部,包括学习外交、国际关系、语言和历史的本科生或研究生作为了解日本政治、政府或外交的入门书来研读。当然,对日本政治或外交感兴趣的广大读者,也会在阅读的过程中,积累相关的基础知识,体味读书收获的乐趣。

读王著的《后记》可知,作者于2005年在北大获得历史学博士学位后,到南开大学日本研究院工作,从事有关日本政治与外交的教学科研。教学相长,她在工作中产生了著述日本政府与外交体制的目标。在2007—2012年的5年期间,作者自学了日本的政治学和行政学,下了一番功夫,对内阁及1府12省厅的演进过程和外交机能等问题,逐一展开研讨。在浮躁、浮夸、浮华等"三浮"不良风气恣行学术界的今天,作者脚踏实地、孜孜以求的治学精神应给予充分肯定。若说到此著的不足,首先,篇幅的设计尚需进一步斟酌:第一编无章,第五编的第3章至第9章基于篇幅的考虑,未能展开,故有章而无节。可见,全书的章节设计尚需协调,第一、第二编可以合并为一编,再作斟酌。其次,对政府机构对外交运作的正负作用应加强概括和分析;文字尚可再简练。此外,书中的大量图表有助于加强表述的效果,但印制水准有待提高。瑕不掩瑜。尽管王著存在上述美中不足,依然称得上是一部下了功夫的开卷有益之作。

(本文作者系北京大学历史学系教授)

北京大学亚太研究院 2016 年活动简报

北京大学亚太研究院是北京大学跨院系（所、中心）、跨学科的综合性研究机构。其宗旨是：加强和促进北京大学的亚太研究，推进中国亚太研究发展以及各国学者及研究机构的交流，增强相互间的理解与友谊，促进人类社会的繁荣与进步。

◆ **与各亚洲研究中心开展交流和合作**

◎ 第十二届国内亚洲研究中心主任联席会议

由韩国高等教育财团和南开大学共同主办，南开大学亚洲研究中心和云南大理大学共同承办的"第十二届亚洲研究中心主任联席会议"于2016年8月19日在云南大理举行。会议的主题是"中国深化对外开放背景下的亚洲研究探讨"。北京大学亚太研究院副院长程郁缀教授和北京大学外语学院副院长、《亚太研究论丛》执行主编吴杰伟教授出席了会议。吴杰伟就2015年和2016年亚太研究院的工作做了汇报。

◆ **北京大学亚太研究院理事会第十六次会议**

2016年9月19日下午，"北京大学亚太研究院理事会第十六次会议"在北京大学英杰交流中心星光厅召开。韩国高等教育财团朴仁国总长（President Park In-kook）、北京大学常务副校长、亚太研究院院长吴志攀教授等出席了会议。吴志攀教授就2015年及2016年上半年亚太研究院开展的国内外学术交流、学术会议、编辑和出版学术著作和名家讲座等学术活动以及2016年下半年的学术活动计划做了报告。

吴志攀校长和朴仁国总长就亚太研究院今后的工作展开深入而热烈的交流与讨论。

◆ **亚太研究院各中心主任会议**

北京大学亚太研究院各中心主任会议于2016年12月7日举行。各研究中心主任出席了会议，研究院负责人就2016年的工作做了总结，并布置了2017年的工作。各中心主任围绕研究院的各项工作和2017年的计划展开讨论。

◆ 学术会议

（一）国际学术会议

东亚—拉美关系暨中日韩拉美学界学术研讨会

2016年7月3日在北京大学国际关系学院会议室举行，会议由北京大学拉美研究中心与北京大学国际关系学院共同主办。来自韩国首尔大学（Seoul National University）、韩国外国语大学（Hankuk University of Foreign Studies）、韩国启明大学（Keimyung University）、韩国全北国立大学（Chonbuk National University）、日本神户大学（Kobe University）、日本名古屋大学（Nagoya University）、智利驻华使馆、墨西哥驻华使馆、秘鲁《商报》（El Comercio）等机构的外方学者和代表，以及来自北京大学、中国社会科学院、南开大学、中国现代国际关系研究院、中国人民大学、中央民族大学等机构的中方学者和代表，共计20余人出席了本次会议。与会学者围绕"东亚与拉丁美洲关系""太平洋联盟及其亚洲议程""中日韩三国拉丁美洲研究"和"拉丁美洲政治、经济与社会"议题展开热烈讨论。

大国互动与东亚国际格局学术讨论会

2016年8月20—21日，北京大学东北亚研究所与辽宁社科院东亚研究中心共同主办。来自中国、美国和日本的20余位专家学者出席了会议。与会者围绕"2016年1月朝核试验以来东北亚地区大国关系的变化"等议题展开讨论。

第四届中韩历史学家论坛

2016年8月24—25日在北京大学举行，会议由北京大学韩国学研究中心主办。会议主题是"跨境人口迁移——多元文化视角下的中韩关系"，中国和韩国等30余位专家学者出席了会议，与会者围绕"中韩移民历史回顾""移民对中韩社会发展的影响"和"移民在中韩交流中发挥的作用"等议题展开讨论。

第九届国际东亚学学术论坛——新形势下的东亚合作与交流

2016年9月17—18日在复旦大学举行。会议由大阪经济法科大学亚洲研究所、北京大学东亚学研究中心、复旦大学日本研究中心共同主办，来自英国、新西兰、乌克兰、俄罗斯、哈萨克斯坦、日本、新加坡、越南、泰国、柬埔寨、马来西亚、缅甸、印度尼西亚以及复旦大学、北京大学、辽宁大学等国内外60余位专家学者出席了会议。会议的主题是"新形势下的东亚合作与交流"。与会者围绕"区域一体化与经济发展""多文化共生与交流——

ASEAN 的视角""安全保障与区域合作机制""构建区域新秩序、经济合作关系的新动向""国际经贸关系的新变化及其对应""社会的多样性与复杂性和东亚社会的新变化及因应"等议题展开讨论。

马来(西)亚、新加坡华人研究:历史、政治、文化学术会议

2016 年 12 月 4—5 日在北京大学陈守仁国际会议中心举行。会议由北京大学华侨华人研究中心和马来西亚大学华侨华人研究中心共同主办。来自国内外的 20 余位专家学者出席了会议。与会者围绕"历史、现实与理论:华人性、马新华人社会生态""地方、国家与区域:历史政治视野中的马新华人""挑战、回应与调试:马新华侨华人的经济生活回眸""旧客、新客与承继:马新华人族群社会的更新换代""文化、认同与发展:马新华人的精神世界与现实资源"和"抗争、坚守与建构:作为文化堡垒的马新华校"等议题展开热烈地讨论。

全球化时代下女性主义政治的未来国际学术会议

2016 年 12 月 7—9 日在韩国启明大学举行,会议由北京大学中外妇女问题研究中心、韩国启明大学女性研究所、香港中文大学性别研究中心共同主办。来自三所学校的 30 余名师生参加了会议。与会者从不同角度深入探讨了全球化时代下女性主义政治呈现出的新形势与新挑战。

全球时代的大学教育、环境及文化学术研讨会

2016 年 12 月 17 日在日本樱美林大学举行,会议由北京大学亚太研究院与日本樱美林大学共同举办。来自樱美林大学和北京大学的 30 余位专家学者出席了会议。与会者围绕"大学的变化""教育设施的建材对人体健康的影响"和"大众文化——动漫所传播的日本文化"等议题展开讨论。

(二)国内学术会议

东南亚历史与《东南亚各国史纲》编纂学术研讨会

2016 年 5 月 7—8 日在北京大学英杰交流中心举行,会议由北京大学东南亚研究中心与世界图书出版公司广东有限公司共同主办。来自北京大学、中山大学、广西民族大学、云南民族大学的 40 余位专家学者出席了会议。与会者围绕东南亚历史发展的政治、经济、文化、民族等问题,东南亚国际关系史和中国东南亚关系史,《东南亚各国史纲》编纂的体例、分期、跨界问题等,国际东南亚历史研究和编纂的新动向等议题阐述了各自的见解,并展开热烈的讨论。

朝鲜半岛无核化与周边大国学术研讨会

2016年6月11日在北京大学英杰交流中心举行。会议由北京大学韩国学研究中心主办。来自中共中央对外联络部、北京大学、中国社会科学院、浙江大学、中国政法大学、军事科学院、《人民日报》、新华通讯社世界问题研究中心、新华通讯社新闻研究所、中国国际战略学会、中国亚太学会朝鲜半岛研究会等政府部门、高校和研究机构的20余位朝鲜问题研究专家参会。与会者围绕"朝鲜半岛无核化与周边大国"这一议题,就朝鲜半岛无核化问题的历史由来、格局变化、发展趋势与应对方案等问题展开讨论。

北京大学—复旦大学亚洲论坛(博士生,2016)

2016年10月14—15日在北京大学外语学院会议室举行。会议由北京大学亚太研究院与复旦大学亚洲研究中心共同主办,会议的主题是"亚太研究:民族性与世界性"。来自北京大学、复旦大学的20余位博士生出席了会议。与会者围绕"一带一路"与亚洲,亚洲的地方性知识和交流史,亚洲共同体的历史、发展、现状,亚洲各国的历史、宗教、文化等议题阐述了各自的见解,并展开热烈的讨论。

北京大学—吉林大学东北亚论坛(2016):新一轮东北振兴与东北亚区域合作

2016年11月12日在吉林大学举行,会议由吉林大学东北亚研究院、北京大学亚太研究院和韩国高等教育财团共同主办。来自吉林大学、北京大学和韩国梨花大学及韩国仁荷大学的40余位专家学者出席了会议。会议的主题是"新一轮东北振兴与东北亚区域合作"。与会者围绕"东北振兴战略实施效果评估与前瞻""东北亚区域合作的机遇与挑战""东北亚大国与朝鲜半岛关系互动"和"东北亚和平合作机制构建"等议题展开讨论。

当前中日经济状况的探讨学术会议

2016年11月27日在北京大学国际关系学院会议室举行,会议由北京大学日本研究中心、复旦大学日本研究中心和商务部研究院亚非研究所共同主办。来自北京大学、复旦大学和商务部研究院的20余位专家学者出席了会议。与会者围绕"安倍经济学与日本经济""供给侧结构改革与中国经济""当前中日经济关系评析"等议题展开讨论。

东亚沿海城市近代化学术研讨会

2016年8月17—18日在大连大学举行,会议由北京大学东北亚研究所与大连大学东北亚研究院共同主办。来自国内有关院校及科研单位的

20 余位专家学者出席了会议。与会者围绕"中国的大连、韩国的仁川"和"日本的横滨港的开港历史和发展异同"等议题展开讨论。

中国妇女研究会年会暨"新发展理念下的妇女发展与性别平等"学术研讨会

2016 年 11 月 28 日在北京举行,会议由北京大学中外妇女问题研究中心与北京大学社会学系共同主办。来自各省、自治区、直辖市的妇女研究会负责人、妇女/性别研究与培训基地的负责人和代表、专家学者及妇女工作者等 300 余人参加了会议。与会者围绕"妇女与经济""妇女、社会保障和民生""妇女、文化与家庭""妇女与政治""妇女与法治、妇女组织与妇女工作"等专题进行了深入探讨

中国妇女地位研究暨 2016 年中国妇女社会地位调查研讨会

2016 年 11 月 30 日—12 月 1 日在北京召开,会议由北京大学中外妇女问题研究中心、全国妇联研究所、中国社科院人口与劳动经济研究所共同主办。来自各地高校和科研院所的专家学者 130 余人参加了会议。会议主题是"新发展理念下的中国妇女社会地位",与会者围绕"妇女经济参与""妇女与婚姻家庭""妇女与生育""妇女与教育"等领域的热点议题展开讨论。

家庭变迁与性别平等学术讨论会

2016 年 12 月 2—3 日在北京大学社会学系会议室举行,会议由北京大学中外妇女问题研究中心与北京大学社会学系共同主办、香港中文大学性别研究中心和台湾大学妇女研究室协办。来自全国各地的 70 余名专家学者参加了会议,会议围绕"近年来家庭变迁和性别平等"等问题展开热烈的讨论。

破解当下中蒙关系困局,推进中蒙俄经济走廊建设学术研讨会

2016 年 12 月 15 日在北京大学新外文楼 B134 会议室举行,会议由北京大学蒙古研究中心主办。来自北京大学、兰州大学、中国社会科学院、中国现代国际关系研究院等 30 余位专家学者出席了会议。与会者从"中蒙双边关系""国际格局、民族、宗教、历史、文化"等多个角度就当下困扰中蒙关系的因素及中蒙关系未来走向等问题进行了深入的研讨。

◆ **名家讲座**

5. 亚太名家讲座

第二十一讲

The 21th Lecture

时间:2016年4月25日

地点:北京大学三教304教室

主讲人:王宏仁(台湾中山大学社会学系教授)

讲演题目:"族群是资源吗? 台商工厂内的台湾干部、越南华人与大陆干部"

主办:北京大学华人华侨研究中心

第二十二讲

The 20th Lecture

时间:2016年4月27日

地点:北京大学外国语学院新楼201会议室

主讲人:若宫启文先生(原日本《朝日新闻》主笔)

讲演题目:战后70年:日本保守派的亚洲观

主办:北京大学日本研究中心

◆ **编辑、出版《亚太研究论丛》(年报)**

《亚太研究论丛》(第十三辑)北京大学亚太研究院编,执行主编李谋、吴杰伟,北京大学出版社,2016年12月。

◆ **学术著作出版**

《未名亚太论丛》(第九辑),北京大学亚太研究院编辑,执行主编史阳,社会科学文献出版社,2016年9月

《华侨博物馆与华侨华人研究》,程希、吴小安主编,中国华侨出版社,2016年8月。

《边塞内外》,王小甫著,东方出版社,2016年。

《日本政府与外交体制》,王蕾著,世界知识出版社,2016年

《环境心理学》,苏彦捷主编,高等教育出版社,2016年

《启蒙与建构:策·达木丁苏伦蒙古文学研究》,王浩著,北京大学出版社,2016年1月。

《兵学与儒学之间:论日本近代化先驱吉田松阴》,唐利国著,社科文献

出版社,2016年11月

◆ **派遣青年教师赴韩国研修**

研修者	所在单位	职称	研修时间
许 静	北京大学新闻与传播学院	教授	2016年2月24日—8月18日

编　后　语

又到了我们《亚太研究论丛》年刊截稿的时间了。在亚太研究院领导亲自督阵和各个中心的大力支持下，圆满地完成了任务。这本《亚太研究论丛》第十四辑共收录了 14 篇文章，比起前几辑略有瘦身，但是内容还是相当丰富的。本辑设置的栏目不少，有：东北亚研究、东南亚研究、南亚研究、中亚研究、拉丁美洲研究、书评等六个栏目。14 篇文章分别纳入东北亚研究的有 3 篇，东南亚研究 6 篇，拉丁美洲研究 2 篇，其余各栏均为 1 篇。其中有 8 篇是校内学者写的，校外学者写的有 6 篇，若按具体作者计校内校外作者各有 7 位。在本辑组稿之初我们也曾设想请港澳台学者乃至世界其他国家学者撰写几篇相关稿件，编入本辑中，但非常遗憾，他们虽然当时愉快地答应了，但至今尚未完成，为了保证刊物的如期出版，我们不能再等了，忍痛割爱，截稿了。但是，我们还是要在这里向所有为我们刊物提供稿件的（包括未能如期完成，最后未能列入本辑的）作者表示我们由衷的谢忱。

"东北亚研究"一栏中收录了三篇文章。第一篇是北京大学历史学系宋成有教授的文章：《大国与朝鲜半岛的互动：两次朝核危机与六方会谈的再审视》。作者认为：在两次朝核危机和六方会谈期间，出现朝鲜追求拥核——美国施压与中国促和——朝美会谈或多方会谈并达成协议——美朝均未完全执行协议——朝鲜继续追求拥核的怪圈。在这个过程中，朝鲜要求缔结朝美和平条约以换取弃核的立场令人印象深刻。美国翻云覆雨，夺予在握，显示了管控全局的姿态和能力。大国各自扮演不同的角色并展开互动，形成美朝等直接当事国斗而不破、劝和等老手段，中韩等利益攸关方提供化解危机的正能量等特点，构成朝鲜半岛地缘政治的独特风貌。由此可知，通过对话化解朝核危机，维护半岛和平稳定并非不可能。朝美博弈构成化解朝核危机的关键要素，但其他非当事国的相向而行也是不可或缺的条件。时至今日，重复使用施压制裁或一味劝和等老手段已无法实现朝鲜半岛无核化的目标，国际社会需要新的合作框架。第二篇是南开大学汉语言文化学院刘春兰副教授的《明清王朝交替期汉族移居朝鲜半岛地区问题研究》。汉族向朝鲜半岛的移民是相当普遍而持久的现象。明末的汉族移民是由于明清交替这一历史性的变化所引起的。明朝与朝鲜从开国之初即维持着一种极为友好的关系。明朝将朝鲜视为"海东藩屏",朝鲜则出于自身安全的考虑和对中华文明的向往和羡慕,采取尊明事大的外交方针,对明末移民的大量流入,持优容保护态度。汉族移民在与朝鲜社会的融合过程中,也面临着许多必须克服的问题,形成了独特的移民社会,对朝鲜社会也产生了一定的影响。第三篇是中国社会科学院信息研究院朴光海研究员的题为《不对等与不均衡:影响中韩关系发展的结构性问题》。文章指出,不对等与不均衡;影响中韩关系发展的结构性问题不对等与不均衡;影响中韩关系发展的结构性问题,为进一步发展中韩关系提出了一些新建议。

"东南亚研究"一栏中选刊的文章最多,达 6 篇之多。第一篇是中国现代国际关系研究院南亚东南亚及大洋洲研究所副研究员、宋清润博士写的关于涵盖中国与东南亚整体的人文交流问题,题为《当前中国与东南亚人文交流的态势与发展建议》的文章,分析了中国与东南亚人文交流的形式,指出随着中国"一带一路"建设的推进,随着中国周边外交的转型升级,中国与东南亚关系的日益发展。人文交流与民心相通在中国与东南亚关系发展中的地位日益重要。笔者认为中国与东南亚的人文交流目前取得一些进展,也有挑战,需要多管齐下,提升双方的人文交流,要着力助推双方关系提质升级。其他 5 篇是有关东南亚文学的系列文章;有北京大学东方文学研究中心、北京大学外国语学院夏露副教授的《〈红运〉与越南的文学传统》,北京大学东方文学研究中心、北京大学外国语学院罗杰副教授的《〈渔村少女〉与普拉姆迪亚小说创作分期新探》,北京大学东方文学研究中心、北京大学外国语学院讲师熊燃博士的《从〈判决〉到〈时间〉:查·高吉迪的小说之路》,北京大学东方文学研究中心、北京大学外国语学院博士研究生郑友洋的《菲律宾作家尼克·华谨作品中的认同主题——以〈麦基洗德修道会〉和〈洞穴与阴影〉为例》和北京大学东方文学研究中心、北京大学外国语学院副院长吴杰伟教授的《尼克·华谨小说〈洞穴与阴影〉的结构现实主义研究》的文章,五篇文章从不同角度对越南、印度尼西亚、泰国和菲律宾的一些著名作家作品进行了深入分析,五篇合起来看,又正好是现代东南亚文学一个比较全面的缩影,值得读者们集中品味。

"南亚研究"一栏收录了一篇文章,就是北京大学国际关系学院尚会鹏教授写的题为《印度文明与当代世界》的文章。该文分析了印度文明与印度人的"基本人际状态"的关系,通过实例说明,印度人的基本人际状态是"阶序人",印度文明的主要特点是:超自然中心和阶序人主义。在近代遭遇西方的现代文明后受到很大冲击,虽有改变,但文明内核仍延续至今。同时,也通过某些例证对印度文明与中国文明的差异进行了对比。

"中亚研究"一栏也收录了一篇,是新疆大学马克思主义学院2015级博士研究生甘露与新疆大学政治与公共管理学院韩隽教授合作写成的题为《"丝绸之路经济带"在哈萨克斯坦的进展及挑战》的文章。文章援引了许多实例说明哈萨克斯坦是中国产业"走出去"、开展国际产能合作的首站和干道,中哈经济走廊建设对于"丝绸之路经济带"的深入推进至关重要。自"丝绸之路经济带"倡议提出以来,在两国高层的大力支持下,中哈合作不断深化,中哈经济走廊建设取得明显进展。但仍面临着一些挑战:政权安全风险走高,非传统安全威胁上升,"中国威胁论"阴影阻碍民心相通等。这些对中哈经济走廊建设造成直接负面冲击和长期危害。

"拉丁美洲研究"一栏收录了两篇文章。一篇是台湾致理科技大学副教授兼拉丁美洲经贸研究中心陈敬忠研究员写的题为《回顾萨尔瓦多和平协议展望哥伦比亚和平之路》的文章。该文回顾了1992年1月16日,中美洲萨尔瓦多左派武装游击队"马蒂解放阵线"首领,与克里斯蒂安尼总统领导的政府,在联合国斡旋下达成协议结束12年的内战。多年来,学者专家咸认萨尔瓦多从兵连祸结的内战,经过谈判签订和平协议,将左派游击队转型为合法政党,进而能通过民主程序与右派轮流执政,迈向国家重建之路,是联合国历来调停个别国家内部武装冲突难得成功的个案。而南美洲的哥伦比亚承受内战苦难更长达52年之久,历经三十多年的打打谈谈,前后七任总统的不断努力,终于在2016年由现任桑多斯政府与"哥伦比亚革命武装力量"于8月25日签订和平协议,此和平协议却在10月公投中以些微差距遭否决。桑多斯总统听取反对意见后与左派革命组织再经协商谈判,于11月2日宣称达成新的协议送交国会审查,并于11月30日获得通过,桑多斯于次日即宣布和平协议"D日"起算,哥伦比亚的武装冲突将在180天后正式结束。但是人们普遍认为哥伦比亚的和平之路仍充满变数。或许同属拉丁美洲的萨尔瓦多的经验,可以提供一些观察上的思考。另一篇是中国社会科学院拉丁美洲研究所助理研究员魏然博士写的题为《比较视野下的拉丁美洲发展观》的文章。该文对拉丁美洲发展观进行了梳理后认为：从最初挪用欧洲观察者的人文/自然二元论，到联合国拉美经济委员会提出本土的现代化理论，再到"拉美世界模式""人文发展"和"后发展"等新发展观的构想，拉美社会科学界逐渐走向发展理论的自觉，总体上形成了一种朝向人文维度的、可持续的生态理性。持批判立场的拉美发展理念往往具有反霸权性质，质疑知识的殖民性，进而提倡全球性的经济结构改革。在比较视野下，相较于当代中国的发展理论与实践，拉美主要国家之间明显缺乏一套拥有文化领导权的发展理论共识，理论贡献主要来自公民社会与基层运动，呈现出"自下而上"的特征，具有较强的内生性和原创性。

"书评"一栏收录了一篇短文，就是北京大学历史学系宋成有教授写的评论王蕾著作《日本政府与外交体制》的文章。笔者概括了该书的三个特点：一、勾勒出日本外务省上下内外的组织机构和人员构成概貌；二、分别涉及日本政府的行政概貌首相及其支持机构、外务省、防卫省与其他诸省主持或参与外交事务的职能和过程，从而有助于读者把握日本外交台前与幕后的运作；三、讲了历史，从第二次世界大战后《日本国宪法》主权在民、三权分立的立国建政原则说起，依次记述了由1府12省厅组成的内阁，论及府省厅内由官房、局、课、室、系等构成的内部格局，以及有由厅和委员会构成的外局；还对这些部门的行政组织方式、政策制定与协调、决策的方式与过程加以描述，使人知道其前因后果，是一本值得一读的知识读物。

为了广大读者了解我们北京大学亚太研究院举行过的主要学术活动，按照惯例在本辑最后刊登了北京大学亚太研究院2016年活动简报。

借此机会，对在百忙中帮助我们对来稿匿名评审的诸位专家，对协助本刊完成了许多琐碎的事务工作的亚太研究院学术秘书张岩及相关研究生表达我们的感激之情。尤其是对我们的老搭档、北京大学出版社负责此刊并保证此刊在年内能准时出版的责任编辑胡利国先生表示深切的谢意。

执行主编　李　谋　吴杰伟
2017年7月15日

稿　　约

《亚太研究论丛》是北京大学亚太研究院编辑出版的学术年刊。力求能集中反映国内外亚太研究领域的最新学术成果。竭诚欢迎校内外专家学者惠赐大作，现将征稿事项说明如下：

一、栏目设置（每辑视情况作适当调整）

1. 综论或专论（全球化与亚太发展、亚太与世界、区域主义、多边主义与多极化发展、其他综合性专稿）

2. 区域合作（亚太区域合作、中国与亚太区域、东盟自由贸易区、东北亚地区合作、南亚区域合作、其他次区域合作）

3. 地区与国家研究（亚太各地区或国别的政治、经济、社会、历史、民族、宗教、文化、教育、华人华侨、妇女等问题研究）

4. 青年学者论坛

5. 学术著作评述

6. 本院年度学术活动简报和综合性学术动态评述

二、要求

1. 本刊每年出版一辑，一般为每年3月底截稿，年内出版，凡3月底以后来稿，将考虑推迟至下一年度刊用。由于出版周期较长，本刊不接受时效性强的文章。

2. 本刊实行专家匿名审稿制，通过评审拟刊用的稿件，编委会将把评审中的重要意见或建议适时与作者沟通，作为作者进一步改稿参考；未能通过评审者，一律退稿。

3. 文稿字数以一万字左右为宜，来稿请通过电子邮箱发来电子版。

4. 请注重学术规范，稿件需附中英文的标题、关键词和内容提要。引文准确并请详细注明出处，注释一律采用脚注方式。若系引自网络上的文字，请注明详细网址和日期。

5. 来稿请附上中英文的关键词和内容提要。

6. 由于编辑、篇幅等诸多原因，本刊编辑对有些来稿可能做些适当删节，请作者谅解。

三、联系地址

北京大学王克桢楼 516 室亚太研究院《亚太研究论丛》编辑部

E-mail：apri@pku.edu.cn

电　话：010-62756800